Benedikt Herles

# ZUKUNFTSBLIND

Wie wir die Kontrolle über den Fortschritt verlieren

**Besuchen Sie uns im Internet:**
www.droemer.de

Originalausgabe November 2018
© 2018 Droemer Verlag
Ein Imprint der Verlagsgruppe Droemer Knaur GmbH & Co. KG, München
Covergestaltung: total italic, Thierry Wijnberg
Grafik: le-tex publishing services, Leipzig, nach Branko Milanović / Weltbank
Satz: Adobe InDesign im Verlag
Druck und Bindung: CPI books GmbH, Leck
ISBN 978-3-426-27731-7

5  4  3  2

*Für meine Mutter*

We meet in an hour of change and challenge,
in a decade of hope and fear,
in an age of both knowledge and ignorance.
The greater our knowledge increases,
the greater our ignorance unfolds.

*John F. Kennedy*

# Inhalt

# Vorwort

Als ich 2003 mein Abitur machte, gab es noch kein Facebook, kein iPhone, kein Android, kein WhatsApp, Instagram, Twitter, Uber, Airbnb, Spotify und keine Bitcoins. Vieles von dem, was unser Leben heute ausmacht, war vor nur 15 Jahren noch nicht erfunden. Ebenfalls seit 2003 gilt das menschliche Genom als vollständig entschlüsselt. Genau fünf Jahrzehnte nach Entdeckung der Doppelhelix durch die beiden Molekularbiologen James Watson und Francis Crick begann endgültig das Zeitalter der Gene. Als ich auszog, erwachsen zu werden, ahnte ich nicht, in welch revolutionärer Epoche ich mein Leben führen würde.

Heute bin ich 34 Jahre alt und beobachte den technologischen Wandel professionell. Als Risikokapitalinvestor treffe ich jeden Tag auf Start-ups und ihre Gründer. Sie treten an, um Wirtschaft und Gesellschaft zu verändern. Die meisten scheitern. Aber die wenigen, die es schaffen, sind die Motoren des Fortschritts. So erlebe ich die immer kürzeren Zyklen der Erneuerung an vorderster Front.

Ich bin kein Prophet. Voraussagen, wie die Welt in 100 Jahren aussehen wird, kann ich nicht. Weder glaube ich an technische Utopien noch an dystopische Weltuntergangsszenarien. Als Ökonom versuche ich realistisch zu bleiben. Mich interessiert die gesellschaftliche und wirtschaftliche Bedeutung von Innovationen weit mehr als die Technik an sich. Ich bin fest davon überzeugt: Technologie ist nur so gut oder schlecht wie das, was wir aus ihr machen. Nicht Erfindungen verändern den Lauf der Geschichte, sondern Menschen, die sie anwenden.

So wenig ich absehen kann, wie wir in einigen Jahrzehnten leben werden, so sicher bin ich mir, dass sich in der Politik eine ausgeprägte Zukunftsblindheit breitgemacht hat. Die Wirtschaft Deutschlands arbeitet längst mit Hochdruck an ihrer digitalen Erneuerung. Aber die sozialen und politischen Risiken der technologischen Umbrüche nehmen wir hin, als könnten wir eh nichts unternehmen. Dieses Buch ist ein Weckruf. Zukunftsblindheit können wir uns nicht leisten. Durch den versperrten Blick verlieren wir die Kontrolle über den Fortschritt.

In der deutschen Sprache gibt es ein hässliches Wort. Es lautet »Technikfolgenabschätzung« und beschreibt präzise, was wichtiger wären als je zuvor: die kritische Auseinandersetzung mit Chancen und Gefahren, egal ob in Informatik, Robotik oder Mikrobiologie. Gefragt wäre weitsichtiges Denken und Verantwortungsbewusstsein für das Glück kommender Generationen. Zeit haben wir keine zu verlieren, denn der Fortschritt explodiert.

Täglich schreiben Journalisten über die digitale Transformation der Industrie oder die Macht der Internetplattformen. Soziologen, Philosophen und Historiker veröffentlichen dicke Wälzer, in denen sie die Veränderungen aus dem Elfenbeinturm heraus deuten. Meine Perspektive ist eine ganz andere.

Auf den folgenden Seiten betrachte ich den Wandel an der Wurzel und berichte von dort, wo die Zukunft tatsächlich entsteht. Die Gesellschaft von morgen kommt nicht über uns wie ein Software-Update. Sie wird im scheinbar Kleinen geschaffen, in Laboren, Forschungsinstituten und Start-ups. Ich folge der Spur von Milliarden an Risikokapital und denke zu Ende, was längst geschieht. Dieses Buch ist eine Exkursion hinter die Kulissen der größten Revolution aller Zeiten. Es soll einen Beitrag zu einer dringend nötigen Zukunftsdebatte leisten.

Manche Innovationsfelder musste ich ausblenden, um fokussiert zu bleiben. Das gilt insbesondere für die Raumfahrt und die Energietechnologie. In beiden Bereichen feilen Gründer und Ingenieure an Weltbewegendem. Elon Musks SpaceX leistet kosmische Pionierarbeit. Auch den Umstieg auf erneuerbare Stromquellen werden wir nur mithilfe von Start-ups schaffen. Wir erleben derart viele simultane Umwälzungen, dass ich gut und gerne einen doppelt so langen Text hätte schreiben können.

Fünf Kapitel gliedern dieses Buch. Kapitel eins (*Situation heute*) ist eine Bestandsaufnahme. Hier widme ich mich grundlegenden Fragen: Wo stehen wir, und wie kam es zu einer solchen Beschleunigung des Fortschritts? In den Kapiteln zwei bis vier (*Spaltungsrisiko, Herrschaftsrisiko, Gesinnungsrisiko*) beschäftige ich mich mit den Gefahren und Konsequenzen der technologisch-wissenschaftlichen Entwicklungen. Dabei gehe ich insbesondere auf politische, ökonomische und soziologische Aspekte ein. In Kapitel fünf (*Agenda*) mache ich konkrete Reformvorschläge in Form eines Zehn-Punkte-Plans. Er könnte – Mut und Weitblick vorausgesetzt – noch in dieser Legislaturperiode umgesetzt werden.

Keinesfalls geht es mir um einen vollständigen Überblick über alle revolutionären Ideen und Erkenntnisse der Gegenwart. Stattdessen möchte ich ein Bewusstsein für die Tiefe, Radikalität und Geschwindigkeit eines Zeitenbruchs schaffen. Entstanden ist dabei ein Buch über den vielleicht wichtigsten Wendepunkt der Zivilisationsgeschichte. Es liegt an uns, ihn aktiv zu gestalten.

*Benedikt Herles*
*München, im Sommer 2018*

# Einleitung
## Fasten your seatbelts

Lufthansa Flug 458 von München nach San Francisco. Das Boarding am Gate H13 verzögert sich. Dabei hat sich die Schlange für die Business Class schon lange aufgestellt. Die ungeduldigen Geschäftsreisenden haben sich verkleidet. Keine Anzüge, schon gar keine Krawatten. Dafür Kapuzenpullis und Turnschuhe. Äußerlich sind sie kaum noch von Kalifornientouristen und College-Studenten in der Economy Class zu unterscheiden. Wer ins Reich der Garagengründer reist, passt sein Erscheinungsbild beizeiten an. Die Business Class ist ausgebucht. Wie fast jeden Tag auf der LH 458. Ein Ticket beläuft sich gern auf 5000 Euro. Doch spielen die Kosten keine Rolle. Denn deutsche Manager pilgern mit religiösem Eifer ins Silicon Valley. Die Bay Area lockt sie mit einem Blick in die Zukunft. Wohl kaum ein Vorstand, Bereichsleiter oder Spartenchef, der nicht mindestens eine Silicon-Hadsch hinter sich hat. Der Schock der digitalen Revolution sitzt tief. Die Entdeckungsreise durch das Morgenland, durch die fantastische Start-up-Welt zwischen San José und Palo Alto, verspricht Erlösung. Kaum eine erfolgreiche Valley-Gründung, die nicht schon von Delegationen aus den heimischen Chefetagen besucht wurde.

In der Warteschlange kommen die beiden Herren vor mir ins Gespräch, ein Manager aus der Automobilindustrie und ein Ingenieur aus der Fertigungstechnik. Sie reden über selbstfahrende Autos, intelligente Heizungen, Innovationslabore, Start-up-Kooperationen und natürlich über Alphabet, den Mutterkonzern Googles. Die beiden sind nicht zum ersten Mal im Tal der Träume.

Den Fluggast hinter mir kenne ich aus der Presse: Er ist Vorstand eines Münchner Medienkonzerns. Auch er sitzt vermutlich häufiger in dieser Maschine. Seine Branche wurde als Erstes vom digitalen Wandel erfasst. Schon 2013 ließ sich Axel-Springer-CEO Mathias Döpfner PR-wirksam im Flugzeug nach San Francisco filmen. Natürlich im Kapuzenpulli.

Doch nicht nur regelmäßige Trips ins Silicon Valley gehören heute zum Standardprogramm der betrieblichen Erneuerung. Teure Berater verkaufen Digitalstrategien, Innovationsprogramme werden aufgesetzt und digitale Task-Forces gegründet. »Chief Digital Officer« lautet der angesagteste Titel unserer Tage. In den einst grauen Büros deutscher Konzerne sind jetzt immer öfter bunte Sitzsäcke und Legospielzeug zu finden. Ein Hauch von Google und Airbnb soll auch zwischen Friedrichshafen und Flensburg wehen. Die aktuell heißesten Buzzwords des Managements entstammen der Startup-Welt: »Fail fast«, heißt es jetzt allerorts. Wenn schon Fehler machen, dann bitte schnell! Von »Minimal Viable Products« ist die Rede, von »Disruption« und von »Design Thinking« – gemeint sind experimentelle Produkte, kreative Zerstörung und eine nutzerorientierte Entwicklung. Mit deutscher Gründlichkeit wird daran gefeilt, dass aus dem »Land des digitalen Defizits« bald ein »Silicon Germany« wird.[1]

Endlich geht es los. Neben mir, auf Sitz 5B, macht es sich ein Mittvierziger mit rahmenloser Brille und schütterem Haar bequem. Es wird Sekt und Orangensaft gereicht, man stellt sich gegenseitig vor. Mein Nachbar für die nächsten zwölf Stunden heißt Dr. Markus Klein* und leitet den Entwicklungsbereich eines mittelgroßen Automobilzulieferers. Er ist regelmäßig im Silicon Valley. Als ich ihm erzähle, dass ich als Technologie-Investor Start-ups finanziere, ist sein Interesse geweckt: »Wir sind auch gerade dabei, einen firmeneigenen Corporate-Venture-Capital-Fonds aufzusetzen«, berichtet er. »Ohne eigene Start-up-Investitionen geht es heute nicht mehr, gera-

---

* Name geändert

de in unserer Branche.« Herr Klein erzählt, wie sein Arbeitgeber mit Hochdruck an Technologien für das autonome Fahren arbeitet, wie ein Heer eigener Informatiker künstliche Intelligenzen erschafft und wie sich sein Team regelmäßig mit den weltweit besten Forschergruppen austauscht.

Spätestens als der schwer beladene Airbus in Richtung Amerika abhebt, wird klar: Die deutsche Wirtschaft hat den digitalen Wandel viel zu lange verschlafen, doch jetzt, im Jahr 2018, ist dieser Fehler erkannt. Milliarden werden heute in die digitale Aufholjagd investiert. Es mag noch lange dauern, bis die Transformation alle Wertschöpfungsketten und Hierarchieebenen erfasst hat. Aber keinem Manager braucht man heute noch die Notwendigkeit von Veränderungen zu predigen. Und genau da beginnen die Probleme. Denn der ökonomische Aufbruch kommt mit dem trügerischen Bewusstsein einher, die Lage unter Kontrolle zu haben.

### Schluss mit »Digitalisierung«

Bis das Essen gereicht wird, hat Herr Klein einige Dutzend Male das Wort »Digitalisierung« gebraucht. Kein Wunder. Es ist das wichtigste Mantra der Dekade. Der Terminus ist so deutsch wie »Tatort«, »Apfelsaftschorle« und »Spargelzeit«. Die englische Sprache kennt kein Äquivalent. »To digitize« bedeutet im Englischen zwar »digitalisieren«, aber das nur im wörtlichen Sinn – etwa einen Brief einscannen oder den Inhalt einer CD auf einem Rechner abspeichern. Angelsachsen benutzen eine ganze Bandbreite von Ausdrücken. Sie sprechen von »tech«, »innovation«, »automation« und von vielem anderen. Aber ein einzelner, allumfassender und so aufgeladener Begriff wie »Digitalisierung« ist ihnen fremd. Aus gutem Grund.

Das Schlagwort ist Selbsttäuschung. Und es ist gefährlich. Frei nach Wittgenstein gilt: Du denkst, was du sagst. Die trügerische Semantik lässt uns glauben, dass die Beschäftigung mit der schönen neuen Welt zwischen Dating-Apps und vernetzten Haushaltsgeräten ausreichen würde, um die Brisanz der Umbrüche zu verstehen. Doch das ist falsch. Nicht nur die Wirtschaft, sondern die ganze Gesellschaft wird sich neu erfinden müssen. Das Internet war nur der Anfang.

»Haben Sie schon einmal etwas von CRISPR/Cas9 gehört?«, frage ich meinen Sitznachbarn zum Lachs als Hauptspeise. Hat er. »Das ist was Neues in der Gentechnologie, oder?« Herr Klein ist besser informiert als die meisten in der Business Class.

CRISPR/Cas9 ist der sperrige Name eines technologischen Quantensprungs jenseits der Digitalisierung – eine Art Genschere, mit der sich Erbmaterial extrem effizient manipulieren lässt. Was Mikrobiologen und Mediziner damit erschaffen, wird das Leben langfristig vermutlich stärker verändern als manche digitale Innovation. Mitbekommen haben das die wenigsten. Die omnipräsente »Digitalisierung« verengt den Blick.

Unser Gespräch wird biologisch. Wir reden über Gentechnik in Landwirtschaft, Medizin und neuerdings auch in der Industrie. Ich versuche dem Automann die Wucht des Wandels anhand eines konkreten Beispiels zu verdeutlichen. »Sie verwenden doch sicherlich Autodesk in Ihrer Abteilung«, vermute ich.

»Selbstverständlich, wie kommen Sie darauf?«

Autodesk ist ein börsennotiertes Unternehmen, das seinen Firmensitz nicht weit von unserem Zielflughafen hat. Es entwickelt Software für Ingenieure. Mit seinen Programmen lassen sich am Rechner technische Bauteile konstruieren. Ob in der Automobilindustrie oder im Maschinenbau – seit Jahrzehnten sind Autodesk-Produkte nicht mehr aus deutschen Unternehmen wegzudenken.

»Bisher war alles, was man mit dieser Software kreieren konnte, aus Kunststoff, Metall oder anderen anorganischen Materialien«, sage ich. »Aber nun werden auch organische Strukturen am Computer entworfen und im Labor künstlich geschaffen. Autodesk hat deshalb eine sogenannte Bio-Nano-Gruppe gegründet. Wussten Sie das?«

Herr Klein sieht mich skeptisch an.

»Die Firma will, dass ihre Programme auch für die Konstruktion von natürlichen Dingen verwendet werden: Enzyme, Proteine, vielleicht bald ganze Zellen. Biologie und Technik verschmelzen.«

»Klingt verrückt«, sagt Herr Klein.

»Nicht zu verrückt für Autodesk«, antworte ich. »Der Konzern will bei diesem organischen Goldrausch dabei sein.«

Mein Nachbar runzelt die Stirn. Also erkläre ich ihm, was der Terminus »Digitalisierung« verschweigt: »Wir erleben nicht eine einzelne, sondern gleich mehrere Revolutionen. Und die verschiedenen Technologiefelder wachsen zusammen.«

»Was soll das heißen?«

»Dass sich Informatik und Biowissenschaften gegenseitig verstärken und befruchten. Die Roboter von morgen bestehen nicht nur aus dem Material unserer heutigen Computer. Wir werden auch biologische Organismen für bestimmte Zwecke manipulieren und optimieren. Künstliche Intelligenzen werden uns dabei helfen.«

Jetzt will Herr Klein mehr wissen.

»Jede unserer Körperzellen«, sage ich, »hat in ihrem Kern eine eigene organische Intelligenz. In diesem Jahrhundert werden wir in der Lage sein, den Code des Lebens genauso zu hacken wie Algorithmen.«

»Heißt das, die Computer der Zukunft sind quasi Lebewesen?«

»So weit würde ich nicht gehen. Aber die Mikrobiologie ist die Nanotechnologie der Natur. Und die werden wir in Zukunft aktiv nutzen und gestalten.«

»Welcome Mister Frankenstein!« Herr Klein schmunzelt und holt eine Taschenbuchausgabe von Mary Shelleys *Frankenstein oder Der moderne Prometheus* aus dem Staufach seines Vordersitzes. »Zufall! Wollte ich auf diesem Flug lesen. Vor genau 200 Jahren veröffentlicht, deshalb bin ich wieder darauf aufmerksam geworden.«

»Mit Frankenstein ins Silicon Valley, wie passend!« Ich zeige auf den Untertitel des Werkes: »In der griechischen Mythologie brachte Prometheus den Menschen das Feuer und damit die Zivilisation.

Heute schenkt uns die Wissenschaft eine andere Flamme: die Programmierbarkeit der Intelligenz.«

»Sie meinen, so wie der Mensch zu Lebzeiten Mary Shelleys durch Entdecker und Forscher lernte, dass in der Natur alles miteinander verbunden ist, dass alle Tier- und Pflanzenarten in Beziehung zueinander stehen, so erkennen wir heute, dass Technologie und Biologie zusammenhängen?«

»So könnte man es ausdrücken«, antworte ich. »Jedenfalls sollten wir nicht von ›Digitalisierung‹, sondern eher von einer technologisch-wissenschaftlichen Zeitenwende sprechen. Wir erleben etwas, das viel fundamentaler ist als alles, was uns Dampfmaschine und Massenfertigung je brachten.«

»Verstehe, was Sie meinen«, antwortet mein Nachbar. »Die Voraussetzungen für Zivilisation werden neu definiert.«

»Doch wir sind blind für die Konsequenzen«, sage ich.


## Berliner Blindheit

Das Essen ist beendet. Die meisten Passagiere dösen, arbeiten oder widmen sich der Bordunterhaltung. In der Reihe vor uns in der Mitte sitzt ein Ehepaar mit ihrem Baby. Es schläft friedlich auf der Schulter der Mutter.

»In was für einem Deutschland wird dieses Kind wohl einmal leben?«, sage ich zu Herrn Klein.

»Ich bin optimistisch«, antwortet mein Nachbar. »Mal ehrlich: Nie ging es uns so gut.«

»Und Sie glauben, das bleibt so?«

»Ja, zum Glück haben sie in Berlin die Zeichen der Zeit erkannt. Alle Parteien sprechen endlich vom digitalen Wandel. Man hat das Gefühl, mit den Glasfaserkabeln kommt die Modernisierung des Landes in Schwung. Ich habe auch zwei Kinder, drei und sechs Jahre alt. Sorgen mache ich mir nicht.«

»Sollten Sie besser«, antworte ich. »Das schnelle Internet steht ganz sicher nicht für eine zukunftsweisende Politik. Unser Staatsmanagement reagiert doch nur. Es verspielt den Wohlstand und sozialen Frieden kommender Generationen, weil es sich weigert, langfristig zu denken und zu handeln.«

»Aber haben Sie sich einmal den aktuellen Koalitionsvertrag angeschaut?«, erwidert mein Nachbar. »Darin kommt das Wort ›digital‹ ein paar Hundert Mal vor.«

»Viele Schlagwörter, wenig dahinter.« Ich erinnere mich an hohle Floskeln wie die »Gute digitale Arbeit 4.0«.[2]

»Das Entscheidende traut sich kein Politiker auszusprechen«, argumentiere ich. »Niemand stellt sich vor die Kameras und sagt klipp und klar: Das industriegesellschaftliche Modell des 20. Jahrhunderts wird so keine weiteren 100 Jahre funktionieren. Wir müssen was ändern. In Berlin gilt anscheinend das Motto der drei Affen: Nichts sehen, nichts hören, nichts sagen.«

»Sie dramatisieren!«, sagt mein Nachbar.

»Keinesfalls. Ich glaube, dass die Zeitenwende die Gesellschaft zerreißen wird, wenn wir jetzt nicht grundlegende Reformen angehen. Aber solch unangenehme Wahrheiten werden der Wählerschaft nicht zugemutet.«

»Es ist immer leicht, tiefgreifende Veränderungen zu fordern«, meint Herr Klein. »Aber als Ingenieur kann ich Ihnen sagen: Bei laufendem Motor kann man aus einem Vierzylinder keinen Sechszylinder machen.«

»Es führt kein Weg daran vorbei. Renten-, Sozial-, Steuer- und Wirtschaftspolitik müssen auch im Sinne Ihrer Kinder und Kindeskinder an neue Realitäten angepasst werden. Aber den Mut zur aktiven Gestaltung der Zukunft sehe ich nicht. Stattdessen hat sich eine politische Narrativ- und Visionslosigkeit breitgemacht.«

»Sie tun ja geradezu so, als wenn die Roboter schon vor der Türe stehen würden!«

»Genau das ist das Problem«, antworte ich. »Politische Debatten erwecken meist den Anschein, Roboter und künstliche Intelligenzen seien ein Phänomen der Zukunft. Ein fataler Irrtum. Die sozialen Folgen der technologischen Revolutionen sind doch längst spürbar: an Sozialstatistiken, an Wahlergebnissen, am Siegeszug der Radikalen und Populisten. Nicht zuletzt an der sinkenden Überzeugungskraft der Demokratie als Ganzes. Schauen Sie sich die USA an, und sehen Sie, was auch uns im schlimmsten Falle droht: Polarisierung, zur Armut verdammte Gegenden und Sammelbecken der Abgehängten und Aussortierten.«

Herr Klein hebt die Augenbrauen. »Immerhin kann ich die Zeitung nicht aufschlagen, ohne einen Artikel über Digitalisierung und künstliche Intelligenzen zu lesen. Das Thema ist auf der Agenda.«

»Sicherlich«, entgegne ich. »Aber der öffentliche Diskurs verzerrt die Risiken. Zwischen technologischen Utopien und Dystopien ist nicht viel Platz für eine nüchterne Diskussion. Medien stürzen sich lieber auf jede neue Horrormeldung.«

»Heute erst wieder!«, unterbricht Herr Klein und kramt eine zusammengefaltete Tageszeitung hervor. Er zeigt auf eine Überschrift und liest vor: »Studie: Künstliche Intelligenz bedroht die Hälfte aller Jobs!«

»Die entscheidenden Zusammenhänge zwischen Ökonomie, Technologie und Biologie«, antworte ich, »werden in solchen Artikeln selten erklärt.«

»Ist die Zahl der bedrohten Jobs denn nicht entscheidend?«, erkundigt sich Herr Klein.

»Schon, aber vor der wirklich zentralen gesellschaftlichen Frage drücken wir uns. Sie lautet: In was für einem Land wollen wir leben? Wie Sie schon sagen: Noch geht es Deutschland gut. Noch haben wir Zeit, nötige Veränderungen anzustoßen. Aber ohne ehrliche Zukunftsdebatte werden wir eines Tages in einer Republik aufwachen, die wir uns so nicht ausgesucht hätten.«

## Zukunftsflut

Die Sonne ist früh untergegangen. Irgendwo über Grönland fliegen wir durch die polare Winternacht. Seit gut zwei Stunden widmet sich Herr Klein *Frankenstein*. Doch unvermittelt nimmt er die Unterhaltung wieder auf. Es scheint, als hätte er weiter über das Gesprochene gegrübelt.

»Wissen Sie, was das Problem ist?«, fragt Herr Klein und gibt gleich selbst die Antwort. »Die Zeitenwende, wie Sie sagen, die gleicht keinem Tornado, sondern eher einer Überschwemmung. Einer gewaltigen Flut, die sich leise nähert. Das macht es für die Gesellschaft schwierig, ein Bewusstsein für die Dramatik zu entwickeln.«

Ich klappe meinen Laptop zu und stimme meinem Nachbarn zu: »In keinem biotechnologischen Labor vollziehen sich für den Außenstehenden offensichtlich spektakuläre Dinge. Die wenigsten künstlichen Intelligenzen sind Furcht einflößende Maschinentiere. Doch das schmälert keinesfalls die Sprengkraft der Umwälzungen. Umso dringender sollten wir uns mit dem auseinandersetzen, was uns blüht.«

Ich schaue aus dem Fenster, als der Airbus zu erzittern beginnt. Turbulenzen. Die Tragflächen wippen auf und ab. Erst ganz leicht, dann immer stärker. Die Anschnallzeichen gehen an. Kurz darauf eine Ansage der Crew: »Fasten your seatbelts!«

## Kapitel 1
# Situation heute

# Beschleunigte Geschichte

▶ *Wie sich im letzten Wimpernschlag unserer Vergangenheit*
*alles verändert hat*

## Evolution auf Speed – im Rausch des Fortschritts

Ich musste Technologie-Investor werden, um Menschen zu treffen, die mir die Bedeutung des Wortes »Evolution« klarmachten. Die von Utopien besessenen Hightech-Pioniere glauben, am Großen und Ganzen zu schrauben. Sie sind fest davon überzeugt, den Weg des Lebens für immer zu verändern. Der größte aller Sprünge, so sagen sie, steht uns noch bevor.

Alle Entwicklung ist Beschleunigung. 13,7 Milliarden Jahre ist der Urknall her. Der Anfang der Zeit an sich. Die gesamte Energie des Kosmos startete ultimativ komprimiert in einer sogenannten Singularität – einer kaum vorstellbaren Unendlichkeit. Nicht nur Astrophysiker verwenden den Terminus. Auch im Silicon Valley spricht man von der sogenannten Singularitätstheorie. Sie besagt, dass die technischen Möglichkeiten der Menschheit in jenem Moment ins Unermessliche steigen werden, in dem intelligente Computer selbstständig und ohne unser Zutun neues Wissen generieren. Nicht wenige sind fest davon überzeugt, dass dank immer schnellerer und günstigerer Rechen- und Speicherkapazitäten der Weg zu grenzenlos beschleunigtem Fortschritt unumkehrbar ist. Die Singularität ist unsere älteste Vergangenheit und im Glauben mancher auch unsere nicht allzu ferne Zukunft. Im Tal der Träume weiß man: Gestern und Heute hängen zusammen.

Doch zunächst zurück in die Vergangenheit. Mehr als neun Milliarden Jahre lang dehnte sich das Universum aus, bis unsere Erde entstand. Und bis zur Bildung der ersten Aminosäuren, gefolgt von den ersten noch zellkernlosen Einzellern, verging dann tatsächlich nur eine knappe Milliarde Jahre. Der Auftritt des Lebens. Die biologische Evolution nahm anschließend ihren Lauf, oder besser gesagt, schleppte sich dahin. Denn der nächste »Big Bang« der Geschichte ließ ziemlich lange auf sich warten: die kambrische Explosion. Vor etwas mehr als 500 Millionen Jahren kam es innerhalb eines erdgeschichtlich extrem kurzen Zeitraums zu einem massiven und abrupten Anstieg der Artenvielfalt auf dem Planeten. Waren frühere Lebewesen noch primitiv und hatten weder Schalen noch Skelette, so erschienen mit einem Mal die ersten Vertreter fast aller heutigen Tierstämme auf der Bühne der Welt. Ganz plötzlich begab sich die Fauna in die göttliche Experimentierküche und produzierte eine seitdem nie wieder gesehene Vielseitigkeit.

Was genau die kambrische Explosion auslöste, ist Stoff für grundlegende Diskussionen unter Evolutionsbiologen. Ein Erklärungsversuch ist die Lichtschalter-Hypothese. Sie besagt, dass die Meere durch chemische Veränderungen lichtdurchlässiger wurden. Das Auge wurde damit zum wichtigsten Sinnesorgan und entscheidenden Vorteil.[1] Eine zunehmende Transparenz der Ozeane veränderte die Spielregeln zwischen Jägern und Gejagten. Wer Beute sieht, kann aktiv angreifen. Wer Feinde erkennt, kann rechtzeitig wegschwimmen oder sich einen Panzer zulegen. Die Entwicklung der visuellen Wahrnehmung ermöglichte und erzwang ganz neue Daseinsformen. Diese Hypothese ist umstritten, aber aus heutiger Sicht interessant. Denn eine andere Evolution – die technologische – scheint gegenwärtig in einer ganz ähnlichen Situation zu sein.

Im letzten Jahrzehnt waren wir Zeuge einer Explosion neuer digitaler Technologien, Produkte und Geschäftsmodelle. Und auch dafür ist eine neue Transparenz des Lebens verantwortlich. Die Codes für künstliche Intelligenzen und genetische Baupläne sind geknackt. Die Datafizierung der Gesellschaft sorgt für völlig neue Umweltbedingungen, unter denen Innovationen gedeihen können. Ungekannte Möglichkeiten der Erfassung, Verarbeitung und Analyse von Informationen öffnen eine Blackbox nach der anderen. Die zweite Vermessung der Welt hat gerade erst begonnen. Das Internet der Dinge – vernetzte Industrieanlagen, Autos oder Klimaanlagen sind Beispiele jüngst entdeckter Quellen immer neuer Datenströme. Die Anzahl der Internetnutzer nähert sich der Vier-Milliarden-Grenze. Mehr als die Hälfte der Menschheit produziert regelmäßig einen digitalen Fußabdruck.[2] Mit sogenannten Wearables quantifizieren und kontrollieren die digitalen Massen ihre Organismen. Auf Facebook und Twitter machen sie ihre eigene Meinung transparent. Durch jeden Suchvorgang und jeden Online-Einkauf hinterlassen sie Spuren. Schon 2014 wurden jeden Tag knapp zwei Milliarden Bilder ins Internet geladen.[3] Die jährlich geschaffene Datenmenge verdoppelt sich alle 24 Monate. 2025 wird sie 160 Zettabyte, also Billionen Gigabyte betragen, das ist die Zahl 160, der 21 Nullen folgen.[4] Die physische Realität bekommt ein digitales Spiegelbild. Wir haben einen ganzen Kosmos an virtuellen Informationen erschaffen.

Auch unser neues Wissen über den Bauplan des Lebens steht für zunehmende Transparenz. Seit 2003 gilt das menschliche Genom als entschlüsselt. Vier Jahre später lag der Preis einer vollen DNA-Sequenzierung bei rund 350 000 Dollar. Heute ist er auf unter 1000 Dollar gefallen, und schon bald wird man für ein Zehntel des Betrags das eigene Erbgut auslesen können.[5] Diese bezahlbare Sichtbarkeit auf unsere genetische Disposition verändert nicht nur die Voraussetzungen der medizinischen Forschung, sondern ermöglicht auch ganz neue biologische Produkte und Geschäftsideen. Und so liegen Vergleiche mit der kambrischen Explosion, jener experimentierfreudigen historischen Schaffensperiode von Mutter Natur, nahe, wenn es gilt, das große »Trial and Error« der Start-up-Ökosysteme von San Francisco bis Berlin zu beschreiben. Eine bisher ungekannte Durchschaubarkeit allen Seins und Schaffens bereitet den Weg für eine ökonomische, technologische und zivilisatorische Zeitenwende.

Der Fortschritt der letzten Jahre kann den modernen Menschen stolz machen. Doch es wäre falsch, ihn als »Krone der Schöpfung« zu bezeichnen. Denn die Evolution ist keine Leiter, auf deren oberster Sprosse der Homo sapiens steht. Jede Bakterienart ist letztlich genauso erfolgreich wie unsere eigene Spezies. Auch sie ist das Resultat einer langen Kette überlegener genetischer Mutationen, auch ihre Ursprünge lassen sich bis zum Beginn allen Lebens zurückverfolgen. Erfolg ist somit aus evolutionärer Perspektive nichts weiter als die Vererbung der eigenen Gene. Genauso wie unsere Vorfahren, so sind auch wir nur eine von vielen aktuellen Ausprägungen der Schöpfung.[6] Wenngleich eine sehr spezielle.

### Die Galeere des Wandels

Vor 40 000 Jahren kam es zu einer ersten zivilisatorischen Revolution. Der moderne Mensch begann damit, Kultur zu entwickeln. Er bemalte Höhlen, schuf Schmuck und Musikinstrumente. Es war der gesellschaftliche Urknall. Rund 10 000 vor Christus folgte dann die erste ökonomische, sogenannte neolithische Revolution. Der Homo sapiens widmete sich dem Ackerbau, wurde sesshaft. Die Epoche der Jäger und Sammler war vorbei. Größere Siedlungen bildeten sich – und mit ihnen komplexere soziale Organisationsformen. Systematisch wurden die Aufgaben des Alltags nun an Spezialisten verteilt. Die ersten Cluster von Kapital und Wissen entstanden.

In einer zentralen Eigenschaft glich die neolithische Revolution bereits allen folgenden technologisch-ökonomischen Transformationen der Menschheitsgeschichte: Denn obwohl der landwirtschaftliche Wandel die Zivilisation als Ganzes auf eine neue Entwicklungsstufe hob, ging es den ersten Farmern der Geschichte nicht unbedingt besser als ihren Jäger- und Sammlervorfahren. Ganz im Gegenteil. Die Bauern der ersten Stunde schufteten härter, gingen monotonerer Arbeit nach, ernährten sich einseitiger und mussten Risiken akzeptieren, die frühere Generationen nicht kannten. Ernteausfälle, miserable hygienische Verhältnisse, Raub und Plünderungen und nicht zuletzt die ersten aufkommenden feudalen Strukturen machten das Leben deutlich beschwerlicher. Nach allem, was wir wissen, war der Alltag der letzten Wildbeuter angenehmer als der ihrer sesshaften Nachkommen. Und doch war die Erfindung der Agrarwirtschaft die zentrale Voraussetzung für eine erste Beschleunigung des gesellschaftlichen und technologischen Fortschritts. Denn die neolithische Revolution erhöhte die Verfügbarkeit von Kalorien pro Fläche. Um es in den Worten der modernen Start-up-Welt auszudrücken: Sie machte die Produktion von Nahrung skalierbar. Dadurch stiegen die Geburtenraten an, die Bevölkerung wuchs – und mit ihr die sozialen Probleme. Eine Elite von Herrschern und Denkern konnte es sich zum ersten Mal leisten, ihren Tag mit anderen Inhalten als der Suche nach Essbaren zu füllen. Landwirtschaft ermöglichte den Luxus von Forschung und Entwicklung. Die breite Masse der Bevölkerung jedoch hatte davon im Zweifel wenig. Ihr Schicksal sollte sich in den folgenden Jahrtausenden beizeiten wiederholen.

Nüchtern betrachtet wird klar: Noch jede technologische Zäsur brachte bisher mehr Verlierer als Gewinner hervor. Egal ob neolithische Revolution, erste Industrialisierung im 18. und 19. Jahrhundert oder die digitale Transformation der Gegenwart – die Muster gleichen sich: Das Leben der meisten verschlechtert sich, während zunächst nur dünne Schichten an Eliten gewinnen. Gleichzeitig entstehen neue technische und ökonomische Kapazitäten. Diese zünden die nächste Brennstufe der zivilisatorischen Evolution. War der Arbeitsalltag der Büroangestellten vor Erfindung des Computers beschwerlicher? Ich bin zu jung, um es aus eigener Erfahrung zu beurteilen. Aber das Resultat einer immer schnelleren Arbeitswelt der ständigen Erreichbarkeit, Smartphones, E-Mail-Inboxen und Slack-Channel sind sicherlich nicht glücklichere Belegschaften. Innovationen machen uns produktiver, aber nur wenige profitieren davon.

Heute haben Internet, Computer und Handy nicht nur fünf der aktuell acht größten Privatvermögen der Welt produziert, sondern auch ein Heer von ökonomisch und kulturell abgehängten Menschen. Arm und Reich klaffen immer weiter auseinander. Die künstliche Intelligenz tritt an, um die Mittelschicht zu dezimieren. Seit 12 000 Jahren das gleiche Bild: Jede Zäsur polarisiert. Und jede industrielle Revolution erschafft ihre eigenen Feudalherren.

Faszinierend ist in diesem Zusammenhang die Eigenschaft der Menschen, schlechte Erfahrungen zu verdrängen. Das scheint auch für das kollektive Gedächtnis zu gelten. Turbulenzen und Loser des Wandels vergessen wir schnell. Der Terminus »technologische Revolution« klingt für uns nach Erleuchtung, Aufbruch und einem besseren Leben, auch wenn sich für die allermeisten Betroffenen das Gegenteil bewahrheitet. Dass wir im Allgemeinen dennoch ein so positives Bild von den großen Zäsuren der Menschheitsgeschichte haben, hat vor allem zwei Gründe.

Erstens basiert unser Wohlstand auf dem Schweiß und Blut früherer Generationen. Ohne die Leistungen der ersten Landwirte vor mehr als 10 000 Jahren wären weder Mikrowellen, Flugzeuge noch künstliche Intelligenz heute Wirklichkeit. Dasselbe gilt für die Verlierer späterer Umbrüche. Ohne ein Heer von Ruderern würde sich die Galeere des Fortschritts nicht von der Stelle bewegen. Tausende Generationen mussten leiden, damit es uns heute besser gehen kann.

Zweitens ist unsere Wahrnehmung von mehr als zweieinhalb Jahrhunderten Aufklärung und rund zwei Jahrhunderten modernem Kapitalismus verzerrt. »Höher, schneller, weiter« ist Teil unseres geistigen Erbguts geworden. Die Vorstellung, den letzten Jägern und Sammlern wäre es vielleicht besser ergangen als den ersten sesshaften Landwirten, erscheint uns paradox und wenig glaubwürdig. Genauso wie die Idee, das Leben müsse vor Erfindung des Handys nicht unbedingt schlechter gewesen sein. Der technische Wandel, so unsere tief verankerte Überzeugung, muss etwas Positives sein. Dass wir damit nicht unbedingt richtigliegen, ist eine Erkenntnis, die wir nicht wahrhaben wollen, da sie die Grundfesten der modernen Gesellschaft erschüttern oder sogar einreißen könnte.

## Digitale Steintafeln

Die Sumerer entwickelten mehr als 3000 Jahre vor Christus die erste Schrift. Die Geschichte der Daten begann. Sie ermöglichte eine immer größere Beschleunigung des technologischen und wissenschaftlichen Fortschritts. Die zehn arabischen Zahlen und ihre mathematischen Operatoren sind die wahre Lingua franca des Planeten. Die seit Jahrhunderten andauernde Mathematisierung der Welt ist nicht zuletzt auch ein Siegeszug ihrer extrem effizienten Schriftform.

Insgesamt fünf Revolutionen der Massenkommunikation haben die Art und Weise verändert, wie wir Informationen sammeln, verarbeiten und weitergeben. Die Erfindung von Sprache, Schrift, Buchdruck, Rundfunk (also Radio und Fernsehen) und schließlich Internet hat die Zivilisation immer wieder auf den Kopf gestellt. Ohne effektive mündliche Kommunikation mit seinen Artgenossen hätte der Homo sapiens keine komplexen Gesellschaften entwickeln können. Ohne Schrift hätten die antiken Griechen nicht die Grundsätze von Geometrie und Philosophie darlegen können. Ohne Buchdruck keine Reformation und keine Aufklärung. Ohne Rundfunk keine modernen Demokratien. Und ohne das Internet wäre die Globalisierung nicht denkbar gewesen.

Heute hat sich das Tempo der Wissenschaften derart beschleunigt, dass moderne Forscher ohne digitale Paper und Journale, Suchmaschinen und Online-Plattformen aufgeschmissen wären. Die physische Bibliothek ist schon lange nicht mehr die Frontlinie der Erkenntnis. Das mag manchen romantischen Altakademiker enttäuschen. Aber am Anfang jedes neuen zivilisatorischen Evolutionsschrittes stehen bis heute eine effektivere Dokumentation und Weitergabe von Wissen. Steintafeln, Papyrusrollen, Bücher, Festplatten und Server stehen in einer langen Tradition der immer besseren Speichermöglichkeit von Erkenntnissen. Und Innovationen in der Auslagerung des kollektiven Gedächtnisses sind und bleiben der Nukleus höherer gesellschaftlicher Entwicklungsstufen.

## Exponentielle Entwicklung

Im alten Griechenland wurden rund 800 Jahre vor Christus die Fundamente für ein rationales Verständnis der Welt gelegt. Doch das Abendland vergaß sein geistiges Erbe zwischenzeitlich wieder. Viel Zeit verging, bis die Vorzüge klaren Denkens wieder entdeckt wurden. Erst gegen Ende des 15. Jahrhunderts war die Rückkehr der Vernunft die Basis für den Urknall der modernen Wissenschaft. Der menschliche Geist befreite sich aus selbst geschmiedeten Ketten. Was seitdem passierte, ist atemberaubend. Die technologische Revolution der Gegenwart ist letztlich das Resultat eines seit Kolumbus und Kopernikus andauernden wissenschaftlichen Wettlaufs. Es mag unterschiedliche Auffassungen darüber geben, was die wichtigsten Meilensteine der jüngeren Erkenntnisgeschichte sind. Klar ist, dass sie immer schneller aufeinanderfolgen. Ordnet man die Big Bangs der geistigen, kulturellen und technologischen Evolutionen auf einer Zeitleiste, liegen alle für uns relevanten Ereignisse ganz am Ende. Eigentlich ist alles Wichtige gerade eben erst passiert.

Rund 30 000 Jahre sind seit Beginn allen kulturellen Lebens vergangen, bis der Ackerbau entstand und der Mensch sesshaft wurde. Etwas mehr als 2000 Jahre liegen zwischen der Erfindung der Schrift und der ersten wissenschaftlichen Revolution der Antike. 150 Jahre hat es seit Entwicklung des Buchdrucks Mitte des 15. Jahrhunderts gedauert, bis der Rationalismus die moderne Wissenschaft überhaupt erst möglich machte. Knapp ein Jahrhundert erstreckt sich zwischen den Patenten, die James Watt für seine Dampfmaschine (1769) und Werner von Siemens für seine Dynamomaschine (1866) erhielten und damit jeweils eigene industrielle Revolutionen begründeten. Nicht einmal 15 Jahre brauchte es vom ersten Personal Computer bis zum globalen Siegeszug des World Wide Web. Und nur etwas mehr als ein Jahrzehnt ist vergangen, seit Apple das iPhone auf den Markt brachte und unseren Alltag mit der Smartphone-Revolution umkrempelte. 50 Jahre hat es gebraucht, um weltweit eine Million Industrieroboter zu installieren. Nur etwa acht werden für die zweite Million benötigt werden.[7] Das Tempo des technologischen Fortschritts ist exponentieller Natur. Die ökonomische und kulturelle Lebensrealität unserer Spezies verändert sich immer schneller.

Menschen haben ein sehr gutes Gefühl für lineare Verläufe, aber leider ein miserables Einschätzungsvermögen für alle exponentiellen Entwicklungen. Deshalb tun wir uns auch so schwer, die Zukunft vorherzusagen. Eine Exponentialfunktion hat in der Mathematik die Form »y ist gleich a hoch x«. Ab einem gewissen Wert x nähert sich ihr Funktionswert der Unendlichkeit an. Das heißt: Gehe ich 30 Schritte, komme ich, linear gedacht, ungefähr 30 Meter weit. Gehe ich 30 exponentielle Schritte, verdopple ich also jedes Mal deren Anzahl (1, 2, 4, 8, 16, 32 usw.), lege ich insgesamt eine Milliarde Meter zurück. Das entspräche ungefähr dem Fünfundzwanzigfachen des Erdumfangs.

Ein Gedankenspiel dazu: Würde ein Zeitreisender aus dem Jahr 1500 in das Jahr 1750 gebeamt werden, würde er sicherlich über die eine oder andere Innovation staunen. Politisch hätte sich einiges getan, aber das Leben breiter Bevölkerungsschichten wäre immer noch beschwerlich und primitiv. Vermutlich käme der Mann zurecht. Würde ein Mensch des Jahres 1750 in das Jahr 2000 befördert werden, wäre er mit Sicherheit vollkommen überfordert. Denn zweieinhalb Jahrhunderte exponentiellen wissenschaftlichen Fortschritts und drei industrielle Revolutionen haben alles verändert. Dabei sind beide Zeiträume jeweils gleich lang. Doch der Grad der Transformation in der zweiten Hälfte dieser 500 Jahre ist nicht mit dem in der ersten zu vergleichen.

Diese Überlegung funktioniert auch auf einer kürzeren Skala: Der Alltag des Jahres 1970 war noch einigermaßen vergleichbar mit dem des Jahres 1990. Düsenflugzeug, Computer, Thermomix und viele andere mehr oder weniger sinnvolle Errungenschaften der Moderne kennt ein Zeitreisender aus den Siebzigern bereits. Aber weitere 20 Jahre später, im Jahr 2010, scheint sich eine Menge getan zu haben. Smartphone und Internet haben eine ganz neue Gesellschaft erschaffen. Und so ist zu erwarten, dass in den kommenden zwei Jahrzehnten noch einmal mehr auf uns zukommt, dessen Konsequenzen wir noch gar nicht abschätzen können.

Auch die Idee vom Fortschritt ist noch nicht alt. Sie entstand erst mit dem Beginn der modernen Wissenschaft, irgendwann in den zwei Jahrhunderten zwischen Christoph Kolumbus und Isaac Newton. Davor glaubte man eher an einen Zyklus der Geschichte, an höhere Kräfte, stellte das Weltbild früherer Generationen kaum infrage. Erst im 18. Jahrhundert etablierte sich mit der Aufklärung und den Anfängen des modernen Kapitalismus ein wahrer Fortschrittsglaube. Seitdem zweifeln wir nicht mehr ernsthaft daran, dass Innovation ein Wert an sich darstellt. Geistige Expansion wurde zum obersten Ziel der intellektuellen Eliten. Aber schon damals tat man sich schwer mit dem exponentiellen Charakter der technologischen Evolution. Benjamin Franklin, Erfinder des Blitzableiters und einer der Gründerväter der Vereinigten Staaten, beschwert sich gar über seine Lebenszeit: »Der schnelle Fortschritt der Wissenschaft lässt mich manchmal bedauern, dass ich so früh geboren wurde. Es ist unmöglich, sich die Größe vorzustellen, die die Macht des Menschen über die Materie in tausend Jahren erlangen könnte.«[8] Franklin hätte kein Jahrtausend warten müssen. Schon zwei Jahrhunderte hätten gereicht, um ihn in eine Zukunft zu versetzen, die er für völlig unmöglich gehalten hätte.

### Technik macht Systeme

In der Schule wurde mir eine Geschichte der Staaten und Herrscher beigebracht. Die Rolle der Technologie als treibende Kraft historischer Entwicklungen wurde dabei vernachlässigt. Dabei prägen Innovationen ökonomische Realitäten, die im Zweifel stärker sind als jede souveräne Macht. Politische und soziale Systeme entstehen mit technologischen Revolutionen, oder sie scheitern an ihnen. So brachte die Erfindung der Landwirtschaft Städte hervor. Die erste industrielle Revolution erschuf den Nationalstaat. Das World Wide Web erzeugte eine globale Gesellschaft. Technologien krönen und stürzen mehr Regierungen als alle Völker und Religionen zusammen. Das »Ancien Régime« scheiterte in der Katastrophe des Ersten Weltkrieges letztlich an einer neuen mechanisierten Welt. Und ohne Internet und Roboter wäre Donald Trump heute vermutlich nicht Präsident der Vereinigten Staaten.

Seit 12 000 Jahren steigern wir mit unseren Erfindungen die gesellschaftliche Komplexität. Und ebenso seit dieser Zeit sind wir auf Technologie angewiesen, um die Folgen zu beherrschen. Der Mensch erschuf Staaten und Systeme, deren Komplexität die technologischen Möglichkeiten ihrer Zeit überstiegen. Das späte Römische Reich brach zusammen, als die damaligen Transport- und Kommunikationswege seiner größten Ausdehnung nicht mehr gewachsen waren. Auch heute sind wir von einem neuen Grad der Komplexität überfordert. Mit virtuellen Netzwerken, dem Internet der Dinge und einer Ökonomie der Daten haben wir eine Welt geschaffen, in der die physische Realität nur noch ein kleiner Teil dessen ist, was unser Leben bestimmt.

Beispiel Finanzsystem. Der realen Wirtschaft haben wir ein undurchschaubares, virtuelles Schattenreich gegenübergestellt. 2008 haben dessen dunkle Mächte die ökonomische Ordnung an den Rand des Abgrundes geführt. Der Handel mit Wertpapieren wird längst dominiert von Maschinen. Die sogenannten Algo-Trader werden heiß diskutiert. Es sind künstliche Intelligenzen, die, ihrer eigenen Strategie folgend, Aktien, Optionen oder Futures selbstständig kaufen oder verkaufen. Wir haben es vermutlich mit dem ersten voll automatisierten Markt überhaupt zu tun. Nur eine Handvoll Experten ist noch fähig, die kompliziertesten Kreditderivate und Hebelprodukte im Detail zu erklären. Ohne leistungsstarke Computer wäre aber schon der einfache Aktienhändler aufgeschmissen. Maschinen erlauben es uns, die Komplexität der Welt ins schier Unendliche zu steigern. In der Finanzkrise haben wir zum ersten Mal gelernt, welch gefährliche Waffe wir damit in der Hand halten.

## Wendepunkte der Wirtschaft

Insgesamt vier industrielle Revolutionen haben in den letzten zweieinhalb Jahrhunderten ihren Beitrag zum exponentiellen Komplexitätswachstum geleistet. Ihre Auswirkungen waren jeweils nicht nur ökonomischer, sondern vor allem sozialer Natur.

Mit der Erfindung der Dampfmaschine im Jahr 1769 industrialisierte sich zunächst nur der Westen. Handwerker und Landwirte wurden zu Angestellten und Proletariern. Die Klassengesellschaft der Moderne entstand, und mit ihr die politischen Vorstellungen von »rechts« und »links«, die bis heute den politischen Diskurs prägen. Die Arbeiterbewegung war nichts anderes als ein Aufbegehren der Verlierer des Wandels.

Die zweite industrielle Revolution basierte dann auf der Elektrifizierung der Welt. Die Nacht wurde zum Tage. Öl, das schwarze Gold der Moderne, begann zu sprudeln. John D. Rockefellers Firma Standard Oil wurde zum Google seiner Zeit, zum großen Profiteur einer technologischen Zäsur. Macht und Größe des Unternehmens erreichten bis zu seiner Zerschlagung im Jahr 1911 ungekannte Ausmaße.

Der Personal Computer leitete die dritte industrielle Revolution in den Siebziger- und Achtzigerjahren des letzten Jahrhunderts ein. Software begann, immer mehr Aufgaben zu übernehmen. Das Papier wurde zunehmend aus den Büros verbannt. Bill Gates wurde zum Rockefeller seiner Zeit.

Vernetzung und smarte Maschinen stehen am Anfang der vierten industriellen Revolution der Gegenwart. Das Internet der Menschen und das Internet der Dinge haben zusammen eine Welt geschaffen, in der alle und alles immer mit allen und allem kommunizieren. In der Schule lernt man im Ökonomieunterricht die Mär von drei Produktionsfaktoren: Arbeit, Kapital und Boden. Diese Dreifaltigkeit ist von gestern. Daten müssten dringend als vierte Kraft hinzukommen. Daten sind das neue Öl, heißt es gerne in der Welt der Start-ups und Venture-Investoren. Künstliche Intelligenzen machen die ökonomische Ausbeutung der neuen Transparenz überhaupt erst möglich. Unter deutschen Managern und Politikern ist der Begriff »Industrie 4.0« sehr beliebt. Aufgetaucht ist er zum ersten Mal auf der Hannover-Messe des Jahres 2011.[9] Letztlich ist er nicht mehr als Standortmarketing für ein Land, welches das Internet der Menschen ganz einfach verschlafen hat. Wir haben weder Facebook noch Google, sondern nur Zalando und Delivery Hero hervorgebracht. Deutschlands erfolgreichstes Start-up ist und bleibt bis heute SAP; es ist vor über 45 Jahren gegründet worden und wird heute vor allem aus den USA gesteuert. Tatsächlich ist die vierte industrielle Revolution aber eine große Chance für die Industrienation Deutschland. Denn im Gegensatz zur ersten Internetwelle stehen heute nicht sogenannte B2C- (Business to Consumer), sondern B2B- (Business to Business) Innovationen im Vordergrund. Die Automatisierung und digitale Optimierung von ganzen Wertschöpfungsketten ist das große Markenversprechen der Industrie 4.0. Heimspiel für das Land der Maschinenbauer und Mittelständler. Theoretisch.

Mit jeder industriellen Revolution steigerte sich der Grad der gesellschaftlichen, ökonomischen und politischen Vernetzung. Diese Entwicklung verlief nicht konstant. So war die globale Wirtschaft vor Ausbruch des Ersten Weltkrieges deutlich stärker verwoben als Mitte des 20. Jahrhunderts. Dennoch befinden wir uns auf einem langfristigen Pfad immer undurchschaubarer werdender Strukturen gegenseitiger Beeinflussung und Abhängigkeit. Telegrafie und Telefon mögen den Planeten »verkleinert« haben. Aber erst das Internet hat das Schicksal aller Menschen für immer miteinander verbunden. Globalisierte Produktionsketten und unkontrollierbare Migrationsströme sind das greifbare Resultat. Digitale Manipulationen von Wahlergebnissen und Hackerangriffe durch fremde Mächte sind dagegen das virtuelle Ergebnis der neuen Weltgesellschaft. Vernetzung und Komplexität hängen genauso zusammen wie Digitalisierung und Globalisierung.

## Entmaterialisierte Zukunft

Die aktuelle vierte industrielle Revolution beschleunigt den Prozess der allgemeinen Entmaterialisierung. An dessen Ende steht eine postindustrielle Wirtschaft. Darunter verstehe ich eine Ökonomie, deren Wertschöpfung nicht mehr auf physischen Dingen, sondern vor allem auf der Verarbeitung digitaler Informationen basiert. Materie spielt in der postindustriellen Welt eine untergeordnete Rolle. Dem entspricht eine neue betriebswirtschaftliche Realität, in der sich die erfolgreichsten Unternehmen kaum noch mit ihrer Hardware differenzieren.

Beispiel Mobilität auf vier Rädern: Sie ist in der Zukunft vernetzt, elektrisch und autonom. Das Ende des Verbrennungsmotors ist nur ein Aspekt der verkehrstechnischen Zeitenwende. Künstliche Intelligenzen erobern die Straßen. Die Software wird zur entscheidenden Komponente jedes Fahrzeugs. Schon bald werden digitale Dienste und Produkte weit über die Hälfte der automobilen Wertschöpfung ausmachen.[10] Der Stolz der deutschen Industrie wird sich also neu erfinden müssen. Die traditionellen Kenntnisse und Fähigkeiten ihrer Ingenieure werden zunehmend irrelevant. Mit virtuellen Innovationen haben sie kaum Erfahrung.

Beispiel Wärmeversorgung: Die Effizienz einer Heizung hängt heute weniger von der Überlegenheit des tatsächlichen Wärmeerzeugers ab als vielmehr von dessen digitaler Steuerung. Viessmann, Vaillant und Bosch sind Weltklasse in der Produktion hochwertiger Boiler. Aber ein paar Prozentpunkte Effizienzgewinn durch einen noch besseren Brenner sind vernachlässigbar im Vergleich zu dem enormen Potenzial, das der Einsatz einer intelligenten App im Hintergrund verspricht. Diese kann Wetterprognosen, Energiepreise und Aufenthaltsorte der Bewohner prognostizieren und so die Leistung der Heizung entsprechend kalibrieren. Selbst ein mittelmäßiges System im Keller kann auf diese Weise höchst effektiv arbeiten.

Es sind Algorithmen, die in einer entmaterialisierten Wirtschaft über Erfolg und Scheitern entscheiden. Deutsche Maßarbeit und die Präzision der Fertigung verlieren an Bedeutung. Software fresse den Planeten, hat der Silicon-Valley-Investor Marc Andreessen einmal verkündet. Nur zu bedauerlich, dass sie nicht gerade die Kernkompetenz heimischer Betriebe ist.

Die ökonomische Entmaterialisierung hat massive Konsequenzen für den Arbeitsmarkt der Zukunft. Zum einen fallen Tätigkeiten weg, die für die Produktion von physischen Dingen nötig sind. Viel entscheidender aber ist die Tatsache, dass Computer dem Homo sapiens in der Verarbeitung großer Datenmengen himmelweit überlegen sind. Im Ergebnis gibt es im postindustriellen Zeitalter deutlich weniger Arbeit. In der Wirtschaft der kommenden Jahrhunderte spielt der Mensch eine untergeordnete Rolle. So gut wie jede Aufgabe kann und wird automatisiert werden. Die breite Masse verkommt zu Käufern von Dingen und Dienstleistungen, an dessen Herstellung sie immer weniger beteiligt ist. Wie sie diese bezahlen soll, ist völlig unklar.

Auf diese Weise schreibt sich eine Entwicklungslinie fort, die ihren Ursprung in der ersten industriellen Revolution hat: die Enthumanisierung. Was mit den Dampfmaschinen des späten 18. Jahrhunderts begann, hat mit den intelligentesten Algo-Tradern der Gegenwart, den voll automatisierten Maschinen für den Wertpapierhandel, seine Vollendung gefunden.

Zunächst haben Maschinen die physische Fertigung übernommen, erst ganz primitiv und nur in Ansätzen. Die mechanischen Webstühle der ersten Stunde waren nicht mehr als verbesserte manuelle Werkzeuge. Der Mensch stand immer noch im Zentrum der industriellen Welt. Doch über zweieinhalb Jahrhunderte wurde das selbstständig agierende Subjekt aus immer mehr ökonomischen Prozessen entfernt. Dabei gab es ein natürliches Limit: das Hirn. Bisher war es uns nicht möglich, höhere kognitive Aufgaben an Software abzugeben. Der Taschenrechner kommt ohne uns nicht aus. Mit der Schöpfung künstlicher Intelligenzen aber ändert sich dies. Sie sind zu komplexen Denkvorgängen imstande. Die Anwendungsgebiete sind grenzenlos. Die Finanzmärkte zeigen uns, wohin die Reise geht.

## Industrialisierte Zerstörung

Die Enthumanisierung der Ökonomie steht im starken Kontrast zu einer komplett gegensätzlichen Entwicklung: der Humanisierung der Umwelt. Wir leben im Anthropozän, jener jüngsten geochronologischen Epoche, in der der Mensch dem Planeten innerhalb kürzester Zeit seinen Stempel aufgedrückt hat. Aktuell rund 7,5 Milliarden Menschen verändern die Biosphäre in rasant steigender Geschwindigkeit.

Vier industrielle Revolutionen haben nicht nur das Leben des Homo sapiens auf den Kopf gestellt. Die atemberaubende Ausdehnung der sozioökonomischen Systeme industrieller Gesellschaften wird von den natürlichen Systemen der Erde auf desaströse Weise gespiegelt. Wissenschaftler sprechen von der sogenannten Great Acceleration, der großen Beschleunigung. Egal welche Messgröße wir betrachten, alle Kurven zeigen steil nach oben: Bevölkerung, reales Welt-Bruttoinlandsprodukt, ausländische Direktinvestitionen, Urbanisierung, Einsatz von Düngemitteln, Wasserverbrauch, Anzahl von Kraftfahrzeugen oder Handyverträgen. Die Liste ließe sich beliebig erweitern. Diese zivilisatorische Expansion schlägt sich in der biologischen Sphäre nieder. Auch deren Kennzahlen befinden sich seit Mitte des 20. Jahrhunderts auf einem Pfad des immer schnelleren Wachstums: Kohlenstoffdioxide, Stickstoffoxide und Methan in der Atmosphäre, Versäuerung der Ozeane, Artensterben, durchschnittliche Temperaturabweichungen, Abbau von Tropenwald oder auch der Einfluss von Stickstoffen aus Düngemitteln in Küstengewässer.[11]

Es ist offensichtlich, dass wir Raubbau an unseren Lebensgrundlagen betreiben. Wir verbrauchen deutlich mehr Ressourcen, als uns Mutter Natur zur Verfügung stellt, und das auf Kosten zukünftiger Generationen. Im Jahr 2030 werden mehr als zwei Erden nötig sein, um die Bedürfnisse der Spezies Mensch abzudecken.[12] Falls sich nichts ändert.

Nicht nur Fortschritt und technologische Möglichkeiten explodieren also, sondern auch die Probleme, die sie verursachen. Sicherlich, auch schon Steinzeitmenschen rotteten einzelne Tierarten aus und veränderten Landschaften für immer. Aber erst mit der zweiten industriellen Revolution waren die Voraussetzungen für das Anthropozän geschaffen. Die letzten sieben Jahrzehnte waren auf traurige Weise einzigartig. Denn in einem Wimpernschlag der Geschichte haben wir es mit unserem Glauben an grenzenloses Wachstum geschafft, den Planeten als Ganzes aufs Spiel zu setzen. Die Zerstörung der Natur wurde industrialisiert.

Es geht nicht nur um den Klimawandel. Heute bedroht der Mensch die Stabilität der gesamten Biosphäre. Der Homo Faber der Moderne ist nicht unmoralischer als seine ältesten Vorfahren, die Landwirte der neolithischen Revolution. Seit den Anfängen aller Zivilisation greift der Mensch ohne Skrupel in die Biologie ein. Aber seine technischen Möglichkeiten sind immer schneller immer besser geworden. Heute, nach mehr als 12 000 Jahren Zivilisationsgeschichte, nach über fünf Jahrhunderten exponentiellen Erkenntnisgewinns und unzähligen Meilensteinen der Wissenschafts- und Technologiegeschichte, stehen dem Homo sapiens erschreckend mächtige Werkzeuge zur Gestaltung seiner Lebenswelt zur Verfügung. Spätestens seit der Entwicklung der Atombombe kennt er seine Verantwortung. Selten handelt er entsprechend. Zwei Jahrzehnte nach Ende des Kalten Krieges ist die Gefahr der Selbstzerstörung sogar noch gestiegen. Die jüngsten Durchbrüche im Bereich der künstlichen Intelligenz und der Mikrobiologie erweitern das destruktive Potenzial erheblich.

## Darwin Digital – der Weg zur maschinellen Macht

Seit über einem halben Jahrhundert ist die Entwicklung der Menschheit eng verknüpft mit dem Fortschritt in der Informatik. Anders als bei früheren Revolutionen ist die Hardware des Wandels diesmal ausgesprochen unspektakulär. Während Dampfmaschinen, Atomkraftwerke und Ölbohrplattformen gewaltige und bisweilen Furcht einflößende Geräte sind, kommt die Entmaterialisierung der Welt eher profan daher.

Es gibt wenige Orte auf der Welt, an dem digitale Umbrüche mit Händen zu greifen und zu bewundern sind. Eine Besonderheit ist das Computer History Museum. Es liegt in Mountain View, im Herzen des Silicon Valley. Nur einen Steinwurf vom Googleplex, dem Firmenhauptquartier von Alphabet entfernt, wird den großen Pionieren des Informationszeitalters gehuldigt. Stolz werden die größten Nerds der Geschichte und ihre bahnbrechenden Erfindungen präsentiert. Es ist die Kathedrale eines Tals, das seit langer Zeit schon die Zukunft der Zivilisation maßgeblich beeinflusst. Und es ist einer der wenigen Orte zwischen San Francisco und San José, die es tatsächlich zu besichtigen lohnt. Das wichtigste Start-up-Ökosystem der Welt versteckt seine Macht sonst hinter langweiligen Bürofassaden und penibel gemähten Vorgärten.

Doch das Museum besitzt Strahlkraft. Seine Sammlung spannt den Bogen von den ersten manuellen Rechenmaschinen aus dem 19. Jahrhundert bis zu den kleinsten Mikroprozessoren für das Internet der Dinge. »Explore the revolution that has changed our world …«, ist auf einer Tafel zu lesen. Viele Ausstellungsstücke haben ihren Anteil an dieser Revolution. Googles erstes selbstfahrendes Auto zum Beispiel oder der legendäre, holzummantelte »Apple 1« aus dem Jahr 1976. Steve Wozniak, Mitgründer von Steve Jobs, hat ihn mit seinem Spitznamen »Woz« signiert. Gleich um die Ecke ist eine ganze Wand »Moore's Law« gewidmet. Die eherne Regel der steigenden Rechenleistung ist nicht nur eine treffende Beschreibung exponentiellen Fortschritts, sondern vor allem das Glaubensbekenntnis einer ganzen Industrie.

## Gesetzmäßige Sprengkraft

Gordon Earle Moore, einer der Mitgründer des Prozessorherstellers Intel, hatte bereits 1965 vorhergesagt, dass sich die Anzahl von Komponenten auf Chips – vor allem Transistoren – alle zwölf Monate verdoppeln werde. Mitte der Siebzigerjahre korrigierte er seine Voraussage auf zwei Jahre. Doppelt so viele Transistoren implizieren auch einen um den Faktor zwei stärkeren Prozessor. Moore sollte recht behalten. Über Dekaden war sein Gesetz in Stein gemeißelt. Das Ergebnis: Rechenkapazitäten wuchsen immer schneller. Alle zehn Jahre lässt sich eine schier unglaubliche Vertausendfachung der digitalen Leistungsfähigkeit beobachten. Moore's Law ist bis heute eine der langlebigsten Technologieprognosen aller Zeiten, und das in einer extrem kurzlebigen Branche. Es lieferte nicht nur eine Erklärung der technischen Empire, sondern definierte zudem den Anspruch an Ingenieure und Entwickler.

Es ist nicht leicht, die Erfolge der Halbleiterindustrie ohne Superlative in Worte zu fassen. 1971 brachte Intel einen Prozessor namens »4004« auf den Markt. Er bestand aus 2300 Transistoren, die mit jeweils rund 10 000 Nanometer Abstand voneinander platziert waren – das entspricht etwa der Größe einer roten Blutzelle. Transistoren sind eine Art elektronischer Ein/Aus-Schalter und damit das physische Abbild von Nullen und Einsen. Sie sind das Herz jedes Computers.

2015 vermarktete das Unternehmen seine sechste Produktgeneration, nun unter dem Namen »Skylake«. Die Prozessoren enthielten jetzt rund 1,5 bis 2 Milliarden Transistoren, zwischen denen nur noch rund 14 Nanometer lagen.[13] Zum Vergleich: Ein Haar ist 7000-mal dicker. Für das menschliche Auge sind diese Schaltkreise und Prozessorstrukturen schon längst nicht mehr erkennbar. Doch die

Reise in die schier unendliche Winzigkeit geht noch weiter. 2018 bringt der Hersteller AMD den ersten Sieben-Nanometer-Chip auf den Markt.[14] Der Abstand der Komponenten hat sich in drei Jahren also noch einmal halbiert. Das Ergebnis dieser Entwicklung sind Maschinen mit kaum vorstellbarer Leistungskraft.

Heute haben wir mehr Rechenpower in unserer Arbeitstasche, als der gesamten NASA im Jahr 1969 für die Mondmission zur Verfügung stand.[15] Die Basis der Entmaterialisierung des Planeten ist vor allem ein immer stärkerer digitaler Motor. Die andere Seite von Moore's Law sind immer günstigere Rechner. Für fünf Dollar bekommt man heute die Kapazität des »Cray-1«, des schnellsten Supercomputers der späten Siebzigerjahre. Die Maschine wog fünfeinhalb Tonnen, wurde zum ersten Mal im Forschungslabor von Los Alamos in Betrieb genommen und kostete nach damaligem Wert knapp neun Millionen Dollar. Gerade einmal 75 Dollar-Cents steht dagegen auf dem Preisschild des »Freescale Kinetis KL03«, dem heute kleinsten Mikrocontroller der Welt. Mit seinem Format von 1,6 × 2,0 mm passt er in die Vertiefung eines Golfballs.[16]

Diese extrem billigen Minirechner sind die Basis des Internets der Dinge, in dem alles digitalisiert und vernetzt wird. Egal ob Schiffscontainer, Stromzähler, Mikrowelle, Briefkasten, Krankenhausbett, Weinflasche oder Straßenlaterne: Warum sollte man nicht überall einen Computer einbauen, wenn dieser so gut wie nichts kostet und dazu noch nicht einmal viel Platz wegnimmt. Ingenieuren wird es immer leichter gemacht, eine Welt zu erschaffen, in der alle Gegenstände eine eigene Intelligenz besitzen.

Doch die exponentiell gewachsenen Kapazitäten der Informationstechnologie sind nicht nur auf Produktverbesserungen der Halbleiterindustrie zurückzuführen. Stärkere Chips können ihr Potenzial nur entfalten, wenn ihr umgebendes Computersystem höhere Geschwindigkeiten ermöglicht. Ohne größere Speicher- und verbesserte Kommunikationstechnologien wäre die Wirkung des Moore'schen Gesetzes verpufft. Schnellere Rechner benötigen wiederum mehr

Daten, um ihre PS überhaupt auf die Straße bringen zu können. Diese entstehen, wenn immer mehr Programme und Geräte von einer steigenden Zahl an Nutzern verwendet werden. Moores Zwei-Jahres-Regel steht somit nur am Anfang einer technologischen und ökonomischen Wirkungskette, die eine Explosion des Digitalen zur Folge hat.[17]

## Vermeintliches Ende

Heute stößt Moore's Law langsam, aber sicher sowohl an ökonomische als auch physikalische Grenzen. Zum einen wird es immer teurer, Chips herzustellen. Die Kosten eines neuen Halbleiterwerks (genannt Foundry) mit seinen absolut staubfreien Reinräumen verdoppeln sich alle vier Jahre. Auch das hatte Gordon Moore kommen sehen. Der aktuelle Preis liegt bei rund zehn Milliarden Dollar. Für jede neue Chip-Generation sind neue Fertigungsanlagen nötig, sodass sich die Verkleinerung der Komponenten immer weniger lohnt.

Zum anderen bereiten die Naturgesetze Probleme. Die Prozessorstrukturen werden irgendwann so klein, dass einfach kein Platz für weitere Module bleibt. Damit das Moore'sche Gesetz in der aktuellen technischen Logik bis ins Jahr 2050 Bestand haben kann, müssten Ingenieure Bauteile verwenden, die kleiner sind als ein Wasserstoffatom, das kleinste Element in der Natur. Nach allem, was wir wissen, ist dies unmöglich. Immer winziger, immer enger hat also eine natürliche Grenze. Schaltkreise von viel weniger als fünf Nanometer, so die Experten, sind nicht realisierbar.[18]

Die regelmäßige Verdopplung der Transistoren in einem Prozessor wird sich folglich nicht fortschreiben lassen. Allerdings heißt dies nicht, dass damit auch das exponentielle Wachstum der Rechenkapazitäten zum Erliegen kommt. Die Geschichte der Computerwissenschaften ist auch eine Historie der Entwicklungssprünge. Immer wenn die Grenzerträge einer technischen Logik kleiner wurden, zauberten Ingenieure ein neues Ass aus dem Ärmel. Mehrere Paradigmenwechsel hat die Industrie seit ihren Anfängen hinter sich.

Von den elektromechanischen Rechnern der ersten Generation ging die Reise über Relais und Elektronenröhren bis hin zu den integrierten Schaltkreisen der Gegenwart.[19] Aber auch innerhalb dieser Innovationsstufen machte der Fortschritt nicht halt. Den Einzelkernprozessoren folgten zum Beispiel die Mehrkernprozessoren, bei denen die meisten Strukturen mehrfach auf einem Chip vorhanden sind.

Die sprunghafte Vergangenheit der Computer betrifft nicht nur deren Innenleben, sondern die IT-Produktwelt als Ganzes. Nach den Großrechnern kamen die Minicomputer, die wiederum vom Personal Computer abgelöst wurden, der seinerseits dem Cloud-Computing weichen musste. Und jedes Mal waren andere Unternehmen die jeweils tonangebenden Marktführer. IBM dominierte die Welt der Großrechner. Die längst in Vergessenheit geratene Digital Equipment Corporation (kurz DEC) erlangte in den Zeiten der Kleinrechner Bedeutung. Microsofts Macht basiert auf dem PC, während Spieler wie Google und Amazon den Markt für Cloud-Dienstleistungen besetzen. Und schon scheint sich der nächste große Wurf abzuzeichnen.

Heute ist das sogenannte Edge-Computing in aller Munde: In einem großen Computersystem werden entscheidende Rechenvorgänge aus der Cloud heraus an den Ort des Geschehens verlagert. Das ist zum Beispiel in der Fabrik der Zukunft relevant. Dort produzieren Tausende von Sensoren in jeder Millisekunde neue Daten. Es bringt Vorteile, deren Analyse direkt am Rand des Netzwerkes (englisch »edge«), also in den Maschinen selbst durchzuführen anstatt in weit entfernten Servern. Zum einen müssen weniger Daten durch das Netzwerk geschickt werden, zum anderen steigert eine größere Dezentralität die Stabilität des gesamten Systems. Während also die Cloud noch nicht einmal bei allen Nutzern angekommen ist, bereitet sich die Branche bereits auf den nächsten Schritt vor.

Auch in anderen Industrien gibt es technische Sprünge, aber nirgendwo sind die Abstände zwischen den Zäsuren so klein. Hier liegt das Geheimnis der erstaunlichen Erfolgsgeschichte der digitalen Technologie in den letzten sieben Jahrzehnten. Immer wenn die Grenzen des Möglichen erreicht waren, kamen junge Start-ups mit etwas völlig Neuem um die Ecke. Diese von Venture-Capital finanzierten Innovatoren gehen hohe Risiken ein und führen letztlich ein neues Paradigma zur Marktreife.

Skeptiker verweisen zwar auf das Ende von Moore's Law, doch die Vergangenheit der IT-Branche legt den Schluss nahe, dass schon bald der nächste Durchbruch winkt, der die Rechenkapazitäten in neue und bisher unbekannte Höhen katapultiert.

## Alternative Antriebe

Eine Möglichkeit der weiteren digitalen Beschleunigung sind Grafikprozessoren. Diese sogenannten Graphics Processing Units (GPUs) waren eigentlich für die Spieleindustrie erfunden worden. Damit Bildschirmzocker Spaß haben, müssen Millionen von Pixeln bis zu hundertmal pro Sekunde neu berechnet werden. Das erfordert extrem leistungsfähige Prozessortechnologien. GPUs verfügen über Tausende Kerne und können viele Operationen parallel durchführen. Ein anderer Garant immer schnellerer Computer könnten programmierbare Schaltkreise sein. Heute sind die meisten Prozessortypen nicht für spezifische Aufgaben konfiguriert. Die unterschiedlichsten Anwendungen werden mit der gleichen Hardware ausgeführt. In Zukunft jedoch werden Mikrochips durch ein applikationsspezifisches Design deutlich leistungsfähiger sein.

Der nächste ganz große Sprung wartet dann mit dem Quantencomputer. Wie der Name vermuten lässt, basiert die Technologie auf den Regeln der Quantenphysik. Genau das macht sie für Nichtphysiker schwer verständlich. Denn anders als Transistoren, die nur ein- oder ausgeschaltet sind und so binäre Informationen darstellen, sind

Quantenprozessoren in der Lage, beide Zustände gleichzeitig abzubilden. Der berühmte Physiker Erwin Schrödinger versuchte, das dahinterliegende Prinzip der Quantenmechanik einmal mit dem Bild einer Katze zu erklären, die sich in einem paradoxen Zustand befindet: Sie ist gleichzeitig tot und lebendig. Diese spezielle Eigenschaft von Elektronen macht Quantencomputer so leistungsstark – sie sprengen ganz einfach die Grenzen von Nullen und Einsen. Aus Bits werden sogenannte Qubits.

Google, IBM und andere Hightech-Konzerne stecken zusammen Milliarden in die Entwicklung des Quantencomputers. Die möglichen Anwendungen sind vielfältig und reichen von der Arzneimittelforschung bis zur Cybersicherheit. Hoch finanzierte Start-ups feilen an der Hardware für ein neues Zeitalter der Quanten-IT. Vorreiter ist die kanadische Gründung D-Wave, die bereits 2011 einen ersten Quantenrechner für spezielle Optimierungsprobleme auf den Markt gebracht hat. Dafür hat die Firma bis heute über 200 Millionen Dollar Risikokapital erhalten – unter anderem vom Investment-Arm der CIA und von Amazon-Gründer Jeff Bezos.[20] Knapp 70 Millionen Dollar Venture-Capital konnte das Start-up Rigetti Computing aus Berkeley für das Design eigener Quantenchips einsammeln, unter anderem vom legendären Silicon-Valley-Fonds Andreessen Horowitz.[21]

Die seltsame Logik der Elektronen weckt die Gier und Fantasie von Investoren, Konzernen und Sicherheitsbehörden. Sie alle hoffen auf die nächste digitale Beschleunigung. Und auch wenn Transistoren, Schaltkreise und Prozessordesigns keine Themen für gemütliche Abende am Kamin sind – die kleinsten Komponenten der immer smarteren Maschinen beeinflussen unser tägliches Leben wie kaum eine andere Technologie. Und auch eine andere Revolution wäre ohne sie nicht denkbar gewesen: die der künstlichen Intelligenz.

## Der Traum vom künstlichen Hirn

Die Erfolge der KI-Entwickler ließen sich bisher nicht ansatzweise so gut vorhersagen wie die der Halbleiterindustrie. Die Geschichte der künstlichen Intelligenz ist durchwachsen. Sie ist geprägt von sogenannten Sommern und Wintern, also Phasen des Booms und der Depression. Die Symptome gleichen sich: In den Sommern der KI-Forschung steigen die Erwartungen, die Gelder sprudeln und Informatik-Studenten drängen an die Lehrstühle. Die Öffentlichkeit begeistert sich für die Möglichkeiten künstlicher Hirne und erschaudert vor den Gefahren einer Machtübernahme durch Roboter. Hollywood spielt mit diesen Gefühlen und trägt mit Storys von bösen Maschinen dazu bei, dass Ängste ins Irrationale steigen.

Ganz anders die Winter. Enttäuschte Hoffnungen sorgen für geringere Investitionen und Zuschüsse, Wissenschaftler wenden sich anderen Themen zu, und kaum jemand glaubt daran, dass echte künstliche Intelligenz überhaupt möglich ist. Zwei Winter und drei Sommer hat die KI-Branche nun schon hinter sich.

Der Begriff »künstliche Intelligenz« wurde auf der Dartmouth Conference geboren. Sie fand 1956 an der gleichnamigen Universität in New Hampshire statt. Damals trafen sich die führenden Vertreter des noch jungen Forschungsbereiches und gaben ihrem eigenen Fach eine Marke.

Sechs Jahre zuvor hatte der britische Mathematiker und Informatiker Alan Turing den sogenannten Turing-Test entworfen. Seine Überlegung: Eine Maschine ist dem Homo sapiens dann intellektuell ebenbürtig, wenn ein Mensch die Kommunikation mit ihr nicht von der mit einem Artgenossen unterscheiden kann. In Turings Testverfahren führt ein humaner Fragesteller via Tastatur und Bildschirm eine Unterhaltung mit zwei Gesprächspartnern – einer davon eine künstliche Intelligenz. Überzeugt die KI ihr Gegenüber von seiner Menschlichkeit, ist der Turing-Test bestanden. Bis heute ist das keinem System gelungen, und auch das Prüfverfahren selbst wurde kritisiert.

Turings Logik begründete schon Mitte des 20. Jahrhunderts den Mythos des geistig überlegenen Computers. Seitdem durchläuft die KI-Gemeinde ein wahres Wechselbad der Gefühle. Den ersten Boom erlebte sie in den Fünfziger- und Sechzigerjahren. Der Weg zu einer menschengleichen Intelligenz schien bereits in greifbare Nähe gerückt zu sein. Es entstanden Filme wie *2001: Odyssee im Weltraum*, in dem ein supersmarter Computer für Chaos auf einem Raumschiff sorgt. 1967 verkündete Marvin Minsky, Professor am Massachusetts Institute of Technology und einer der akademischen Väter der KI-Forschung:»Innerhalb einer Generation wird die Aufgabe, künstliche Intelligenz zu schaffen, im Wesentlichen gelöst sein.«[22]

Was für eine Fehleinschätzung! Was folgte, war nicht etwa »HAL 9000«, so der Name der künstlichen Superintelligenz aus der *Odyssee,* sondern vielmehr der erste KI-Winter. Die tatsächlichen Entwicklungsergebnisse hatten den übertriebenen Erwartungen nicht entsprochen. Die Geldgeber zogen Konsequenzen. Massive Einschnitte der Forschungsgelder, insbesondere vonseiten des US-Militärs, bremsten die Fortschrittseuphorie aus.

Doch schon wenige Jahre später folgte der nächste Sommer. Mitte der Achtzigerjahre feierten die sogenannten Expertensysteme erste kommerzielle Erfolge und begründeten eine erneute Hausse an Investitionen und ökonomischen Hoffnungen. Hatte man während des ersten Booms noch vergebens versucht, allgemeine künstliche Intelligenzen, sogenannte General Problem Solver zu entwickeln, fokussierte man sich nun auf sehr spezielle Anwendungsgebiete. Die neuen Expertensysteme waren in der Lage, Menschen bei ganz spezifischen Entscheidungen zu unterstützen. Sie fanden Verwendung in Medizin, Forschung und Verteidigung. Viel schien wieder möglich, die Gänsehaut kam zurück. In dieser Zeit wurden Hollywoodstreifen wie *Terminator* produziert, in dem Arnold Schwarzenegger einen aus der Zukunft kommenden Androiden spielt. »I'll be back« könnte allerdings auch das Motto der KI-Winter sein, und so stand die nächste Depression schon vor der Tür. Anfang der Neunzigerjahre ein bekanntes Bild: Die Expertensysteme konnten ihre hochtrabenden Versprechungen nicht einhalten. Die dann folgende Eiszeit war besonders lange und intensiv.

Nur sehr langsam erholte sich die Forschung von diesem zweiten Schock. Der Begriff »künstliche Intelligenz« war in Misskredit geraten. Wissenschaftliche Zuschüsse ließen sich unter dieser Fahne kaum noch an Land ziehen. Zahlreiche akademische Aktivitäten wurden deshalb unter anderem Namen weitergeführt. 1996 dann der erste große Erfolg nach langer Zeit: IBMs Schöpfung »Deep Blue« gelang es, den Schachweltmeister Garri Kasparow zu schlagen. Doch wirklich revitalisieren konnte sich das Fach immer noch nicht. Wenngleich weiter geforscht und getüftelt wurde – die Marke »KI« blieb stigmatisiert.

Erst im neuen Jahrtausend wendete sich das Blatt. Es kam der langersehnte Frühling. Neue Methoden des maschinellen Lernens wurden entwickelt und sollten in den kommenden Jahren die technologische Basis für den heißesten KI-Sommer aller Zeiten werden. Das neue große Schlagwort: »neuronale Netze«. Als vor rund einem Jahrzehnt gezeigt werden konnte, dass sich diese leistungsstarke Art künstlicher Hirne mithilfe von Grafikprozessoren schnell und effizient trainieren lässt, begann der neue Boom so richtig. GPUs entpuppten sich als idealer Motor einer neuen Generation künstlicher Intelligenzen.

## Tiefes Lernen

Neuronale Netze dürfen heute in keiner Start-up-Präsentation fehlen. Letztlich dienen sie dazu, Computern spezifische kognitive Aufgaben beizubringen. Eigentlich können sie nur eines, nämlich Muster in digitalen Datensätzen finden. Ihre Anwendungsmöglichkeiten sind dennoch extrem vielfältig. Sie reichen von der Identifikation von Handschriften, Gesichtern und Straßenschildern über die Diagnose von Krankheitsbildern bis hin zur Analyse von Aktienkursen.

Ein neuronales Netz besteht aus vielen künstlichen Nervenzellen, die Informationen verarbeiten und weitergeben. So wie biologische Neuronen über Synapsen verbunden sind, so sind auch die virtuellen Denk-Knotenpunkte miteinander verwoben. Genau wie unser Hirn muss auch ein neuronales Netz angelernt werden, damit es seine volle Leistungsfähigkeit entfaltet. Je mehr digitale Daten dafür zur Verfügung stehen, desto stärker kann es werden. Um dem Menschen geistig Konkurrenz machen zu können, benötigt es sogenannte tiefe Netze mit vielen Schichten von jeweils Tausenden von Neuronen und Milliarden von Synapsen. Die Branche spricht von »Deep Learning«.

Ein gutes Beispiel einer solchen Applikation ist das Programm »Deep Patient«. Die Software wurde 2015 am Mount-Sinai-Krankenhaus in New York City entwickelt, um anhand elektronischer Patientenakten Krankheiten zu diagnostizieren. Trainiert wurde Deep Patient mit 700 000 sogenannten Electronic Medical Records (EMRs), die eine Unmenge an Informationen aus stationären Aufenthalten und ambulanten Behandlungen enthielten. Einmal voll ausgebildet, war das System imstande, aus neuen EMRs zukünftige Erkrankungen wie Diabetes oder Krebs mit einer erstaunlichen Genauigkeit vorherzusagen. Sogar psychiatrische Krankheitsbilder wie Schizophrenie, selbst für menschliche Ärzte schwer zu prognostizieren, wurden von der KI treffsicher antizipiert.[23] Im Fall von Deep Patient waren die vom neuronalen Netz erkannten Muster medizinische Zustände. Mit der gleichen »Intelligenz« lassen sich aber auch selbstfahrende Autos, Algo-Trader oder Service-Roboter in der Altenpflege steuern.

Es ist leicht vorstellbar, welch enorme Rechenpower für tiefe neuronale Netze wie Deep Patient nötig ist. Die Bedeutung digitaler PS in einer Welt der künstlichen Intelligenzen lässt sich am Erfolg von Nvidia verdeutlichen, dem führenden Hersteller von GPUs. Das Unternehmen mit Sitz in Santa Clara im Silicon Valley hat Mitte der Neunzigerjahre den Grafikprozessor erfunden. Es ist noch kein Jahrzehnt her, da waren Nvidias Produkte eine ziemlich spezielle Angelegenheit für Gaming-Freaks. Das änderte sich, als KI-Entwickler damit begannen, GPUs für den Betrieb ihrer neuronalen Netze einzusetzen. Nvidias Grafikprozessoren mauserten sich so zur zentralen Hardware des Hypes. Das hat den Wert der Firma in schwindelerregende Höhen getrieben. Noch Mitte 2015 stand der Preis einer Nvidia-Aktie bei rund 20 Dollar, Ende 2017 dann bei fast dem Zehnfachen. Über 30 Milliarden Dollar hat die Firma bereits in die Weiterentwicklung von GPUs gesteckt.

Auf dem Weg zu autonomen Fahrzeugen oder intelligenten Drohnen spielt Nvidia eine gewichtige Rolle. Im Wettbewerb mit Uber, Google und anderen digitalen Herausforderern sind deutsche Automobilkonzerne auf die Innovationen des Chip-Designers angewiesen. Auch deshalb veranstaltete das Unternehmen im Oktober 2017 eine GPU Technology Conference in München. Entertainment für Industriekunden. Die heimische Venture-Capital-Community war ebenfalls eingeladen worden. Begleitet von epochaler Musik, natürlich komponiert von einer KI, trat Firmengründer, CEO und Valley-Milliardär Jensen Huang auf die Bühne und hielt in lässiger Lederjacke eine zweistündige Inspirations-Keynote für Tausende GPU-Jünger. Dass diese Marketingveranstaltung auch noch vom heimischen Automobilzulieferer ZF Friedrichshafen gesponsert wurde, zeigt die neuen Kräfteverhältnisse in einer entmaterialisierten Wirtschaft.

Huangs Message hätte klarer nicht sein können: Die Zeitenwende hat begonnen. Über 1,8 Millionen Mal haben Ingenieure die firmeneigene Software für die Konfiguration von GPUs bereits heruntergeladen. Die Hälfte der Downloads ist weniger als ein Jahr alt. Auch Nvidias Siegeszug verläuft bis heute exponentiell.

Die Grundidee der neuronalen Netze entstand schon in der Anfangszeit der KI-Forschung. Aber erst in den letzten zehn Jahren war diese informatische Modellkategorie Ausgangspunkt einer rauschartigen Explosion von Daseinsformen künstlicher Intelligenzen. Die wirtschaftliche, politische und kulturelle KI-Hausse der Gegenwart ist das Resultat einer immer erfolgreicheren Anwendung tiefer neuronaler Netze. Deep Learning ist der technologische Quantensprung, der Maschinen bisher ungekannte kognitive Kraft beschert hat. Die Hoffnungen sind schon längst wieder ins Unendliche geschossen. Um das Jahr 2040, so Ray Kurzweil, Chefingenieur bei der Google-Mutter Alphabet, wird die Intelligenz von Computern den Menschen übertreffen.[24] Wir werden auf ihn, dessen Doktorvater Marvin Minsky war und der heute eine Art Chefideologe des Silicon Valley ist, zurückkommen. Es gibt gute Gründe, Kurzweil nicht zu glauben. Und doch ist klar, dass sich die digitale Evolution immer schneller vollzieht.

## Biologische Zäsur – der geknackte Code

Die digitale Technologie ist nur *eine* Bühne der Zeitenwende. Die andere ist die Biologie, genauer: die Mikrobiologie. In der jüngsten Geschichte war Silicium der Rohstoff für immer schnelleren gesellschaftlichen Fortschritt. In Zukunft wird es auch Kohlenstoff sein, der Grundbaustein allen natürlichen Lebens auf diesem Planeten. Genauso wie in der Entwicklung von Soft- und Hardware, so lässt sich auch in der medizinischen Forschung in den letzten Jahrzehnten eine exponentielle Beschleunigung beobachten. Im Vergleich zu den Früchten der IT-Industrie sind die organischen Innovationen und Entdeckungen sogar noch revolutionärer, ihre Konsequenzen noch radikaler. Heute stehen wir ganz am Anfang einer biologischen Zäsur.

Ähnlich wie die Geschichte der Computerwissenschaft ist auch die Historie der Medizin von technologischen Paradigmenwechseln geprägt. Die Entdeckung des Penizillins durch Alexander Fleming im Jahr 1928 war ein solcher Quantensprung. Bis in die Vierzigerjahre des letzten Jahrhunderts konnte eine einfache Entzündung im

Mund tödlich enden. Erst mit dem Einsatz von Antibiotika hatten Ärzte ein wirksames Mittel gegen Bakterien in der Hand. Seit Mitte der Sechzigerjahre kennen wir den genetischen Code, also die Regeln, nach denen in einer Zelle DNA- in Aminosäuresequenzen übersetzt werden. Im Jahr 1990 wurde das Humangenomprojekt ausgerufen. Der Homo sapiens trat an, seinen eigenen Bauplan zu entschlüsseln. Ein gutes Jahrzehnt später war es so weit. Seitdem kennen wir die Reihenfolge der mehr als drei Milliarden Basenpaare des menschlichen Erbguts. Auch wenn wir weit davon entfernt sind, sämtliche Funktionen und Interaktionen aller Gene zu verstehen – lange Zeit herrschte nicht einmal über die Anzahl der Gene Gewissheit –, so begann doch Anfang des Jahrtausends ein wahrer Sequenzierungshype.

Die GenBank, die offizielle Datenbank aller öffentlich verfügbaren DNA-Sequenzen der US National Institutes of Health, enthält mehr als 208 Millionen Sequenzen.[25] Insgesamt verdoppelt sich die gesamte Datenmenge aus weltweit sequenzierter DNA alle sieben Monate.[26] Doch scheint das nur der Auftakt zu sein, zumal das Versprechen der personalisierten Medizin den Berg an ausgelesener Erbinformation in kaum vorstellbare Höhen treiben wird. Nicht nur Ärzte und Wissenschaftler, auch Pharmakonzerne und Start-ups vermessen die Welt der Gene.

Silicon-Valley-Gründungen wie Helix oder 23andMe sind in der jungen Industrie der »Personal Genomics« zu Hause. Sie verkaufen Genanalysen zur Abschätzung von gesundheitlichen Risikofaktoren und zur Lifestyle-Optimierung. Von Fragen der Ernährung bis hin zur Familienplanung – so gut wie alles lässt sich optimal auf den eigenen Bauplan abstimmen. Für etwas mehr als 200 Dollar kann ich mich bei der Firma Helix beispielsweise auf familiäre Hypercholesterinämie testen lassen, eine angeborene Störung, die schlechte Cholesterinwerte und ein erhöhtes Risiko von Gefäßerkrankungen zur Folge hat. Nur drei Jahre nach Gründung konnte Helix 320 Millionen Dollar Risikokapital einwerben. Über 480 Millionen Dollar, unter anderem von der Google-Mutter Alphabet, flossen in 23and-Me.[27] Der Name der Firma bezieht sich auf die 23 Chromosomenpaare des Menschen. Gegründet wurde sie von Anne Wojcicki, der Ex-Frau von Google-Gottvater Sergey Brin. Wie in der Sphäre des Digitalen, so gilt auch in der schönen neuen Welt der Mikrobiologie: Daten sind Macht. Der biologisch gläserne Kunde verspricht enorme Profite.

Der gigantische Auslese-Boom wäre ohne Innovationen in der Sequenzierungstechnologie nicht denkbar gewesen. Unangefochtener Marktführer ist das Unternehmen Illumina. Viele Tausend Sequenzierungsautomaten analysieren weltweit Erbgut. Rund zwei Drittel davon stammen von der Firma mit Sitz in San Diego.[28] Was Nvidia für neuronale Netze und maschinelles Lernen, ist Illumina für die neue Gen-Industrie. Auch die Hardware der Bio-Revolution wird immer besser. Der technische Fortschritt übertrifft sogar noch den in der Halbleiterindustrie. Moore's Law und der mit ihm verbundene Preisverfall der Rechenkapazitäten ist ein Witz im Vergleich zu dem, was die Entwickler im Bereich der biotechnologischen Infrastruktur geleistet haben. In den letzten zehn Jahren ist der Preis einer vollen DNA-Sequenzierung um das 350-Fache gesunken. Nur auf Basis dieser Leistungsexplosion sind neue Geschäftsmodelle wie das von Helix überhaupt möglich.

Die Explosion an mikrobiologischem Datenmaterial wird unser Verständnis der Gene revolutionieren. Künstliche Intelligenzen machen sich längst daran, die Funktionen von einzelnen DNA-Sequenzen und den von ihnen codierten Proteinen zu prognostizieren. Je größer der Goldspeicher an ausgelesenen Geninformationen, desto besser werden sie. Es ist nur eine Frage der Datenmenge und der Computerpower, ehe wir unseren göttlichen Bauplan bis ins letzte Detail durchleuchtet haben.

## Göttliches Werkzeug

Das Lesen und Analysieren von Erbgut ist nur der erste Schritt, Manipulation ist der nächste. Unter »Gen-Editing« versteht man molekularbiologische Verfahren, die eine gezielte Veränderung der Doppelhelix ermöglichen. Darunter fällt auch CRISPR/Cas9 – ein komplizierter Name für eine Innovation, die den Verlauf der Geschichte verändern wird.

Für manche ist es ein Instrument zur Perfektion der Schöpfung, für andere das Ende aller natürlichen Menschlichkeit. Letztlich handelt es sich um eine Art »Suche und Ersetze« für Gene. So wie sich in einem Textverarbeitungsprogramm einzelne Wörter finden und automatisch ändern lassen, so können Mikrobiologen mithilfe von CRISPR/Cas9 sehr einfach einzelne Stellen im DNA-Strang aufspüren und modifizieren. Diese Technologie macht somit aus Erbinformationen einen mikrobiologischen Legokasten.

CRISPR steht für »Clustered Regularly Interspaced Short Palindromic Repeats«. Bereits im Jahr 2007 entdeckte man, dass Bakterien die Funktion des CRISPR/Cas9-Systems nutzen, um sich vor Viren zu schützen. Sie speichern die DNA eines viralen Angreifers in vielen kleinen und verteilten Stücken in ihrem eigenen Genom (daher die Worte »Clustered« – verteilt, und »Repeats« – Wiederholung). Diese Sequenzen dienen als Archiv, um Infektionen entsprechend zu erkennen und anschließend abwehren zu können. Verantwortlich für das Zerschneiden der Viren-DNA ist ein Enzym mit dem Namen »CRISPR-associated9« – kurz Cas9. Dieses fungiert als eigentliche Genschere. CRISPR/Cas9 ist in der Natur somit erst einmal nichts anderes als ein effektiver Verteidigungsmechanismus.

Für Mikrobiologen stellt es hingegen weitaus mehr dar: ein neues Verfahren zur aktiven Manipulation des Erbguts. Mit ihm lassen sich einzelne Stellen im DNA-Strang ändern, neu einbauen oder ausschalten. Voraussetzung für einen sinnvollen Eingriff ist natürlich, dass die Aufgaben der anvisierten Gensequenzen bekannt sind. Je mehr wir also über unseren eigenen Bauplan wissen, desto mächtiger wird CRISPR/Cas9. Das Werkzeug kann in Tieren und Pflanzen genauso leicht eingesetzt werden wie beim Homo sapiens.

Im Jahr 2012 beschrieben die französische Mikrobiologin Emmanuelle Charpentier – heute leitet sie das Max-Planck-Institut für Infektionsbiologie in Berlin – und die amerikanische Strukturbiologin Jennifer Doudna von der Universität in Berkeley die Anwendungsmöglichkeiten von CRISPR/Cas9 in Bakterien. Im Jahr darauf folgte Feng Zhang vom (von MIT und Harvard gemeinsam betriebenen) Broad Institute mit einem Artikel über den Einsatz der Genschere in Eukaryoten, also in Zellen mit Kern. Ein Patentstreit ist bis heute nicht endgültig beigelegt. Doch ganz egal, wer diesen final gewinnt: In den letzten Jahren ist unter Mikrobiologen ein wahres CRISPR/Cas9-Fieber ausgebrochen. Vergleichbar mit den Sommern der KI-Forschung sind die Erwartungen und Hoffnungen ins Grenzenlose gestiegen.

2013 wurde CRISPR/Cas9 zum ersten Mal an Pflanzen getestet.[29] Im gleichen Jahr wurden die ersten Start-ups gegründet, die auf konkrete medizinische Anwendungen setzten. Doudna und Zhang waren Teil des Teams hinter Editas Medicine, in das auch Bill Gates und der Alphabet-Konzern investierten. Charpentier wurde Mitgründerin von CRISPR Therapeutics. Beide Unternehmen gingen nur drei Jahre später an die Börse.

2015 dann der große Tabubruch: Chinesische Forscher wendeten die Methode an menschlichen Embryonen an.[30] Zwei Jahre später veröffentlichten erstmals auch Wissenschaftler aus den USA und Großbritannien die Arbeit an menschlichen Zellen.[31]

Auch wenn es vor CRISPR/Cas9 Verfahren zur Manipulation von Erbmaterial gab – die neue Wunderwaffe der Biologen ist deutlich vielseitiger, einfacher, genauer und vor allem kostengünstiger als alles, was zuvor existierte. Wissenschaftler können die nötigen Zutaten für den Einsatz der Genschere fertig bestellen. Komplettkosten: 30 Dollar.[32] Für knapp 160 Dollar kann man beim kalifornischen Bio-Start-up Odin ein »DIY Bacterial Gene Engineering CRISPR Kit« kaufen. Die Website verspricht:»Dieses Kit beinhaltet alles, was

Sie für die präzise Genombearbeitung in Bakterien benötigen.«[33] Um Gott zu spielen, braucht es kaum noch finanziellen Einsatz.

## Die Schere im Einsatz

Was die Anwendungsmöglichkeiten von CRISPR/Cas9 angeht, ist der Fantasie kaum eine Grenze gesetzt. Wissenschaftlich am weitesten gediehen ist der Einsatz in der Landwirtschaft. Dass Pflanzen gentechnisch verändert werden können, um sie ertragreicher oder unempfindlich gegen Krankheitserreger zu machen, ist ein alter Hut. Aber im Gegensatz zu konventionellen Methoden werden mit CRISPR nicht unbedingt neue Gene in das grüne Erbgut eingebracht. Klassische Gentechnik arbeitet zum Teil mit artfremder DNA. Das Ergebnis sind die umstrittenen »transgenen Organismen«. So wird mancher Mais mithilfe von Bakterien-DNA resistenter gegen bestimmte Schädlinge gemacht. Die neue Genschere erlaubt es dagegen, die bestehenden Erbinformationen einer Pflanze zu manipulieren, ohne dabei Spuren zu hinterlassen. Beispiel weiße Champignons: Das Ausschalten eines Gens sorgt dafür, dass sie weniger schnell braun werden. Genetisch unterscheidet sich das Resultat nicht von einer gewöhnlichen Züchtung. Denn im Bauplan des Fungus befinden sich nach der Manipulation keine Bestandteile fremden Ursprungs.

Seit der neolithischen Revolution greift der Homo sapiens massiv in die Gene seiner landwirtschaftlichen Produkte ein. Nutzpflanzen entspringen nicht der natürlichen Schöpfung, sondern der menschlichen Ratio. Komplexe Zivilisationen wären ohne Umbau der Natur nicht möglich gewesen. Mit CRISPR/Cas9 steht nun in dieser langen Tradition der biologischen Tüftelei ein völlig neues und deutlich effizienteres Werkzeug zur Verfügung. Die veränderten Pilze wurden 2016 als erstes mit CRISPR/Cas9 verbessertes landwirtschaftliches Gut für die Produktion und den Vertrieb in den USA freigegeben, und das ohne Auflagen und Einschränkungen.[34]

Deutlich fragwürdiger sind da schon manch andere wissenschaftliche Experimente. Mikrobiologen machen selbst vor dem Zurückspulen der Evolution nicht halt. Legendär ist mittlerweile George Churchs Mammut. Der umstrittene Harvard-Genetiker wurde vom *Time*-Magazin in die Liste der 100 einflussreichsten Menschen gewählt. Church, so Kritiker, spiele Gott. Die Rüsseltiere aus der Eiszeit waren vor 4000 Jahren ausgestorben, doch ihr Erbgut konnte rekonstruiert werden. Seit 2015 ersetzen Church und sein Team mithilfe von CRISPR/Cas9 die DNA eines Elefanten nach und nach durch Mammutgene. Gezielt verwenden sie dabei Sequenzen, die verantwortlich sind für typische Eigenschaften der Urzeitriesen wie zum Beispiel zotteliges Haar, kleine Ohren oder gigantische Stoßzähne. Ein künstlicher Elefanten-Mammut-Hybrid macht natürlich noch keinen *Jurassic Park*. Aber Church ist zuversichtlich, dass der sogenannte Mammophant in naher Zukunft tatsächlich das Licht der Welt erblicken wird.[35] Es wäre weniger die Wiedergeburt einer alten Spezies als vielmehr die Geburt einer ganz neuen Art.

Aber auch das wäre nichts gänzlich Unbekanntes. Der Mensch hat Pferd und Esel, Labrador und Pudel und viele andere Tiere miteinander gekreuzt. Heraus kamen dabei zum Beispiel Maultier und Labradoodle. Doch Gen-Editing ermöglicht etwas ganz Neues: die gezielte Manipulation einzelner biologischer Merkmale auf direktem Wege, also ohne Umweg über umständliche Züchtungen. Dabei ist es egal, ob es sich um Leben aus der Gegenwart oder der Vergangenheit handelt, solange der genetische Bauplan zur Verfügung steht.

Auch das Bostoner Start-up mit dem vielsagenden Namen eGenesis verwendet CRISPR/Cas9 für eine Veränderung tierischer Zellen. Das Unternehmen wurde 2015 als Spin-off von George Churchs Harvard-Labor gegründet.[36] Die Wissenschaftler von eGenesis wollen mithilfe von genetisch manipulierten Schweinen eines der größten medizinischen Probleme unserer Zeit lösen: das Fehlen von geeigneten Organen für Transplantationen. Weltweit warten Hunderttausende Patienten auf einen passenden Spender, viele von ihnen vergeblich. Seit langer Zeit spielen Forscher deshalb mit dem Gedanken, auf Schweineorgane zurückzugreifen. Anatomisch wären diese auch für einen Einsatz im Menschen geeignet, doch eine sogenannte Xenotransplantation, also eine Verpflanzung von lebenstüchtigen Zellverbänden zwischen verschiedenen Spezies, ist problematisch. Schweine tragen die Geninformation vererbbarer Viren in ihrer DNA – sogenannte Porcine endogene Retroviren, kurz PERV. Deren Übertragung gilt es unbedingt zu verhindern. eGenesis ist es nun gelungen, PERV-Gensequenzen in Schweineembryos auszuschalten und so lebensfähige Ferkel zu züchten, die keine endogenen Retroviren in sich tragen.[37] Zwar lassen sich deren Organe auch nicht einfach in den Körper eines Homo sapiens einbauen – die Reaktion des menschlichen Immunsystems stellt ein weiteres Risiko dar –, aber ein entscheidendes Hindernis auf dem Weg zu einer unerschöpflichen Quelle transplantierbarer Ersatzteile scheint überwindbar geworden zu sein. Schweineinnereien für alle! – daran glauben auch prominente Risikokapitalgeber wie Khosla Ventures. Sie haben insgesamt 40 Millionen Dollar in eGenesis investiert.[38]

Auf der therapeutischen Seite gilt CRISPR/Cas9 als möglicher Heilsbringer zur Bekämpfung unterschiedlichster Krankheiten. Im Sommer 2017 waren weltweit 20 klinische Studien mit menschlichen Zellen geplant oder bereits am Laufen, die meisten davon in China.[39] Insbesondere die Krebsforschung setzt auf manipulierte Gene.

Besonders gut lässt sich die neue medizinische Waffe aber am Beispiel Aids erklären. Das HI-Virus schwächt das Immunsystem, indem es die sogenannten T-Helferzellen, also weiße Blutkörperchen, befällt. Nachweislich sind einige wenige Menschen aufgrund einer natürlichen Mutation gegen das HI-Virus resistent. Ihnen fehlt ein bestimmtes Gen mit dem Namen »CCR5«, das verantwortlich für ein gleichnamiges Rezeptorprotein ist, welches der Virus nutzt, um sich an eine Zelle anzuheften. Ohne dieses Protein kann das HI-Virus die T-Zelle nicht infizieren. Erste Studien konnten nun zeigen, dass sich das CCR5-Gen auch künstlich ausschalten lässt. Im besten Fall kann so der Verlauf der Krankheit gestoppt oder sogar umgedreht werden.[40] Ebenso gut kann CRISPR/Cas9 verwendet werden, um eine künstliche Resistenz zu bewirken. Setzt man die Genschere in einem Embryo an das CCR5-Gen an, so ist es anschließend immun gegen Aids. Genau daran arbeiten Wissenschaftler bereits. Wo? Na klar, in China.[41]

Insbesondere Erbkrankheiten lassen sich mithilfe von CRISPR/Cas9 wirksam bekämpfen. Bei künstlich befruchteten Embryos wäre eine Manipulation der DNA vor einer Implantation zumindest theoretisch realisierbar. Bei natürlich gezeugten Babys ist eine genetische Intervention reine Zukunftsmusik. Bei künstlichen Befruchtungen gibt es allerdings heute schon ein deutlich einfacheres Mittel zur Vermeidung erblich bedingter Störungen: die Präimplantationsdiagnostik. Dabei wird nach der In-vitro-Fertilisation der Chromosomensatz der ersten Zellen überprüft. Statt einen genetischen Fehler aufwendig zu korrigieren, können Ärzte sicherstellen, dass nur gesunde Embryos in die Gebärmutter eingepflanzt werden.

Die aktive Veränderung ungeborenen Lebens ist dagegen der ultimative Eingriff in die Schöpfung. Denn pflanzt es sich später fort, gibt es auch seine modifizierten Gene an die nächste Generation weiter. Man spricht vom sogenannten Germline-Editing, einer unumkehrbaren Manipulation der Keimbahn. Die genetischen Anpassungen betreffen somit auch alle Nachfahren. Für die meisten Menschen stellt die Unantastbarkeit der Keimbahn vermutlich eine moralische rote Linie dar. Tatsächlich ist sie längst überschritten.

## Genetische Atombombe

Beispiel Malaria. Jedes Jahr tötet die Tropenkrankheit eine halbe Million Menschen, die meisten davon in Afrika. Der Erreger wird über einen Stich der Anopheles-Mücke übertragen. Ohne Blutsauger, so die Hoffnung, keine Malaria. Mit CRISPR/Cas9 soll es dem

Moskito nun an den Kragen gehen. 75 Millionen Dollar hat die Bill-und-Melinda-Gates-Stiftung allein in das Projekt »Target Malaria« am Imperial College in London investiert.[42] Die Grundidee ist einfach. Man manipuliert das Erbgut einiger Anopheles-Mücken so, dass weibliche Nachkommen unfruchtbar oder nicht überlebensfähig sind. Anschließend werden die modifizierten Insekten in die Freiheit entlassen. Die genetische Veränderung breitet sich in der Population auf natürlichem Wege aus, bis diese schließlich ganz zusammenbricht.

Die naheliegende und vermeintlich einfachere Alternative wären Insektizide. Doch der Einsatz einer flächendeckenden Chemiebombe in Subsahara-Afrika ist politisch, logistisch und vor allem finanziell undenkbar. Mit Unterstützung der Genetik lässt sich dagegen eine ganze Art ohne viel Aufwand vernichten. 2029, so der Plan, soll die massenhafte Selbstzerstörung beginnen.[43] Erste Feldversuche laufen bereits in Burkina Faso. [44]

Wie lange wird es dauern, bis die gesamte Population ausstirbt? Wir erinnern uns an die Mendel'schen Vererbungsregeln aus dem Biologieunterricht. Der alte Erbsenzähler kennt die Antwort: Verändert man das Genom einer Anopheles-Mücke und paart sich diese mit einem wild lebenden Artgenossen, so haben die Nachfahren jeweils nur eine 50-prozentige Chance, das modifizierte Gen zu erben. In der darauffolgenden Generation liegt die Wahrscheinlichkeit nur noch bei 25 Prozent und eine Erbfolge später sogar nur noch bei 12,5 Prozent. Der Grund: Wie bei Menschen enthalten die Zellkerne des Malaria-Überträgers einen doppelten Chromosomensatz. Nur einer davon wird an die Nachkommen weitergegeben. Und nur vorteilhafte Mutationen setzen sich in der Natur über mehrere Generationen durch. Das ist ja gerade das Grundprinzip der Evolution.

Die moderne Mikrobiologie aber ist nun in der Lage, die Regeln der Vererbung auszuhebeln. Denn mithilfe von CRISPR/Cas9 lassen sich »egoistische Gene« erzeugen. Man spricht von einem sogenannten Gen-Drive, also einem künstlichen Extra-Antrieb für bestimmte

Erbinformationen: Automatisch suchen und ersetzen modifizierte DNA-Bausteine eines Chromosomensatzes auch die entsprechenden Gensequenzen im zweiten Chromosomensatz einer Zelle. Beide weisen anschließend die genetische Veränderung auf. Anders ausgedrückt: Das egoistische Gen überträgt sich in jedem Fall auf alle weiteren Nachkommen, auch wenn dies der Population als Ganzes schadet. Auf diese Weise kann die gesamte Anopheles-Art innerhalb von nur elf Generationen oder in rund einem Jahr genetisch modifiziert werden. Den Insekten steht ein schnelles Ende bevor. Zu Recht spricht die *MIT Technology Review* von der »Extinction Invention«.[45] Gen-Drives sind die mikrobiologische Atombombe. Natürlich, der Homo sapiens hat schon viele Spezies auf dem Gewissen. Bereits unsere frühesten Vorfahren haben ganzen Ökosystemen schlimmen Schaden zugefügt. Im Grunde ist auch der gentechnische Kampf gegen Insekten nicht neu. Ganz ohne CRISPR/Cas9 gelang es beispielsweise Ende der Neunzigerjahre, die Tsetse-Fliege, Überträger der Schlafkrankheit, auf der Insel Sansibar auszurotten.[46] Aber das innovative Hightech-Waffenarsenal aus dem Labor ermöglicht es nun, ganze Gattungen lokal unbegrenzt und per Knopfdruck zu eliminieren.

Mit anderen Worten: Die Evolution ist steuerbar geworden. Die potenziellen Risiken sind existenziell. Was, wenn mit Gen-Drive modifizierte Versuchstiere ihren künstlichen Brutstätten entkommen? Innerhalb kürzester Zeit könnten sie zur Bedrohung für ihre Art werden. Selbst wenn Experimente nach Plan verlaufen, sind die ökologischen Konsequenzen einer unumkehrbaren biologischen Kettenreaktion kaum abzusehen oder im Voraus zu planen. Wissenschaftlern fehlt es an Erfahrungswerten und Wissen über die Folgen von Gen-Drives in natürlichen Populationen.

Noch schlimmer könnte es kommen, wenn der neue mikrobiologische Werkzeugkasten in die Hände von Verbrechern gelangt. Gen-Drives lassen sich auch gegen die Population des Homo sapiens anwenden. Genetisch veränderte Viren könnten zu desaströsen Waffen des Bio-Terrors werden. Sie wären deutlich günstiger und einfacher herzustellen als eine Atombombe – bei vergleichbarer Wirkung. Auf der Münchner Sicherheitskonferenz 2017 warnte Bill Gates vor modifizierten Pocken- oder Grippeerregern aus den Laboren und Rechnern terroristischer Vereinigungen. Sie könnten bis zu 30 Millionen Menschleben in nur einem Jahr kosten.[47] Umso erstaunlicher ist es, dass die mikrobiologische Atombombe bis heute kaum öffentlich diskutiert wird. Genauso wie eine andere potenzielle Anwendungsmöglichkeit von CRISPR/Cas9: die Optimierung der eigenen Art.

## Der optimierte Mensch

Wer genetisch bedingte Erbkrankheiten verhindern kann, der vermag auch andere Teile des menschlichen Bauplans zu verändern. Eltern, so die ultimative Dystopie, könnten sich eines Tages die Eigenschaften ihrer Sprösslinge auf einem genetischen Menü auswählen: hoher IQ, blaue Augen, perfektes Gehör, körperliche Ausdauer, volles Haar. Was darf es sonst noch sein? Das viel diskutierte Designerbaby scheint mit der neuen Genschere in greifbare Nähe gerückt zu sein.

Sogar die wissenschaftlichen Väter und Mütter der neuen Technologie äußern sich besorgt. Ein gesellschaftlicher Diskurs wird indessen nicht geführt. Von einem Konsens über das moralisch maximal Machbare kann keine Rede sein. Aber selbst wenn wir uns auf eine rote Linie verständigen würden – die neuen mikrobiologischen Methoden sind so kostengünstig und einfach, dass sich ein Einsatz im Verborgenen kaum verhindern ließe. Das gilt insbesondere in einer Welt, in der es keinen gemeinsamen ethischen Nenner gibt. Die Experimente chinesischer Wissenschaftler an menschlichen Embryonen mögen uns vielleicht entsetzen. Dagegen tun können wir nichts. Im schlimmsten Fall droht uns die Spaltung der Spezies Mensch in eine natürliche und eine behandelte Art. Das Resultat wäre der ultimative Klassenkampf.

Was, wenn eine genetisch optimierte Oberschicht bald einem unbehandelten Prekariat gegenübersteht? Es wäre die biologische Unumkehrbarkeit der Ungleichheit. Kapitalismus und Biologie würden untrennbar verschmelzen. Für die meisten ist das eine Horrorvision. Aber wer würde es wagen, die Startbedingungen seiner eigenen Kinder nicht zu verbessern, wenn er es sich leisten kann? Und was, wenn sich reiche westliche Gesellschaften mikrobiologisch tunen, während Menschen in Entwicklungsländern nur ihr natürliches Genom bleibt? Welche geopolitischen Folgen hätte ein genetisches Wettrüsten? Fundamentale Fragen, die auf Antworten warten.

Noch ist das Designerbaby Science-Fiction. Auch wenn aufgrund wachsender Datenmengen und Rechenkapazitäten die Bedeutung einzelner Gene zunehmend transparent wird – unseren gesamten basenbasierten Bauplan verstehen wir bei Weitem nicht. Innovative Werkzeuge wie CRISPR/Cas9 helfen nicht viel, solange wir nicht wissen, was wir verändern. Für Eigenschaften wie die Intelligenz eines Menschen sind Tausende von Gensequenzen verantwortlich. Dieses komplizierte System künstlich zu modifizieren oder sogar gestalten zu wollen, ist heute noch schlicht utopisch. Zudem ist es nicht allein unsere DNA, die bestimmt, wer wir sind. Umweltfaktoren und Sozialisierung interagieren mit unserem Erbgut. Aber die Beschleunigung des gentechnischen Fortschritts eröffnet viele Träume.

Der einfachere und schnellere Weg zum optimierten Leben führt derweil im Zweifel über die Präimplantationsdiagnostik. Hier ist der Schritt vom Heilen zum Verbessern nur klein. Anstatt die Genschere anzusetzen, könnten Ärzte einfach den besten Embryo vor einer Implantation auswählen. Erlaubt ist dies aktuell nicht. Aber wer weiß, wie sich die moralischen Vorstellungen im Lichte der mikrobiologischen Revolution in den nächsten Jahren entwickeln werden? Vielleicht werden sich Eltern schon aus diesem Grund in Zukunft für eine In-vitro-Befruchtung entscheiden. Ein echtes maßgeschneidertes Baby bekommen sie so zwar noch nicht, aber sie helfen der natürlichen Auslese dennoch ein wenig nach.

## Neue Geschöpfe

Wissenschaftler arbeiten nicht nur daran, Erbinformationen zu verändern, sondern sie gänzlich neu zu schreiben. Das Forschungsfeld der sogenannten synthetischen Biologie macht den Homo sapiens endgültig zum Herrscher über die Schöpfung. Es ist ein neues Fachgebiet, beheimatet an der Schnittstelle von Molekularbiologie, organischer Chemie, Nanotechnologie und Informatik. Sein Ziel ist die Erschaffung von etwas ganz Neuem. Die synthetische Biologie steckt noch in den Kinderschuhen, aber ihre Ambitionen sind gewaltig. Von der ersten vollen Sequenzierung des menschlichen Erbguts bis zum ersten komplett künstlichen Chromosomensatz einer ganzen Zelle werden nicht einmal zwei Jahrzehnte vergehen. Synthetische Biologen machen sich mit Hochdruck daran, den genetischen Plan des Lebens auf dem digitalen Reißbrett zu konstruieren.

Beliebtestes Versuchsobjekt der wissenschaftlichen Revolution: Saccharomyces cerevisiae, besser bekannt als profane Backhefe. Sie ist gut erforscht und gleichzeitig ein wichtiger industrieller Arbeiter. Die Anwendungsgebiete der Hefe reichen von der Lebensmittelproduktion bis zur Herstellung von Ethanol-Kraftstoff. Im März 2017 veröffentlichte das Fachjournal *Science* einen Durchbruch: Einem globalen Konsortium von mehr als 200 Forschern war es gelungen, fünf von insgesamt 16 Hefechromosomen künstlich zu synthetisieren.[48] Die Erbinformation war im Labor kreiert und dann in normale Hefezellen eingepflanzt worden. Die Organismen funktionierten anschließend einwandfrei.[49] Die Untersuchungen waren Teil des sogenannten Synthetic Yeast Genome Project, das die Erschaffung eines vollständigen künstlichen Hefegenoms mit rund zwölf Millionen Basenpaaren zum Ziel hat. Vision ist die genetische Optimierung eines Lebewesens, das dem Homo sapiens in vielen Bereichen nützlich sein kann. Was deutsche Bierbrauer damit machen, bleibt abzuwarten.

Die synthetische Biologie kreiert neue Systeme, die in der natürlichen Schöpfung so nicht vorkommen. Die in Computer und Petri-schale zum Leben erweckten Organismen haben ganz bestimmte Eigenschaften und Funktionen. So entsteht eine völlig neue Kategorie von Innovationen. Aus Naturwissenschaftlern werden Designer. Sie treten die fünfte industrielle Revolution los – diesmal eine biologische. Längst lässt nicht nur die Superhefe die Fantasie von Investoren gären. Über 1,3 Milliarden Dollar Risikokapital sind alleine im Jahr 2016 in Start-ups aus dem Bereich der synthetischen Biologie geflossen.[50] Diese arbeiten an biologischen Produkten, unter anderem für die pharmazeutische, chemische und landwirtschaftliche Industrie.

Nehmen wir das Start-up Zymergen, beheimatet zwischen Oakland und Berkeley, am östlichen Ende der San Francisco Bay Bridge. Das 2013 gegründete Unternehmen konnte bereits über 170 Millionen Dollar Venture-Capital einsammeln.[51] Zymergen entwickelt und fertigt spezielle Materialien mithilfe genetisch modifizierter Mikroorganismen. Eingesetzt werden diese zum Beispiel in der Luftfahrt, aber auch in profanen Körperpflegeprodukten. Ebenso feilt man an der verbesserten Produktion von Hefekulturen für die Lebensmittelherstellung.[52] Auf der Website heißt es: »Wir entwickeln Biologie berechenbar.«[53] Noch vor wenigen Jahren wäre das wohl eine Antithese gewesen.

Zymergen ist keine reine Laborfirma. Das Start-up sieht sich als transdisziplinäres Technologie-Unternehmen. Für die Züchtung der genetisch manipulierten Lebewesen verwendet Zymergen vor allem Roboter. Teil des Teams sind deshalb nicht nur Biologen, sondern auch Software-Entwickler und Ingenieure. »Laborautomatisierung« lautet das große Schlagwort. Sie steht für einen weiteren Turbo-Booster des Fortschritts: die sogenannte technologische Konvergenz.

Fächer wie künstliche Intelligenz, Robotik, Mikrobiologie und Pharmazie verschmelzen und bestärken sich gegenseitig. Dadurch verkürzen sich die wissenschaftlichen Zyklen, der Prozess der Beschleunigung verstärkt sich. Die Erfolge der synthetischen Biologie wären ohne maschinelle Unterstützung undenkbar. Aus »in vivo« (im Lebendigen) wurde »in vitro« (im Glas) und schließlich »in silicio« (im Computer). Rechnergestützte Simulationen gehören heute genauso zum Handwerkszeug eines Genetikers wie Pipette und Zentrifugenröhrchen. Denn wer Millionen und Milliarden an Basenpaaren und Gigabyte an genetischer Information verstehen und verändern möchte, der braucht auch künstliche Hirne. Der Einsatz von KI wird die Entwicklung von neuen medizinischen Wirkstoffen revolutionieren. Ohne viel Aufwand und innerhalb von kürzester Zeit können Maschinen chemische Kombinationen und Reaktionen virtuell testen. Für ihre organischen Innovationen können Wissenschaftler zunehmend auch auf anorganische Intelligenzen zurückgreifen.

# Zeitenwende

▶ *Warum wir Zeuge einer zweiten Schöpfung sind und uns diese Rolle überfordert*

## Anorganische Intelligenz – die Maschinen erwachen

Der Herr der Roboter hat einen ausgesprochen weichen Händedruck. Dunkle Haare hängen tief ins Gesicht und berühren das schwarze Gestell einer Brille.

Ronnie Vuine mag in seinem Leben mehr Zeit vor dem Computer als auf dem Bolzplatz verbracht haben. Aber es hat sich gelohnt. Denn sein Start-up Micropsi Industries ist führend in der Entwicklung künstlicher Intelligenzen für Roboter. Das Team arbeitet an nicht weniger als einer Revolution der Arbeitswelt. Ronnie ist mit seinen knapp 40 Jahren nicht nur begnadeter Informatiker, sondern auch studierter Philosoph. Reflektierter als ein Otto-Normal-Entwickler, macht er sich Gedanken über die gesellschaftlichen Konsequenzen seines Tuns und hinterfragt die gängigen Dogmen seiner Zunft.

Das Gespräch mit ihm inspiriert. Wovon andere Computer-Geeks nur träumen können, ist zweifelsohne Ronnies größte Stärke: rhetorisches Talent. Ich treffe ihn in seinem Berliner Büro am Zionskirchplatz. Gleich im ersten Raum hinter der Eingangstür empfängt den Besucher ein Greifarm des Herstellers Universal Robots. »Das ist der Beste, den sich ein Start-up noch leisten kann«, erklärt Ronnie. »An diesem Gerät trainieren wir unsere Algorithmen.« Neben der Maschine sitzt ein Entwickler in stereotypem Kapuzenpulli an seinem Rechner.

Vito Ventures hat 2017 in das Unternehmen investiert. Die Firma stand damals noch ganz am Anfang. Es war eine große Wette, aber das Potenzial hätte größer nicht sein können. Denn Micropsi Industries stellt Steuerungssoftware für sogenannte kollaborative Roboter her. Diese Maschinen – auch als »Cobots« bezeichnet – werden die produzierende Wirtschaft der Zukunft maßgeblich prägen.

Klassische Industrieroboter leisten ihren Dienst getrennt von Menschen und eingezäunt in Käfigen. Sie verfügen über keine wirkliche Intelligenz. Der typische Greif- oder Schweißarm in der Automobilherstellung arbeitet extrem schnell und effizient, fährt dabei aber stur sein vorgespeichertes Programm ab. Er steht für eine mittlerweile mehrere Jahrzehnte alte Automatisierungstechnologie. Bis vor Kurzem lag die tatsächliche Zusammenarbeit von menschlicher und künstlicher Belegschaft noch in weiter Ferne. Denn betritt ein Mensch die Gehege der Roboter, schalten sich diese ab. Aus gutem Grund. Für eine Interaktion mit dem Homo sapiens sind die industriellen Helfer nicht geschaffen – weder in Sachen Sensorik noch in Sachen Steuerung. Wer ihnen zu nahe kommt, begibt sich in Gefahr.

Die neuen kollaborativen Roboter erkennen hingegen die Welt um sich herum und passen ihr Verhalten an. Damit werden sie im wahrsten Sinne zum Kollegen des Facharbeiters. Fertigungsaufgaben können so flexibel zwischen Mensch und Maschine aufgeteilt werden. In der Fabrik des digitalen Zeitalters finden beide ihren Platz am Band. Und nicht nur das. Auch im Dienstleistungssektor werden Cobots Großes bewegen. Immer wenn es um Arbeiten in der Umgebung von Menschen geht, sind kollaborative Roboter in ihrem Element.

Erste Anwendungen der Service-Robotik werden vermutlich unterstützende Tätigkeiten in der Alten- und Krankenpflege sein. Wenn Maschinen das abgegessene Geschirr abräumen, bleibt Pflegern mehr Zeit für die Patienten. Voraussetzung dafür sind künstliche Intelligenzen, die verstehen, dass man in einem Krankenhauszimmer viel kaputt machen kann. »In weniger als fünf Jahren«, erklärt Ronnie in seinem Büro, »werden Roboter in der Lage sein, von Menschen zu lernen, Intentionen zu erkennen und sich dabei weder beängstigend noch nervig zu benehmen. Sie werden sich auf eine Art und Weise bewegen, die wir als zielgerichtet und nicht unangenehm empfinden.« Und mit einem Augenzwinkern fügt er hinzu: »Zumindest wenn sie von unserer Software gesteuert werden.«

Traditionelle Robotikhersteller verfügen über vergleichsweise geringe Kenntnisse in der Entwicklung künstlicher Intelligenz. Das scheint auf den ersten Blick überraschend, auf den zweiten aber durchaus logisch. Existierende Fertigungsroboter sind eben nicht smart. Dass Micropsi in Deutschland sitzt – und nicht im Silicon Valley –, ist kein Zufall. Denn die Robotikindustrie rund um Firmen wie ABB, Siemens oder Kuka ist traditionell in Mitteleuropa zu Hause. Die Tatsache, dass chinesische und amerikanische Unternehmen hierzulande auf Einkaufstour gehen, zeigt, wie stark (und beneidet) das Wissen um die industrielle Automatisierung in Deutschland ist. Micropsi arbeitet daran, dass auch in Zukunft Roboter aus Schwaben und Oberbayern kommen statt aus Shenzhen und Palo Alto. »Was wir hier machen ist echtes German Engineering«, sagt Ronnie nicht ohne Stolz.

Doch auch in der Bay Area tüftelt man an den Hirnen für das neue Heer von künstlichen Arbeitnehmern. Das Start-up Vicarious hat sich dafür zum Beispiel über 120 Millionen Dollar Risikokapital beschafft. Das Unternehmen setzt nicht auf neuronale Netze, sondern hat eine eigene Modellklasse für seine Roboter-KI entwickelt. Ob und wie genau diese funktionieren soll, ist außerhalb der Firma niemandem so ganz klar. Aber zu den finanziellen Unterstützern von Vicarious gehören nicht nur Elon Musk, Jeff Bezos und Peter Thiels Founders Fund, sondern auch der Schweizer ABB-Konzern.[1] Der ist für allzu riskante Wetten nicht bekannt.

Kollaborative Roboter sind nicht nur smarter und menschenfreundlicher, sondern auch kleiner und billiger. Damit lohnt sich deren Anschaffung schneller. Cobots werden Millionen Stellenprofile und den Arbeitsmarkt insgesamt verändern. Neben selbstfahrenden Fahrzeugen sind sie die folgenschwerste Innovation in der Robotik.

Beide – autonome Autos und Cobots – haben eines gemeinsam: Sie basieren auf einer künstlichen Intelligenz, die in der Lage ist, ihre Umwelt zu verstehen und auf sie zu reagieren. Roboter gibt es schon länger, aber erst jetzt können wir sie sicher in die physische Freiheit entlassen.

## Hochsommer

Wir sind Zeugen einer kambrischen Explosion von neuen Daseinsformen und Anwendungsgebieten künstlicher Intelligenzen. Die Liste der Tätigkeiten, die Maschinen bereits beherrschen, wird Monat für Monat länger: Objekte in Bildern identifizieren, auf einer Karte navigieren, Texte übersetzen, Emotionen in Gesichtern erkennen, Drohnen steuern, Krebs in Gewebeproben erkennen, DNA auf erbliche Vorbelastungen untersuchen, neue medizinische Wirkstoffe entdecken, Gemüse nach Größe und Form sortieren, soziale Unruhen Tage im Voraus prognostizieren, Aktien handeln, Fehler in Verträgen prüfen, Meetings terminieren und koordinieren, Twitter-Nachrichten schreiben, Musik komponieren, Gedichte verfassen, Lippenlesen und noch vieles mehr.[2] Spätestens seitdem die Software »AlphaGo« des Alphabet-Tochterunternehmens DeepMind im März 2016 den südkoreanischen Profi Lee Sedol im hochkomplexen Go-Spiel bezwang, scheint nichts mehr unmöglich zu sein. Der Mensch ist dabei, sich ein neues Reservoir an Intelligenz zu schaffen, das ihm in nahezu allen Lebensbereichen zur Verfügung steht.

Der aktuelle KI-Sommer könnte heißer nicht sein. Rund sechs Milliarden Dollar Venture-Capital wurden 2016 weltweit in Startups gepumpt, die an einer künstlichen Intelligenz arbeiten. 2011 waren es gerade einmal 600 Millionen.[3] Unternehmer und Entwickler scheinen von grenzenloser Kreativität beseelt. Die Start-up-Wettbewerbe der Tech-Konferenzen sind eine Demonstration der Vielfalt möglicher Anwendungsgebiete. Jungen KI-Unternehmen wird es heute leicht gemacht, sich auf das Wesentliche zu konzentrieren.

Google, IBM, Amazon und andere bieten eine schlüsselfertige Infrastruktur an, auf denen Drittfirmen ihre eigenen Entwicklungen aufbauen können. Es ist ungefähr so, wie wenn eine kleine Automobilmanufaktur nahezu alle wichtigen Komponenten eines Fahrzeugs fertig bestellen könnte, um sich ganz und gar auf das Design von Karosserie und Innenraum zu fokussieren. Programmierer können heute auf eine breite Landschaft von bestehenden Plattformen und Technologien zurückgreifen, was den eigenen Aufwand reduziert und Kapital spart.

In den vergangenen zwei Jahren habe ich mit keinem Gründer gesprochen, der ohne die Worte »Machine Learning« oder »künstliche Intelligenz« ausgekommen wäre. Kevin Kelly, erster *Wired*-Chefredakteur, schreibt treffend: »Alles, was wir einmal elektrifiziert haben, werden wir nun mit einer Intelligenz versehen.«[4] So wie die Elektrifizierung der zweiten industriellen Revolution den Planeten im wahrsten Sinne erhellt hat, so sorgen künstliche Intelligenzen für eine Welt, die mitdenkt. Und so wie wir uns ein Leben ohne Glühbirne nicht mehr vorstellen können, so werden wir zunehmend abhängig sein von vielen smarten Helfern in unserer Umgebung.

Es ist noch nicht lange her, da war Google Maps etwas radikal Neues. Heute ist die App Alltagstechnologie. Im Jahr 2018 hält mancher es vielleicht noch für futuristisch, dass ein virtueller Assistent unseren Terminkalender organisieren und selbstständig Nachrichten an Geschäftspartner verschicken kann. Wer schon einmal mit »Amy«, der künstlichen Intelligenz des New Yorker Start-ups x.ai korrespondiert hat, der weiß, dass diese Technologie immer noch alles andere als frei von Kinderkrankheiten ist. Und das, obwohl knapp 45 Millionen Dollar Risikokapital in das Unternehmen geflossen sind.[5] Aber in wenigen Jahren werden wir es als völlig selbstverständlich erachten, dass eine KI unsere Meetings terminiert. Wahrscheinlich werden wir gar nicht mehr wissen, ob wir es mit einem menschlichen oder künstlichen Assistenten zu tun haben. Es wird uns auch nicht interessieren.

KI hat sich heute vom Nerd- zum Mainstream-Thema entwickelt. Nicht nur das ökonomische, auch das kulturelle und politische Interesse an künstlicher Intelligenz hat nie gekannte Ausmaße erreicht. Roboter taugen plötzlich zum Gesprächsthema beim Sonntagsbrunch unter Freunden. Hollywoodfilme prägen unser Bild von mörderischen Superintelligenzen. Wir haben Geschichten von Menschen gesehen, die sich in androide Wesen oder ihre Stimmen verlieben. Uns werden Utopien einer schönen neuen Technikwelt verkauft. Ungezählt sind Bücher, Artikel und Keynote-Reden, die sich mit den Möglichkeiten und Gefahren einer von KI beherrschten Welt befassen.

Noch am Ende seiner Amtszeit veröffentlichte die Obama-Regierung einen knapp 60 Seiten starken Report mit dem Titel: *Preparing for the Future of Artificial Intelligence.*[6] Fazit der Studie: Amerika muss sich wappnen für eine Zukunft der smarten Maschinen. Von Stephen Hawking über Bill Gates bis zu Elon Musk warnen prominente Stimmen vor den gesellschaftlichen Risiken künstlicher Intelligenzen. Noch nie waren Hoffnungen und Ängste so groß.

Die technologischen Fortschritte der letzten Jahre sind tatsächlich atemberaubend. Drei Faktoren sind dafür verantwortlich. Erstens: die exponentiell gestiegene Rechenkapazität zu immer günstigeren Preisen. Zweitens: neue Methoden des maschinellen Lernens. Drittens: die schier unbegrenzte Verfugbarkeit von Daten. Moore's Law und die Erfindung des Grafikprozessors haben ganze Arbeit geleistet. Und seit es die Cloud gibt, hat auch das kleinste Start-up per Knopfdruck Zugang zu unbegrenzter Speicher- und Rechenleistung. Sie ermöglicht erst die Anwendung der neuen, sehr aufwendigen Optimierungsverfahren.

Deep Learning mag ein inflationär verwendeter Begriff der Start-up-Welt sein. Tatsächlich war es der entscheidende technische Durchbruch der letzten Jahre. Den neuronalen Netzen stehen immer mehr Futterquellen für ihre Lernzyklen zur Verfügung. Egal ob Web-Cookies, Industrie-Sensorik oder Wikipedia – die Datafizierung der Welt ist zentrale Voraussetzung für smarte Maschinen. Sie profitieren von der digitalen Offenbarung der Gesellschaft. Mit den technischen Möglichkeiten sind – wie schon in früheren KI-Sommern – die Erwartungen explodiert. Der Weg zu superintelligenten Robotern scheint plötzlich nicht mehr weit zu sein. Und doch, noch haben Menschen und Maschinen ziemlich komplementäre Stärken- und Schwächenprofile.

## Die überforderte Spezies

Was der Mensch besonders gut kann, das fällt Software oder Robotern besonders schwer. Und umgekehrt. Das Phänomen ist bekannt als sogenanntes Moravec-Paradox, benannt nach dem österreichischen Futuristen und Robotikforscher Hans Moravec. Vom Schachspiel bis zur Tabellenkalkulation: Bei mathematischen oder logischen Aufgaben sind wir völlig chancenlos gegen Computer. Aber in allem, was wir unterbewusst machen, sind wiederum wir unschlagbar. Die Stimme eines Freundes in einer lauten Bar erkennen, die Atmosphäre in einer Gruppe wahrnehmen, ein weinendes Kind trösten – es sind gerade die emotionalen und zwischenmenschlichen Leistungen, die künstlichen Intelligenzen schwerfallen.

Hans Moravec hat sein Paradox mit der Evolution erklärt. Kopfrechnen ist eine Tätigkeit, die unsere Spezies erst seit vergleichsweise kurzer Zeit kennt. Die allermeisten unserer Vorfahren mussten sich nie mit Zahlen herumschlagen. Rund eineinhalb Millionen Jahre ist unser Bewusstsein alt, aber erst seit einigen Tausend Jahren kennen wir die Regeln einfacher Algebra, von komplexen Rechenoperationen ganz zu schweigen. So überrascht es nicht, dass wir frühe Jahre unseres Lebens dafür verwenden müssen, um mathematische Techniken unter Tränen und Geschrei in unsere neuronalen Strukturen hineinzubekommen. Denke ich an meine Schulzeit, weiß ich, wovon ich spreche. Wir arbeiten mit einer Hardware im Kopf, die für Kalkulationen nicht erschaffen wurde. Es waren andere Fähigkeiten, die den Homo sapiens vor dem Säbelzahntiger bewahrt haben. Die natürliche Auslese hat dafür gesorgt, dass wir heute zwar in gefühlter Lichtgeschwindigkeit und mit großer Sicherheit Emotionen unseres Gegenübers erkennen (und somit Freund von Feind unterscheiden), aber einfache Dreisätze im Kopf kaum beherrschen. Wir sollten also froh sein, dass wir diese Form der Intelligenz an künstliche Hirne delegieren können.

Noch in anderer Hinsicht sind wir Sklaven der Evolution. Androide, in Menschengestalt daherkommende Roboter, überfordern uns. Gib einer Maschine zwei Arme und einen Kopf, und schon neigen wir zu fataler Anthropomorphisierung, also zu einer Vermenschlichung. Zwei Punkte und ein Strich auf dem Kopf, und wir sehen sofort ein Gesicht. Wer jemals eine Technologiekonferenz besucht hat, auf der sich die neuesten Roboter unter die Besucher mischen, ist sofort im Bilde: Trauben von Menschen versammeln sich um kleine Androiden, betrachten und betätscheln sie voller Entzückung, als wären es Kinder.

Künstliche Wesen mit menschlichen Zügen wecken Emotionen, die wir nur gegenüber unserer eigenen Spezies haben sollten. Es scheint seltsam, wenn in der *Zeit* ein Artikel mit dem Titel »Alle Roboter sind von Geburt an gleich«[7] erscheint, oder der *New Yorker* ernsthaft fragt: »Wenn Tiere Rechte haben, sollten das auch Roboter?«[8] Unser Hang zur Anthropomorphisierung basiert auf Reflexen, die im Laufe der Evolution ihren Sinn hatten: Etwas hat zwei Beine, zwei Arme und läuft aufrecht? Dann ist es uns ähnlich und kann so gefährlich nicht sein. Wie fatal diese Einschätzung ist, zeigt der grandiose Science-Fiction-Film *Ex Machina*. Das menschliche Erscheinungsbild eines Androiden sorgt dafür, dass nicht nur der Zuschauer eine Maschine falsch beurteilt. Das cineastische Resultat: eine Tragödie.

## Grenzen der Fantasten

Bevor wir es in der Realität mit bewusst manipulativen Androiden zu tun haben werden, wird noch einige Zeit vergehen. Die Überwindung des Moravec-Paradox ist nicht einfach. »Die Grenze der Robotik«, erklärt Ronnie, »ist die Tatsache, dass sie aktuell einfach noch nicht viel Intelligentes kann. Der Industrieroboter der Vergangenheit ist nicht viel mehr als die Verkettung von fünf Elektromotoren und Getrieben. Aber das ändert sich jetzt.« In den letzten Monaten hat seine Firma Micropsi an der Entwicklung einer ganz speziellen Fähigkeit für kollaborative Roboter getüftelt: dem Stecken von USB-Kabeln. Das klingt trivial und ist es für Menschen auch. Für Maschinen ist es dagegen eine enorme Herausforderung, mit elastischen und weichen Gegenständen zu hantieren. Das Berliner Start-up ermöglicht mit dieser Innovation die Automatisierung zahlreicher Arbeitsschritte in der Elektronikfertigung. Das Beispiel verdeutlicht: Es ist nicht einfach, Roboter auf ein menschliches Niveau zu bringen. Das Machbare endet schon bei einem USB-Kabel.

Doch die Frustrationstoleranz der Tüftler ist groß. Jedes Jahr treffen sich Wissenschaftler und Studenten, um den sogenannten Robot Soccer World Cup auszutragen. Auch Ronnie machte mit. Es war weniger die Software als die Hardware, die ihm und seinem Team Schwierigkeiten bereitete. »Einen Agenten in einem virtuellen Umfeld, sprich auf einem Computer, Fußball spielen zu lassen ist vergleichsweise einfach. Sobald man die wirkliche Welt betritt, hat man es mit mechanischen Problemen zu tun: überhitzte, ungenaue Motoren, leere Batterien. Zum Teil recht simple Dinge.«

Autonome Fahrzeuge sind möglich, weil ein Auto ein Auto bleibt, egal ob ein Mensch oder eine Maschine am Steuer sitzt. Das Rad muss nicht neu erfunden werden. Die größten Innovationen befinden sich im Computerhirn des Fahrzeugs. Das ist typisch für den gegenwärtigen KI-Sommer, in dem vor allem die Software für immer neue Anwendungsgebiete künstlicher Intelligenzen sorgt. Es ist mehr der Code und weniger die Mechanik, der die Fantasien von Entwicklern, Investoren und Unternehmern weckt. Doch je höher die Wetten ausfallen, desto größer sind auch die Enttäuschungen. Die lange Geschichte der künstlichen Intelligenz kennt, wie gesagt, viele Fehlschläge. Die meisten KI-Fantasten haben eine harte Landung hinter sich. Bereits im Jahr 1927 verkündet der Erfinder Rotwang im Film *Metropolis:* »Noch 24 Stunden Arbeit – und kein Mensch, Joh Fredersen, wird den Maschinen-Menschen von einem Erdgeborenen unterscheiden können – –!« Nur noch ein Tag bis zum großen Durchbruch, so einen Satz würde man auch heute so manchem Silicon-Valley-Utopisten zuschreiben. Ronnie ist dagegen ein abendländischer Realist: »Jede Generation an KI-Forschern hat ihren KI-Sommer. Und es ist eine typische Eigenschaft von Sommern, dass behauptet wird, es komme nie wieder ein Winter. Aber immer wenn sich Hoffnungen nicht erfüllt haben, näherte sich meistens schon der nächste Herbst.«

Tatsächlich spricht einiges dafür, dass es wieder so kommen könnte. »Es gibt viele KI-Felder, in denen der technische Fortschritt einfach deutlich hinter den Versprechungen hinterherhinkt. Ich denke etwa an ›Conversational Interfaces‹.« Gemeint sind Programme, mit denen der Mensch per Sprache kommunizieren kann, zum Beispiel Amazons Alexa-Voice-System oder Apples Siri. »Ich sehe aktuell einfach nicht die Technologie, die tatsächlich in der Lage wäre, ein Gespräch zu führen, oder mehr kann, als simple Befehle entgegenzunehmen. Ich weiß von keiner wirklich erfolgreichen Forschung auf diesem Gebiet.«

Für kritische Geister wie Ronnie Vuine ist der nächste KI-Winter bereits am Horizont zu erkennen. Aber selbst er gibt zu: »In jedem Sommer werden wir besser. Und jedes Mal, wenn wir ein Problem lösen, sind wir für den Rest aller Tage besser als der Mensch.« Seit vielen Jahren sind Computer unschlagbare Schachspieler. Für immer werden Maschinen die überlegenen Go-Spieler sein. Diese Meilensteine bleiben bestehen, auch im nächsten Winter. Zudem werden eine immer größere Datenflut und weiter exponentiell wachsende Rechenkapazitäten den aktuellen Sommer verlängern. Das Gleiche gilt für neuronale Netze. »Sie werden uns erhalten bleiben«, prognostiziert Vuine. »Sie funktionieren extrem gut und sind billig zu rechnen. Auch in zukünftigen KI-Architekturen werden sie eine zentrale Rolle spielen. Bei der Art, wie wir neuronale Netze trainieren, erwarte ich bahnbrechende Innovationen. Sie werden zu einer weiteren Explosion des Fortschritts führen. Neue Lernverfahren werden künstliche Intelligenzen noch einmal auf ein ganz anderes Niveau heben.«

## Verselbstständigte Intelligenz

Software wird zunehmend von ihresgleichen geschrieben. Das ist nicht nur billiger, sondern auch schneller. Computer übernehmen die Arbeit von Informatikern. Es sind die Anfänge dessen, was im Silicon Valley als Singularität bezeichnet wird. Verschiedenen Forschergruppen gelang es zuletzt, künstliche Intelligenzen zu entwickeln, die selbstständig in der Lage waren, Methoden zum Training von Maschinen zu programmieren. Nicht nur das: Ihre Ergebnisse waren besser als die der menschlichen Kollegen.[9] Bei aller nötigen Skepsis gilt also: Die Grenzen des technisch Machbaren werden jeden Tag neu definiert.

Künstliche Intelligenzen arbeiten an ihrer eigenen Vermehrung, im Augenblick noch gut kontrolliert und im Versuchsstadium. Doch eine Zeit wird kommen, in der sich der technologische Fortschritt völlig von der menschlichen Intelligenz emanzipieren wird. Nicht an einem Tag, nicht in Form eines großen Knalls und ganz sicher nicht wie in Science-Fiction-Romanen und dystopischen Weltuntergangsszenarien. Es wird langsam und graduell geschehen. Die intelligenteste Spezies des Planeten hat ihre eigenen Maschinen wachgeküsst. Wir sind zwar nicht Frankenstein, wir haben das Hirn nicht nachgebaut, aber wir haben andere Wege gefunden, anorganische Intelligenz zu erschaffen, die sich selbst weiterentwickeln wird. Eine neue, menschengemachte Evolution hat begonnen.

## Organische Intelligenz – Gottes Werk und unser Beitrag

Der Herr der Gene bezeichnet sich selbst als »Bio-Hacker«. Wenn auch nicht im kriminellen Sinn, das ist ihm wichtig zu betonen. Andrew Hessel ist Bioinformatiker, Biotechnologe, Kanadier, und irgendwie eine Mischung aus Heavy-Metal-Fan und Computer-Nerd. Ich treffe ihn am Rande einer von Ray Kurzweils Singularity University organisierten Konferenz in Berlin. Dort hatte er über die Chancen und Erkenntnisse der synthetischen Biologie gesprochen. In den Augen seiner Zuhörer hatten sich Schrecken und Faszination gemischt. Die mikrobiologische Revolution lässt niemanden kalt.

Andrew Hessel lebt und arbeitet in San Francisco. Sein Arbeitgeber zum Zeitpunkt unseres Interviews: die Firma Autodesk. Der kalifornische Konzern ist eigentlich bekannt für Software, die weltweit in keinem Ingenieurbüro fehlen darf. Automobil- und Flugzeughersteller sind unter den Abnehmern der 2D- und 3D-Design-Produkte. Was diese mit Mikrobiologie zu tun haben, ist auf den ersten Blick nicht klar. »Warum Autodesk?«, lautet deshalb meine erste Frage. Antwort: »Bis vor ein paar Jahren waren alle Dinge, die sich mit Autodesk-Software entwerfen ließen, anorganischer Natur, also tot. Dann traf ich den CEO und habe ihn gefragt, ob sie auch Interesse am Design von lebenden Dingen hätten.« Seitdem baute Hessel die sogenannte Bio-Nano-Gruppe im Konzern auf. Das strategische Kalkül dahinter leuchtet ein. Wenn die fünfte industrielle Revolution eine biologische ist, wenn immer mehr künstliche Organismen erschaffen und eingesetzt werden, dann wird auch die Nachfrage nach Designwerkzeugen für organische Innovationen steigen. Autodesk will den digitalen Werkzeugkasten für die biologische Zäsur liefern.

Der Computer, so Hessel, sollte sowieso das eigentliche Werkzeug des Biologen sein. »Ich hasse Bilder von smarten jungen Leuten in Laboren, die in weißen Kitteln mit Pipetten hantieren. Das ist eine Verschwendung von Ressourcen. In der Zukunft werden die besten Wissenschaftler vor Rechnern sitzen, an biologischen Designs arbeiten, Laborroboter steuern und mithilfe von Software bei einem Bruchteil der heutigen Kosten deutlich produktiver sein. Die Biologie wird zunehmend eine Wissenschaft der Daten werden.«

Hessel und Autodesk stehen für eine Konvergenz der Technologien und akademischen Sphären. Methodik und maschinelle Möglichkeiten der sogenannten Life Sciences haben sich dramatisch verändert. Heute lassen sich organische Strukturen und Organismen am Computer designen. Roboter setzen modifizierte DNA in Zellen ein. Ähnlich wie die Schöpfer künstlicher Intelligenzen greifen auch Biowissenschaftler auf eine völlig neue Infrastruktur zurück. Junge Start-ups betreiben mit wenigen Mitteln ernst zu nehmende Biotechnologie. Millionenschwere Investitionen in teures Laborequipment sind für ihr göttliches Handwerk keine Voraussetzung mehr.

Ein gutes Beispiel für diese Entwicklung ist das Silicon-Valley-Start-up Transcriptic, an dem auch der Google-Konzern Alphabet beteiligt ist. Das Unternehmen bietet »Science as a Service«. Forschungseinrichtungen können Untersuchungen an Transcriptic auslagern. Die Grundidee ist nicht neu. In den Biowissenschaften ist die Zusammenarbeit mit Auftragsinstituten üblich. Aber im Unterschied zu klassischen Dienstleistern offeriert Transcriptic automatisierte Laborarbeit. Maschinen und Software setzen die wissenschaftlichen Aufträge um, die Ergebnisse werden anschließend per E-Mail verschickt.[10] So ermöglicht Transcriptic flexiblere und schnellere Forschung. Ausgelagerte Experimente, die früher Monate gedauert und Tausende von Dollar gekostet haben, lassen sich innerhalb weniger Tage und deutlich günstiger durchführen. Die Vision des Gründungsteams: So wie es gängig ist, ein Internet-Start-up mit einem Laptop von der eigenen Couch zu starten, so soll es in Zukunft auch in der Biotechnologie möglich sein, neue Ideen in kurzer Zeit und ohne eigene Laborinfrastruktur zu realisieren.

Andrew Hessel forscht selbst auf dem Feld der synthetischen Biologie und entwickelt künstliche Organismen für therapeutische Zwecke. Zusammen mit anderen Wissenschaftlern arbeitet er daran, die DNA bestimmter Viren so zu verändern, dass diese anschließend antibiotisch wirken. Dank immer weiter verbreiteter bakterieller Resistenzen winkt ein gigantisches Potenzial. »Viren«, so Hessel, »sind nichts anderes als ein molekularer USB-Stick. Sie docken an Zellen an und laden Geninformationen hoch oder herunter. Das kann sich die Medizin zunutze machen. Dafür müssen wir nur die auf dem Virus gespeicherten Erbinformationen für die jeweilige Anwendung codieren.« Für den Kanadier ist das Leben programmierbar. Viren und Zellen sind für ihn nichts anderes als Maschinen, die auf einer Software basieren, welche sich zunehmend flexibel umschreiben lässt.

## Bio-Hacking

Der digitale und der mikrobiologische Wandel sind insofern beide Teil derselben Revolution, als DNA nichts anderes als die Materialisierung einer natürlichen Programmiersprache ist. Diese basiert auf vier Basen anstatt einem binären System von Nullen und Einsen. Mit den Genen hat die Natur einen sehr effektiven Code entwickelt. Er lenkt die biologische Nanotechnologie in unseren Zellen, ähnlich wie Software-Codes Computer steuern.

Tatsächlich lässt sich DNA sogar zur Sicherung digitaler Informationen nutzen. Wissenschaftlern der Columbia-Universität ist es gelungen, ein ganzes Betriebssystem, einen Film und andere Dateien in künstlich erzeugten DNA-Sequenzen zu speichern. Dazu wurden die Nullen und Einsen aus dem Computer in Abfolgen von Adenin, Guanin, Cytosin und Thymin, den vier Baasen des natürlichen Erbguts, transformiert, also übersetzt. Anschließend synthetisierten die

Forscher im Labor eine entsprechende künstliche DNA. Genau wie eine normale Festplatte konnte diese später wieder vollständig ausgelesen werden. Bei der Übertragung der Informationen vom anorganischen zum organischen Speichermedium (und umgekehrt) gingen keine Daten verloren. DNA entpuppte sich sogar als extrem effizientes Speicherformat. Auf einem einzigen Gramm lassen sich 215 000 Terabyte dauerhaft ablegen.[11] Anders formuliert: Das gesamte Wissen der Menschheit, in DNA umgewandelt, würde in den Kofferraum eines einzigen Autos passen.[12]

Mit immer größerem Wissen über die Funktion einzelner Gene und mit immer besseren mikrobiologischen Werkzeugen ausgestattet, sind wir heute auf dem besten Weg, den natürlichen Code des Lebens bald schon vergleichbar vielfältig einzusetzen, wie wir es von den Computersprachen der digitalen Sphäre gewohnt sind. In Nullen und Einsen gefasste Mathematik ist die Basis von anorganischer Intelligenz. Die in der DNA verschlüsselten Steuerungsmechanismen der Zellen sind dagegen die Grundlage organischer Intelligenz. Und auch die lässt sich knacken.

Bio-Hacking ist das Bestreben, die gottgegebene Software zu verändern oder zu verbessern. »Hacken« bedeutet in der englischen Sprache wörtlich »in etwas eindringen«. Darum geht es in der mikrobiologischen Revolution. Im buchstäblichen Sinn dringen Wissenschaftler zunehmend in den Kern allen Lebens ein. Sie manipulieren die organische Intelligenz nach ihren Vorstellungen. Das Resultat sind völlig neue Organismen, die weder natürliche Evolution noch künstliche Züchtungen jemals so hervorgebracht hätten.

Die synthetische Biologie basiert laut Hessel auf einem zentralen Durchbruch: »Heute sind wir in der Lage, digitale DNA-Codes in molekulare, also physische DNA-Sequenzen zu übersetzen.« Mit anderen Worten: Wissenschaftler können Erbinformationen am Computer, also »in silicio«, designen und anschließend im Labor synthetisieren. »Was hier gerade passiert, ist die Basis für erstaunliche Karrieren, Abenteuer und Vermögen, die noch vor uns liegen.«

Hessel ist Mitgründer des »Genome Project-Write«. Nachdem es dem Humangenomprojekt zwischen 1990 und 2003 gelungen war, das menschliche Erbgut vollständig auszulesen, soll nun der nächste Gipfel erklommen werden: das Schreiben von Genen. Hessel und Kollegen sind fest davon überzeugt: Wer den Bauplan des Lebens verstehen will, muss ihn selbst anwenden können. Unter den Initiatoren von GP-Write ist auch der umstrittene Harvard-Genetiker George Church – der Mann mit dem Mammut, wir kennen ihn bereits. Offizielles Ziel des Schreibprojektes ist es, die Kosten für die Erstellung und das Testen großer Mengen an Geninformationen (die Rede ist von Milliarden Basenpaaren) bis zum Jahr 2026 um das Tausendfache zu reduzieren.[13] Denn heute ist das entscheidende ökonomische Hemmnis der synthetischen Biologie der Preis der technischen DNA-Herstellung. Dieser ist zwar gesunken, aber bei Weitem nicht im gleichen Ausmaß wie bei der Gensequenzierung. Wir erinnern uns: Die Menge an gesammelten Erbinformationen konnte nur deshalb so rasant ansteigen, weil das Auslesen der Gene so günstig geworden ist.

Dass auch das Schreiben von Genen erschwinglich wird, daran arbeitet das Start-up Twist Bioscience aus San Francisco. Das 2013 gegründete Unternehmen will so etwas wie der Schaufelproduzent für den mikrobiologischen Goldrausch werden. Für die Massenproduktion von synthetischer DNA hat es eigene Technologien entwickelt und dafür über 250 Millionen Dollar Risikokapital erhalten, unter anderem von Illumina, dem unangefochtenen Marktführer für Sequenzierungsautomaten.[14] »Sie designen. Wir bauen.«, heißt es bei Twist auf der Website. Kunden können DNA-Sequenzen am Rechner entwerfen und anschließend über die Cloud einreichen. Die physische Produktion und Lieferung erfolgt innerhalb weniger Tage. Kosten: rund sieben Dollar-Cent pro Basenpaar.[15] Die magische Schallmauer liegt laut Emily Leproust, CEO der Biotech-Firma, bei ungefähr zwei Dollar-Cent. Bei einem solchen Preis würde der finanzielle Aufwand für breit angelegte Schreibprojekte nur noch eine untergeordnete Rolle spielen. Die Forschung an der synthetischen Biologie ließe sich industrialisieren.[16] Künstliche Gene würden zum bezahlbaren Rohstoff.

Kooperationspartner von Twist Bioscience ist unter anderem Microsoft. Der Konzern will die organische Speicherung digitaler Daten erkunden. Vermutlich größter Abnehmer von Twist dürfte aber ein Unternehmen namens Ginko Bioworks sein, welches seinerseits mit rund 430 Millionen Dollar Risikokapital finanziert ist.[17] Allein 2017 hat Twist 400 Millionen künstlich synthetisierter Basenpaare an Ginko Bioworks geliefert.[18] Das in Boston ansässige Startup ist 2014 der legendären Start-up-Schmiede YCombinator entsprungen.[19] Das berühmteste aller Accelerator-Programme hat Erfolge wie Airbnb oder Dropbox hervorgebracht. Auch das bereits erwähnte Labortechnik-Start-up Transcriptic ist ein Alumni von YCombinator. Ähnlich wie Zymergen arbeitet auch Ginko Bioworks an künstlichen Organismen und organischer Intelligenz für den Einsatz in Industrie, Landwirtschaft und Pharmazie.

### Eine Pille Realismus

Bei aller Euphorie: Die Synthese komplexer Genome ist aktuell noch Zukunftsmusik. Unternehmen wie Twist können Gensequenzen von maximal einigen Tausend Basenpaaren herstellen. Das gesamte menschliche Genom besteht aber aus über drei Milliarden Basenpaaren. Hefezellen und nicht etwa die kleinsten Bauteile des Homo sapiens bilden die momentan vorderste wissenschaftliche Frontlinie, und der Mikrobiologe Hessel arbeitet an sehr einfacher Viren-DNA. Rückschläge prägen sein Fach.

Das Wort »Risikokapital« wird hier seinem Namen oft genug gerecht. Man muss nicht lange recherchieren, um auf spektakuläre Pleiten zu stoßen. Das Start-up Gen9 mit Sitz im amerikanischen Cambridge zum Beispiel sammelte knapp 50 Millionen Dollar Venture-Capital ein. Ähnlich wie Twist Bioscience widmete sich Gen9 der DNA-Synthese. Dafür entwickelte das Gründerteam eigene Gendrucker. Doch die Qualität ließ wohl zu wünschen übrig, die Abnehmer waren nicht zufrieden. Im Dezember 2016 wurden 90 Prozent der Belegschaft entlassen. Ginko Bioworks übernahm, was von Gen9 übrig geblieben war.[20] Die Versprechungen der mikrobiologischen Zäsur sind noch größer und gewaltiger als die ihrer digitalen Schwester. Aber sie liegen auch in größerer Ferne. Bis Bio-Hacking industrialisiert werden kann, müssen noch jede Menge wissenschaftliche und ökonomische Probleme gelöst werden. Aber diese Tatsache täuscht nicht darüber hinweg, dass mit der Revolution der organischen Intelligenz etwas auf uns zurollt, dessen letzte Konsequenzen wir noch nicht im Ansatz abschätzen können.

## Genesis II

Ein so fundamentaler Eingriff in den Bauplan des Lebens verändert den Lauf der Evolution. Wir sind Zeuge einer zweiten Genesis. Der Homo sapiens hat sich zum Schöpfer erhoben. Aus ihm wurde der »Homo Deus«, wie ihn der israelische Autor Yuval Noah Harari nennt. Spätestens seit der Aufklärung versucht der Mensch, sich die Natur untertan zu machen. Mit der Möglichkeit zur Manipulation der organischen Intelligenz ist es ihm endgültig gelungen. Die Biologie ist steuerbar geworden. Nur knapp 400 Jahre nachdem Descartes »Ich denke, also bin ich« verkündet hat, lässt sich das Sein an sich erdenken.

In nicht allzu ferner Zukunft werden wir in der Lage sein, Erbkrankheiten auszurotten und Wunschbabys nach Baukastenprinzip zu erzeugen. Mit der Fähigkeit zum Bio-Hacking erreicht die Macht des Menschen eine neue Dimension. Noch ist überhaupt nicht abzusehen, wie er diese einsetzen wird, geschweige denn, wie sie reguliert werden soll. Wie bei der Erschaffung anorganischer Intelligenzen gilt auch in der Mikrobiologie: Der Kreativität des Homo Deus ist keine Grenze gesetzt. Nur das Risiko ist hier noch größer. Denn wenn sich das neue Leben fortpflanzt, ist die Schöpfung bis zum jüngsten Tag verändert. Einen Schalter für »Rückgängig« gibt es nicht.

## Verschlafene Zäsur

Trotz aller Chancen und Risiken – vom Diskurs einer kleinen Elite abgesehen, ist die mikrobiologische Zeitenwende erstaunlicherweise noch kein gesellschaftliches Thema. Im Sommer 2017 ergab eine Google-Suche nach dem Schlagwort »Machine Learning« über 100 Millionen Treffer. Der Begriff »CRISPR/CAS« brachte es hingegen nur auf 500 000 Ergebnisse. Diese Diskrepanz ist fatal. Längst haben künstliche Intelligenzen die Stammtische und Titelblätter erobert. Die Fortschritte der Biologen schaffen es dagegen kaum über *Abenteuer Forschung* oder die Wissenschaftsbeilage hinaus ins Rampenlicht der öffentlichen Wahrnehmung.

Warum ist die Tüftelei an der organischen Intelligenz scheinbar so schwer zu verkaufen? Klar, Roboter kann sich jeder vorstellen. Hollywood macht uns seit vielen Jahrzehnten die Gefahr superintelligenter Maschinen bewusst. Genetisch mutierte Superhelden und Schurken füllen zwar auch seit Langem die Leinwand, aber die zellbiologische Detailtiefe ging dabei nie über das »Superkräfte-Serum« hinaus. Dass Siri eines Tages ein Bewusstsein entwickeln könnte, erscheint vielen dagegen als plausibles Szenario. Der digitale Fortschritt offenbart sich auch den Ahnungslosen. Anders die Mikrobiologie. Sie ist undurchschaubar, etwas für Experten in weißen Kitteln. Die meisten Medien geben sich keine Mühe, den Schleier des Mystischen zu lüften, sodass die dringend benötigte Debatte bisher nicht zustande kommt.

»Wo bleibt der Aufschrei«, fragt Thea Dorn völlig zu Recht in der *Zeit*. Und sie fügt an: »Warum verschläft die Öffentlichkeit, die doch sonst bereit ist, sich von jedem Unfug wenigstens für kurze Zeit aus ihrer Lethargie reißen zu lassen, just dieses Thema?«[21] Dabei gäbe es viel zu erörtern. Von der genetischen Atombombe der Gen-Drives bis zur Manipulation von menschlichen Stammzellen ist heute vieles technisch machbar, das die meisten Bürger vermutlich vehement ablehnen würden – wenn sie denn davon wüssten. Das Fehlen eines öffentlichen Diskurses ist auch deshalb problematisch, weil die Gesellschaft ihre Wissenschaftler im Unklaren darüber lässt, wo genau sie verbindliche ethische Grenzen für die Forschung ziehen will.

Hierzulande wird moralisch immer noch gerne zwischen »roter« und »grüner« Gentechnik unterschieden. Während die rote Gentechnik als Fach der Medizin bestrebt ist, Krankheiten zu verhindern oder zu heilen, verändert die grüne Gentechnik die Landwirtschaft. Gengurken und Gentomaten provozieren Proteste. Grüne Biotech-Spieler wie der von Bayer erworbene Agrarkonzern Monsanto werden dämonisiert. Zugleich scheinen therapeutische Eingriffe in das Erbgut weniger umstritten. Diese normative Differenzierung zwischen Rot und Grün, Gut und Schlecht, ist falsch.

Klimawandel, Bevölkerungswachstum und der Kampf gegen Unterernährung zwingen uns, den neuen mikrobiologischen Werkzeugkasten auch auf dem Feld einzusetzen. Daran ist schon deshalb nichts auszusetzen, weil der Mensch seit der neolithischen Revolution massiv in das Genom seiner Nutztiere und -pflanzen eingreift. Die gezielte Manipulation der Gene ermöglicht schnellere, günstigere und bessere Ergebnisse als die klassische Züchtung. Wer die grüne Biotechnologie verdammt, soll dies immer noch rund 800 Millionen Hunger leidenden Menschen in Entwicklungsländern erklären.

Der rote Einsatz der neuen mikrobiologischen Möglichkeiten ist moralisch komplizierter. Aber natürlich ist es gut, wenn der Medizin ein neues und wirksames Waffenarsenal zur Verfügung steht. Ich halte nichts davon, individuelle Schicksalsschläge, wie Thea Dorn schreibt, »wieder als das zu begreifen, was sie einmal waren: Prüfungen, die uns spüren lassen, dass wir lebendig sind«[22]. Im Gegenteil. Seit der Aufklärung kämpft der Mensch einen erfolgreichen und legitimen Kampf gegen das Schicksal. Die gentechnische Revolution gibt uns die Mittel, weitere Schlachten gegen die Vorsehung der Natur zu gewinnen. Am zivilisatorischen Großprojekt der »Mission Unsterblichkeit« sollten wir festhalten. Wichtig ist allerdings, dass wir den Eingriff in den göttlichen Bauplan regulieren. Andernfalls droht eine biologische Spaltung der Gesellschaft auf Basis willkürlicher ökonomischer Unterschiede. Noch haben wir ausreichend Zeit, Lösungen und Wege zu diskutieren. Und noch ist es ein langer Weg bis zum ersten Homo sapiens correctus.

## Kollektive Fehleinschätzung – die verzerrte Zukunft

Menschen neigen dazu, die Geschwindigkeit des Wandels zunächst zu überschätzen, seine Folgen aber zu unterschätzen. Das liegt an der Natur sich beschleunigender Trends. In der Mathematik steigen exponentielle Kurven erst sehr langsam an, schießen dann aber irgendwann nahezu senkrecht in die Höhe. Auch technologische Umbrüche lassen sich mit solchen Graphen beschreiben. Die Anzahl wissenschaftlicher Publikationen zu einem noch jungen Thema oder der Absatz einer neuen Produktkategorie folgen nicht selten diesem Schema. Lange passiert nicht viel, aber zu einem bestimmten Zeitpunkt x explodiert die Entwicklung.

Der Verlauf von gesellschaftlichen Innovationszyklen macht es uns schwer, Veränderungen richtig einzuschätzen. Auf kurze Sicht übertreiben wir, langfristig tendieren wir zum Gegenteil. Der technologisch-wissenschaftliche Fortschritt als Ganzes wird immer schneller. Die Abstände zwischen den Big Bangs werden kleiner. Aber einzelne Innovationen brauchen oft länger als prognostiziert, bis sie ihre volle gesellschaftliche Wirkung entfalten. Wir sollten also zwischen der Mikro- und der Makroebene des Wandels unterscheiden.

## Weitreichende Autonomie

Beispiel autonome Fahrzeuge. Wir unterschätzen sowohl die Zeit, die vergehen wird, bis unsere Straßen von Roboterautos befahren werden, als auch die fundamentalen Konsequenzen, die mit der Mobilitätsrevolution auf unsere Gesellschaft zukommen. Bald schon, so die allgemeine Einschätzung, wird Taxi- und Lkw-Fahrer das gleiche Schicksal ereilen wie einst die Heizer von Dampflokomotiven: Man wird sie nicht mehr brauchen. Die Freude am Fahren scheint unmittelbar bedroht. Auch ich staunte nicht schlecht, als ich bereits im Herbst 2015 an einer Kreuzung in Palo Alto neben einem selbstfahrenden SUV von Google zum Stehen kam. Trotzdem werden noch sehr viele Jahre ins Land ziehen, bis die Anzahl der fahrerlosen Pkw eine kritische Masse erreicht haben wird. Was dann passiert, ist kaum abzusehen. Daher lohnt sich ein Blick unter die Motorhaube der mobilen Veränderungen.

Die amerikanische Automobilindustrie teilt den Grad der Autonomie eines Fahrzeugs in fünf verschiedene Stufen ein. Level 1 beschreibt Fahrer-Assistenz-Systeme, die heute schon Standard sind, so wie etwa Einparkhilfe oder Tempomat. Auch Level-2-Fahrzeuge sind bereits Realität. Es sind Autos, die über eine ausreichende Sensorik verfügen, damit der Fahrer in bestimmten Situationen die Hände vom Lenkrad nehmen kann. Man denke an Teslas Autopilot oder automatisches Einparken. In Level 3 übernimmt die Technologie auch über längere Strecken das Steuer. Diese Stufe ist kritisch. Denn der Mensch muss immer noch eingreifen können, falls das System versagt. Ob das gut funktioniert, wenn das Auto ansonsten selbstständig fährt, ist mehr als fraglich. Kritiker wie die Konzerne Volvo oder Ford schlagen deshalb vor, gleich auf Level 4 zu setzen. Hier ist das Fahrzeug in der Lage, sich komplett eigenständig fortzubewegen, allerdings beschränkt auf Straßen, die für autonomes Fahren geeignet sind. Mitfahrdienste wie Uber oder Lyft werden vermutlich die ersten Betreiber von Flotten dieser Kategorie sein. Erste Level-4-Autos sollen schon 2020 auf den Markt kommen.[23] Doch erst ab Level 5 sind Fahrzeuge fähig, unabhängig von Straßenwahl und äußeren Bedingungen sowie völlig ohne menschliches Zutun von A nach B zu gelangen.[24]

Aus heutiger Sicht ist Level 5 alles andere als in greifbarer Nähe. Dabei ist es diese Stufe, die uns vorschwebt, wenn wir landläufig über fahrerlose Autos sprechen. Noch sehr lange werden Menschen hinter dem Lenkrad unverzichtbar sein. Allein die Bereitstellung der nötigen Infrastruktur wird extrem zeitaufwendig und kapitalintensiv. Dafür zuständig sind nicht nur private Unternehmen, sondern auch öffentliche Verwaltungen. Wie effizient und schnell diese arbeiten, kann man schon heute am Ausbau der für die Elektromobilität nötigen Strukturen beobachten.

Dazu kommen rechtliche und ethische Themen, die geklärt werden müssen, bevor Algorithmen einen Führerschein erhalten können. Unüberwindbare Hindernisse gibt es nicht, aber es wird dauern. Im Zweifel werden mehrere Jahrzehnte vergehen, bis die meisten Fahrzeuge im echten Straßenverkehr Level-5-Status erreichen und damit vollkommen autonom agieren können.

Wenn es einmal so weit ist, sind die Auswirkungen radikal. Viel ist diskutiert und geschrieben worden über die Millionen an Arbeitsplätzen, die im Transportwesen und in der Logistik wegfallen werden. Dem ist wenig hinzuzufügen. Nicht ganz so offensichtlich sind aber die Konsequenzen zweiten Grades.

Im Verkehr autonomer Fahrzeuge wird es kaum noch Unfälle und Tote geben. Irgendwann werden wir es als unverantwortlich erachten, den Mensch ans Steuer zu lassen. Dementsprechend sinken die Versicherungsprämien. Verkehrsmeldungen werden der Vergangenheit angehören. Die Stauforschung hat längst erkannt: Es ist mehr das Unvermögen menschlicher Fahrer, weniger die tatsächliche Überlastung des Straßennetzes, was den Verkehrsfluss regelmäßig zum Erliegen bringt. Robo-Autos können Störungen verhindern, indem sie sich koordinieren, Abstände reduzieren und alternative Routen wählen.

Diese neue Art der Verkehrssteuerung hat Folgen für das ganze Straßensystem. Dessen Kapazität steigt deutlich. Tatsächlich brauchen wir in einer Welt der fahrerlosen Wagen weder Ampeln noch starre Vorfahrtsregeln. Neue Straßendesigns werden möglich. Vergleichbare Chancen entstehen in der Stadtentwicklung. Autonome Flotten benötigen deutlich weniger Parkraum in den Innenstädten. Denn nachdem sie ihre Passagiere am Zielort abgesetzt haben, können sie entweder außerhalb des Zentrums warten oder gleich neue Ladung aufnehmen. In einer Stadt wie Los Angeles werden fast 15 Prozent der gesamten urbanen Fläche von Parkplätzen eingenommen. Große Teile davon können in Zukunft anders genutzt werden.

Damit entsteht Raum für neue Bauprojekte. Diese sind angesichts immer größerer Wohnungsknappheit und steigender Mieten in den Ballungszentren dringend nötig. Und auch der Wandel im Einzelhandel wird von selbstfahrenden Autos massiv beschleunigt. Fahrerlose Transporter machen die Lieferung auf Knopfdruck profitabler und einfacher. Die Möglichkeit voll automatisierter Zustellungen hebt den E-Commerce auf eine ganz neue Ebene. Benedict Evans vom Venture-Capital-Fonds Andreessen Horowitz meint dementsprechend: »Autonome Autos werden mehr Milliardäre in der Immobilienwirtschaft und im Handel hervorbringen als in Technikbranchen oder der Fertigung. Genauso wie es das Automobil vorher tat.«[25] In ihrer letzten Ausbaustufe wird die autonome Mobilität auf vier Rädern das urbane Leben als Ganzes neu gestalten.

Auch wenn wir die Wegstrecke bis dahin unterschätzen – Level 5 wird kommen. Die Fortschritte in der Entwicklung autonomer Fahrzeuge sind beachtlich. Die Defense Advanced Research Projects Agency (DARPA) fördert im Namen des Pentagon Forschungsprojekte und Start-ups, die für das US-Militär spannend werden könnten. 2004 richtete die Behörde die erste sogenannte Grand Challenge aus. Die Teams verschiedener Universitäten sollten mit ihren fahrerlosen Autos einen 150 Meilen langen Kurs in der Mojave-Wüste bewältigen. Keiner der Wagen erreichte das Ziel. Aber nur ein Jahr später gelang dies bereits fünf von 23 Fahrzeugen. In der Folge verschärfte die DARPA die Spielregeln. 2007 wurde der Wettbewerb nicht mehr im offenen Gelände, sondern auf dem Areal einer verlassenen Kaserne ausgetragen. Die Autos mussten nun Verkehr und Vorfahrtsregeln beachten. Von elf Teilnehmern schafften fünf den 96 Kilometer langen Parcours. Die Herausforderung des autonomen Fahrens war zu klein geworden. Die Grand Challenge fand nicht mehr statt.

## Verdeckte Vehemenz

Einen ähnlichen Weg werden andere Formen der Robotik einschlagen. 2012 rief die DARPA die sogenannte Robotics Challenge aus. Ziel war diesmal die Entwicklung humanoider Roboter, die in einem hypothetischen Katastrophenszenario verschiedene Aufgaben erfüllen sollten, so unter anderem das Betreten von Häusern, die Beseitigung von im Weg stehenden Trümmerteilen oder das Besteigen einer Leiter. Die Schwierigkeit bestand insbesondere in der Vielfalt der auszuführenden Tätigkeiten. Das Finale wurde 2015 ausgetragen, gewonnen hat ein Team aus Südkorea.

Wer jemals Angst vor Robotern hatte, dem seien die vielen YouTube-Videos dieser Veranstaltung ans Herz gelegt. Die Bilder von überforderten Maschinen, die schon an einem simplen Türknopf scheitern, wie aus dem Nichts plötzlich in sich zusammenfallen oder wie Käfer hilflos auf dem Rücken liegen, taugen zur Erheiterung langweiliger Dinnerpartys. Um einen Angriff der Androiden zu stoppen, so der Running Gag unter den teilnehmenden Wissenschaftlern, brauchen wir nur unsere Haustüren zu verschließen.[26] Und dennoch: Dass die Unbeholfenheit der künstlichen Wesen eines fernen Tages der Vergangenheit angehören wird, ist keine steile These.

Die kollektive Fehlinterpretation des Wandels lässt sich auch am

Beispiel der Medienindustrie verdeutlichen. Es ist jene Branche, die sich schon am längsten mit der digitalen Transformation auseinandersetzen muss. Spätestens seit dem Aufkommen des Internets vor rund einem Vierteljahrhundert werden Print-Produkte totgesagt. Tatsächlich sinken Auflagenzahlen und die damit verbundenen Anzeigenerlöse konstant und dramatisch. Journalisten kämpfen mit Arbeitsplatzunsicherheit und schrumpfenden Perspektiven. Herausgebern und Chefredakteuren bleibt nichts anderes übrig, als den Niedergang zu optimieren. Trotzdem gibt es die gedruckten Nachrichten noch immer. Jeder Kiosk führt auch heute noch eine Vielzahl von Zeitungen und Zeitschriften. Neue Titel kommen weiterhin auf den Markt. So schnell geht es dann eben doch nicht mit den digitalen Umbrüchen.

Andererseits werden uns erst heute die wahren Konsequenzen der medialen Disruption so richtig bewusst. Die Revolution der Medienindustrie betrifft nicht nur Verlagshäuser, sondern schafft ganz neue Rahmenbedingungen für die Zivilgesellschaft. Die ersten Auswirkungen der Zeitenwende ließen sich 2016 im amerikanischen Präsidentschaftswahlkampf erahnen. Themen und Schlagworte wie Microtargeting, Fake News, ausländische Troll-Armeen und Twitter-Bots waren kaum jemandem vorher ein Begriff. Das Ergebnis der Wahlen scheinen diese Phänomene dennoch massiv beeinflusst zu haben. Und sie haben die Demokratie als Ganzes verändert.

Das Netz hat eine neue Form der politischen Meinungsbildung geschaffen. Kein Wahlkampf wird je wieder so sein wie früher. Ohne ein neues Arsenal zielgerichteter digitaler Waffen wäre der Erfolg der Populisten weder in den USA noch in Europa denkbar gewesen. Demoskopen tun gut daran, ihre Vorhersagemodelle gründlich zu überarbeiten. Sie haben die Radikalität der digitalen Zäsur genauso unterschätzt wie Politiker und Journalisten.

## Extreme Erwartung

In einer repräsentativen und weltweiten Umfrage wurden die Erwartungen von Wissenschaftlern aus der KI-Forschung untersucht. Gefragt wurde nach dem Jahr, in dem Maschinen den Menschen in der Ausübung einzelner Tätigkeiten übertreffen werden. Bis 2024 werden uns künstliche Intelligenzen demnach in der Übersetzung von Texten toppen, bis 2027 werden sie die besseren Lkw-Fahrer sein, und bis spätestens 2053 werden Chirurgen aus Fleisch und Blut den Kürzeren ziehen. Die Chance, dass Software und Roboter in 45 Jahren den Menschen auf allen Gebieten überlegen sein werden, liegt laut Experten bei satten 50 Prozent. Asiatische Wissenschaftler zeigen sich übrigens deutlich fortschrittsgläubiger als ihre Kollegen aus Europa oder Nordamerika.[27]

Ich würde nicht darauf wetten, dass die Mehrheit der Befragten richtigliegt. Die Ergebnisse scheinen mehr als optimistisch. Im Zweifel überschätzen die Forscher in der Hitze des aktuellen KI-Sommers die Leistungsfähigkeit ihrer eigenen Zunft. Aber selbst wenn Maschinen tatsächlich schon in neun Jahren die besseren Lkw-Fahrer sein sollten – entscheidend ist letztlich die ökonomische und soziale Adaption der neuen technologischen Möglichkeiten. Nur die Anzahl autonomer Trucks auf unseren Straßen wird ausschlaggebend sein für die Vehemenz des Umbruchs. Bis unsere Autobahnen voll von Roboterbrummis sind, wird das Jahr 2027 weit in der Vergangenheit liegen. Die meisten KI-Experten aus der Befragung werden dann schon in Rente sein.

Was wirklich auf uns zukommt, können wir aktuell nur erahnen. Der Homo sapiens erschafft künstliches Leben, überwindet die Grenzen der Biologie. Doch mangelndes Verständnis für den exponentiellen Verlauf der Entwicklungen erschwert die politische Reaktion. Der Wählerschaft fehlt das Gefühl der Dringlichkeit, weil sie die Schlagkraft des Wandels unterschätzt. Die Politik versucht sich derweil durchzumogeln und nimmt dafür gewaltige gesellschaftliche Verwerfungen in Kauf.

In den nächsten drei Kapiteln werde ich mich mit den Risiken der fundamentalen Veränderungsprozesse beschäftigen. Es drohen eine ökonomische und biologische Polarisierung der Gesellschaft, eine kollektive Fremdherrschaft sowie eine moralische Krise. Was folgt, ist weder Science-Fiction noch ferne Dystopie. Schon heute zeichnet sich klar ab, was die Zukunft bringen wird.

## Kapitel 2

# Spaltungsrisiko

# Wohlstandskonzentration

▶ *Warum der technologische Wandel mehr Verlierer*
*als Gewinner produziert*

## Das Matthäus-Zeitalter – den meisten wird genommen

Im Matthäus-Evangelium ist zu lesen:»Denn wer da hat, dem wird gegeben werden, und er wird die Fülle haben; wer aber nicht hat, dem wird auch, was er hat, genommen werden.«[1] Was für eine passende Beschreibung der Welt. Das neue Jahrtausend hat mit zwei Dekaden der intensiven Polarisierung begonnen. Es selektiert gnadenlos in Gewinner und in Verlierer. Und das in vielerlei Hinsicht. Seine Kräfte wirken zwischen Land und Stadt, zwischen digitalen Zentren und alten Industriestädten, zwischen Arbeit und Kapital, zwischen gut und schlecht Gebildeten, zwischen erfolgreichen und erfolglosen Unternehmen. Wer hat, dem wird gegeben. Und wer weniger hat, der hat bald gar nichts mehr. Wir erleben das Matthäus-Zeitalter.

Ökonomen und Investoren sprechen schon lange von sogenannten Winner-take-all-Konstellationen. Gerade in digitalen Märkten bekommt der Gewinner oft alles. Besonders offensichtlich wird das bei den großen Plattformen des Internets. Netzwerkeffekte sorgen dafür, dass der Wert eines Netzwerkes exponentiell mit seiner Reichweite steigt und neue Wettbewerber keine Chance haben. Somit kann es nur ein Facebook und ein Airbnb geben. Zudem gilt: Wer auf den größten Datenmengen sitzt, kann seine neuronalen Netze mit dem meisten Lernmaterial trainieren und so die fortschrittlichsten künstlichen Intelligenzen erschaffen. Das Resultat sind digitale Giganten und Monopole, wie sie die Menschheit noch nicht gesehen hat.

Nahezu alle Märkte weisen mittlerweile immer mehr Winner-take-all-Tendenzen auf. Denn je weiter die digitale Transformation der Wirtschaft voranschreitet, desto stärker wirken auch jene Kräfte, die eine Spaltung bedingen. Dabei beschränkt sich der Matthäus-Effekt keinesfalls nur auf wirtschaftliche Märkte im engeren Sinne. Alles, was um Ressourcen konkurriert, ist heute von massiven Polarisierungs- und Verstärkungstendenzen erfasst. Städte konkurrieren um Firmenstandorte, Unternehmen um Talente, Angestellte um die besten Gehälter. Und in allen Fällen ist klar: Wer den besten Start hinlegt, der wird der Konkurrenz im Laufe des Rennens immer weiter entfliehen.

## Gewinnergeografien

In der Matthäus-Gesellschaft ist es wie in der Physik: Je größer die Masse eines Körpers, desto stärker wirkt seine Anziehungskraft. Schier unendlich ist die Gravitation des Silicon Valley. Es ist der Sehnsuchtsort aller Hightech-Unternehmer und -Investoren. Das Tal der technologischen Utopien verfügt über ein Reservoir an Talenten, das konkurrenzlos ist und jedes Jahr weiter wächst. Die besten Köpfe ziehen das meiste Risikokapital an und gründen die erfolgreichsten Start-ups. Diese werden teuer verkauft und küren neue Millionäre, die dann wiederum als sogenannte Angel-Investoren junge Gründer finanzieren. Der Kreislauf ist weithin bekannt. Die Kraft des Silicon Valley ist so groß, dass andere Start-up-Zentren niemals aufschließen werden. Berlin zum Beispiel träumt von der »Silicon Alley«. Dabei wird der Gründergeist zwischen Torstraße und Kottbusser Tor immer nur ein jämmerlicher Abklatsch von dem bleiben, was südlich von San Francisco passiert.

Auch jenseits der Start-up-Welt neigen digitale Industrien zu Klumpenbildung. Im Wettbewerb um die besten Talente siedeln sich Firmen am liebsten in bestehenden Technologie-Clustern an. Eine Wirtschaft der Massenfertigung und physischen Produkte war gut für die Peripherie. Denn hohe Kosten in Ballungszentren zwangen Unternehmen, in die Fläche auszuweichen. In einer entmaterialisierten Ökonomie der Bits und Bites dreht sich heute dagegen alles um Wissen und menschliche Netzwerke. Das bevorzugt urbane Zentren mit reichen kulturellen und wissenschaftlichen Ressourcen.

In den Anfangstagen des Internets wurden Stimmen laut, die behaupteten, mit der neuen technologischen Vernetzung würde die Frage des Standorts irrelevant werden. Mit E-Mail und Skype schienen goldene Zeiten für die Provinz anzubrechen. Es war eine Illusion. Denn digitale Industrien verkaufen global, aber operieren lokal. Viele Silicon-Valley-Investoren würden niemals ein Start-up außerhalb der Bay Area unterstützen. Die Visionäre eines virtuellen Weltgeistes investieren am liebsten im eigenen Kiez.

Hoch bezahlte Arbeitnehmer der Digitalwirtschaft geben viel Geld aus. Städte mit innovativen Unternehmen locken deshalb in einem zweiten Schritt Menschen an, die ihr Glück in Dienstleistungsberufen versuchen. Schließlich müssen Büros gereinigt, Cappuccinos zubereitet, Uber-Autos (noch) gefahren werden. Technologie-Cluster bieten somit auch schlechter ausgebildeten Kräften gute Einkommensmöglichkeiten. Zudem zieht die größere ökonomische Potenz verstärkte kulturelle Aktivität nach sich. Die Kunst folgt stets dem Kapital. Und kreative Schöpferkraft entsteht an Orten des Aufbruchs. Das macht erfolgreiche urbane Zentren noch attraktiver für die gut ausgebildeten Belegschaften der neuen Ökonomie.

So entstehen immer mächtigere Brutstätten wirtschaftlicher, wissenschaftlicher und kultureller Aktivität. Innerhalb der Gewinnergeografien überwiegen Optimismus, Aufstiegschancen und Offenheit. In abgehängten Regionen haben dagegen Pessimismus, Stagnation und der Wunsch nach Abschottung die Oberhand.

Hierzulande mag eine neue Landlust eskapistische Bedürfnisse des gestressten deutschen Großstädters bedienen. Über die desaströsen Aussichten der Provinz kann sie auch bei uns nicht hinwegtäuschen. Zwar zieht das Land der Familienunternehmen und sogenannten Hidden Champions heute noch viel Kraft aus der Peripherie, aber das gilt vor allem für Süddeutschland. Bundesweit driften die Kommunen auseinander. Eine Abwärtsspirale der Strukturprobleme bedroht viele Gegenden. Die Bertelsmann Stiftung warnt vor einer immer größeren Kluft zwischen armen und reichen Gemeinden.[2] Deutschland spaltet sich erneut. Diesmal verläuft die Grenze nicht zwischen West und Ost, sondern zwischen digitalen Standorten auf der einen Seite sowie ländlichen und ehemals industriell geprägten Regionen auf der anderen. Die Gründung eines Heimatministeriums ist der hilflose Versuch, den Verlierergeografien politisch beizustehen. Horst Seehofers Mission – die Wiederherstellung gleichwertiger Lebensverhältnisse – wird an der Vehemenz der Matthäus-Kräfte scheitern.

### Geteilte Staaten von Amerika

In den USA lässt sich beobachten, was im schlimmsten Fall auf uns zukommt. Der »Rust Belt«, die einstige industrielle Herzkammer des Landes, ist den Geiern zum Fraß vorgeworfen. In großen Teilen des Mittleren Westens sind die Verlierer eines postindustriellen Zeitalters zu finden. Arbeitslosigkeit, Kriminalität, Krankheit und Drogenkonsum sind allgegenwärtige Symptome des Verfalls. In den verdammten Gegenden greifen Depression und Aussichtslosigkeit um sich. Die durchschnittliche Lebenserwartung in West Virginia ist über fünf Jahre kürzer als die in Kalifornien.[3] Der Rust Belt ist Donald Trumps ideologischer Heimatmarkt. Die verlorenen Seelen sind voller Wut. Die weiße Unterschicht, der »White Trash«, hat den Populismus ins Weiße Haus gewählt.

Es ist kaum zu glauben, dass das Silicon Valley und das nördliche Ohio zu einer Nation gehören. Das Magazin *The Atlantic* spricht von »America's Great Divergence«, Amerikas großer Spaltung.[4] In den Vereinigten Staaten sind zwei Welten entstanden, denen zunehmend die Berührungspunkte fehlen. Auf der Verliererseite stehen Provinz, schlechte Bildung, produzierendes Gewerbe, auf der Gewinnerseite urbane Zentren, hohe Bildung, kreative und digitale Berufe. 80 Prozent aller Bewohner in ländlichen Gebieten der USA haben nicht einmal einen Bachelor-Abschluss. Junge Menschen mit Ambitionen ziehen weg, lassen sich von der Gravitation der Metropolen anziehen. Das war nicht immer so. Bis in die Achtzigerjahre des letzten Jahrhunderts haben sich Löhne in ländlichen und urbanen Regionen der USA angeglichen.[5] Arbeit auf dem Land war billiger. Dementsprechend zog es die Produktion in die Fläche. Dann kamen Computer und Roboter, und die Spielregeln veränderten sich. Die ökonomische Landlust war vorbei.

Noch in den Neunzigerjahren galten die »Inner Cities« als das große wirtschaftsgeografische Sorgenkind der USA. Von Los Angeles bis Miami: Kriminalität, Drogenkonsum und gescheiterte Existenzen prägten das stereotypische amerikanische Downtown. Heute sind die Probleme die gleichen. Diesmal jedoch in der Provinz, dem neuen sozialen Brennpunkt der Nation.[6] In den Innenstädten zeigt sich hingegen ein ganz anderes Bild. Gentrifizierung entspricht dem Zeitgeist. Die Hipster gewinnen den Straßenkampf Block für Block. Aus heruntergekommenen Lagerhallen werden schicke Lofts, Co-Working-Spaces und Start-up-Büros. Downtown LA, noch vor 20 Jahren eher eine Gegend zum Umfahren, ist nun angesagter Standort einer kreativen und digitalen Ökonomie. Künstler, Unternehmer und Investoren inspirieren sich gegenseitig. Ähnliches gilt für den Mission District in San Francisco oder Teile Brooklyns. Hier lebt und arbeitet man auf der Gewinnerseite der Matthäus-Gesellschaft. Hierhin zieht es die schlauesten Köpfe aus der Provinz. Bei einem gepflegten Cold-Brew-Coffee oder Soja-Chai-Latte ist die Plage des Populismus hier kaum nachzuvollziehen.

Je erfolgreicher die digitalen Zentren sind, desto schwerer wiegen die Nebenwirkungen ihrer Gravitation: explodierende Lebenshaltungskosten, Mieten und Hauspreise. Ich erinnere mich an einen Uber-Fahrer in San Francisco, der mir erklärte, er würde in Sacramento wohnen und jeden Tag einen Arbeitsweg von 150 Kilometern in Kauf nehmen. Die Preise in der Bay Area ließen ihm keine andere Wahl.

In einer Stadt, in der eine durchschnittliche Familie jeden Monat gerne über 3000 Dollar für ihre Bleibe zahlt, haben untere Einkommensgruppen keine Chance. Millionen hoch bezahlter Silicium-Söldner haben das Preisniveau verdorben. Wer als Single mit Anfang dreißig 300 000 Dollar im Jahr verdient, dem ist nahezu egal, was seine heimischen vier Wände kosten. Das Fatale an der Gravitation digitaler Cluster ist: Sie ziehen auch jene an, die sich das Leben dort überhaupt nicht leisten können. Doch woanders fehlt die Arbeit.

## Bildungsrenditen

Nichts entscheidet in der Matthäus-Gesellschaft so über den sozialen Standort wie die eigene Ausbildung. Wiederum fällt das Bild in den USA besonders dramatisch aus. Zwischen 1991 und 2012 sind die durchschnittlichen Einkommen für Amerikaner mit Highschool-Diplom als höchsten Abschluss inflationsbereinigt um fünf Prozent gefallen. Das mittlere Einkommen mit einem Bachelor-Abschluss ist in der gleichen Zeit um neun Prozent gestiegen.[7]

Auch in Deutschland verschärft sich die Lage für Menschen mit niedrigem Qualifikationsgrad. Akademiker verdienen im Schnitt nahezu drei Viertel mehr als Arbeitnehmer ohne Universitäts- oder Fachoberschulabschluss (also ohne sogenannten Tertiärabschluss). Noch im Jahr 2000 lag dieser Wert bei unter 50 Prozent.[8] Ökonomen sprechen von der sogenannten Bildungsrendite. Sie wächst, denn eine bessere Ausbildung schlägt sich immer stärker auf das Gehalt nieder. Höhere Bildungsrenditen bewirken eine größere ökonomische Ungleichheit.[9] Die akademische Spitze macht einen immer besseren Schnitt, während der Rest schauen muss, wo er bleibt. Das Armutsrisiko für Personen ohne jeden Bildungsabschluss ist deutlich gestiegen.[10] Wer die Schulbank nicht gedrückt hat, steht zunehmend am Abgrund der Gesellschaft.

Die digitale Transformation polarisiert den Arbeitsmarkt. In Deutschland ist der Anteil an Jobs mit einem mittleren Qualifikationsniveau in den letzten 20 Jahren um mehr als acht Prozent gefallen. Gleichzeitig stieg der Anteil der Berufe mit einem hohen Anforderungsprofil um knapp fünf Prozent.[11] Größtenteils verantwortlich für diese Entwicklung ist der »Skill Biased Technological Change« – ein technischer Wandel, der gut ausgebildete Kräfte klar bevorzugt. Neue Technologien steigern die Nachfrage nach hoch qualifizierter Arbeit und übernehmen immer mehr Aufgaben mittleren Anspruchsgrades. Früher haben zum Beispiel Dutzende Buchhalter mühselig Abrechnungen geschrieben, bezahlt und verrechnet. Das war keine sonderlich anspruchsvolle Tätigkeit, verlangte aber viel manuelle Papierarbeit. Heute überlassen Betriebe die Rechnerei einer modernen Buchhaltungssoftware. Viele Sachbearbeiter werden durch einen einzigen Systemadministrator ersetzt. Dieser ist aufgrund seines höheren Qualifikationsgrades schwerer auf dem Arbeitsmarkt zu finden, sein Verdienst daher höher als das seiner früheren Kollegen.

Die neue Ökonomie hat deutlich umfangreichere Anforderungen an ihre Belegschaft. Die Analyse von Daten, das Lösen komplexer Probleme, die Zusammenarbeit mit technischen Spezialisten – Arbeitnehmern wird in der postindustriellen Welt viel abverlangt. Wer die Voraussetzungen zeitgemäßer Stellenprofile erfüllt, gewinnt in einer automatisierten Wirtschaft. Wer aber den neuen Jobs nicht gewachsen ist, findet seinen Platz auf der Verliererseite der Matthäus-Gesellschaft.

Nichts verteilt den nationalen Wohlstand gleichmäßiger als ein gutes Bildungssystem. Der Empfänger des ersten Wirtschaftsnobelpreises, der niederländische Volkswirt Jan Tinbergen, schrieb deshalb bereits 1974 von einem »Rennen« zwischen technologischem Fortschritt und einer Verbesserung der Ausbildung.[12]

In den USA ist die Zeit zwischen Erstem Weltkrieg und den Siebzigerjahren des letzten Jahrhunderts als sogenannte Great Compression, als große Kompression, bekannt. Während ganzer sechs Jahrzehnte reduzierte sich die ökonomische Ungleichheit in historisch einzigartigem Ausmaß. Erst in den Achtzigerjahren nahm die wirtschaftliche Kompression der amerikanischen Gesellschaft ein Ende. Die Erosion der Mittelschicht begann. Sie hält bis heute an.

Glaubt man den Harvard-Ökonomen Claudia Goldin und Lawrence Katz, waren die nationale Bildungspolitik und insbesondere das »High School Movement« für die große Kompression verantwortlich.[13] Zwischen 1910 und 1940 wurde die Sekundarschulbildung im Land massiv ausgeweitet. Noch zu Beginn der Highschool-Expansion besuchten lediglich rund ein Fünftel aller 15- bis 18-jährigen Amerikaner eine Sekundarschule. Drei Jahrzehnte später waren es fast drei Viertel.[14] Während der Great Compression gewannen die USA so das Rennen zwischen Technologie und Bildung: Millionen junger Amerikaner konnten höher qualifizierte und besser bezahlte Jobs als ihre Eltern annehmen.

Damals wie heute gilt: An der Schulbank entscheidet sich die Zukunft der Gesellschaft. Nur wenn das allgemeine Bildungsniveau wächst, können Löhne trotz technologischer Umbrüche auf breiter Front steigen. Doch zu Beginn des 21. Jahrhunderts ist die Geschwindigkeit des Wandels so groß geworden, dass es sehr schwierig geworden ist, das Ausbildungssystem an die wachsenden Anforderungen immer kürzerer Innovationszyklen anzupassen.


### Polarisierte Konkurrenz

Mindestens so wichtig wie die Frage, *was* man arbeitet, scheint zunehmend zu sein, *für wen* man schuftet.[15] Denn Einkommensdifferenzen lassen sich nicht nur auf Bildung und Herkunft zurückführen. Entscheidend ist auch die Betriebszugehörigkeit. Die Gehaltsunterschiede zwischen Firmen steigen. In den USA ist das mittlere Salär der am besten zahlenden Unternehmen seit Mitte der Achtzigerjahre um rund die Hälfte gestiegen. Das Lohnniveau in schlecht oder durchschnittlich zahlenden Firmen ist nahezu konstant geblieben. Ähnliches zeigt sich auch in Deutschland oder Großbritannien. Ein Grund: Seit Jahrzehnten propagiert die moderne Managementlehre eine klare betriebswirtschaftliche Fokussierung. Firmen sollen sich auf das beschränken, was sie am besten können. Armeen von Strategieberatern haben in nahezu jeder Industrie dafür gesorgt, dass alle Aktivitäten outgesourct werden, die nichts mit dem Kerngeschäft zu tun haben. Pförtner, Kantinenköche, Busfahrer, Hilfsarbeiter und Logistiker werden längst über Fremdfirmen angeworben.

Gerade Deutschland ist Weltspitze in der Arbeitsauslagerung an Dienstleister und Zeitarbeitsfirmen.[16] Das Resultat sind zwei Arten von Unternehmen. Solche, in denen hoch qualifizierte Wissensarbeiter konzeptionellen und kreativen Aufgaben nachgehen, und solche, in denen niedrig qualifizierte Zuarbeiter ihr simpleres Werk verrichten. Die Belegschaften beider Gruppen arbeiten im Zweifel im selben Bürogebäude, doch ihre Aufgaben und Lebensumstände könnten unterschiedlicher nicht sein. Während Fachkräfte steigende Gehälter und größere Freiheiten einer digitalen Arbeitswelt genießen, müssen die Arbeitnehmer der Dienstleister einen immer größeren Lohndruck und steigende Unsicherheit hinnehmen.

Innerhalb einzelner Industrien sorgen die Matthäus-Kräfte zudem für immer größere Unterschiede in der Wettbewerbsfähigkeit der Betriebe. Daten der OECD zeigen, dass der Produktivitätsvorsprung der besten Unternehmen im Vergleich zum Rest ihrer jeweiligen Branche massiv gestiegen ist. Das gilt sowohl für das produzierende Gewerbe als auch für den Servicesektor.[17]

Die Spitzenfirmen verfügen über mehr Cash, sind in der Lage, deutlich stärker in Technologie und Automatisierung zu investieren, und können höhere Gehälter zahlen. Mit den besten Köpfen an Bord wächst wiederum die Anziehungskraft für neue Talente. Der Vorsprung der Gewinner vergrößert sich. Die Gesetze der ökonomischen Gravitation wirken und treiben einen Keil in die Gesellschaft: Während auf der einen Seite schlecht ausgebildete Verlierer mit sinkenden Löhnen und mangelnden Perspektiven auf einer Abwärtsspirale der sozialen Depression rotieren, streben auf der anderen Seite gut ausgebildete Gewinner mit steigenden Einkommen und jeder Menge Optimismus in ein neues Zeitalter.

## Epochale Umverteilung – das Ende der alten Mitte

Seit Ende des Kalten Krieges wird der Wohlstand der Nationen neu verteilt. Von Globalisierung und Digitalisierung am meisten profitiert haben zwei Gruppen: zum einen die Spitze der Pyramide, das reichste eine Prozent der Menschheit, zum anderen die breiten Massen einer neu entstandenen Mittelschicht in Entwicklungs- und Schwellenländern. Die großen Verlierer sind hingegen die bürgerlichen Schichten des alten Westens. Mit anderen Worten: Leute wie Sie und ich.

### Sonnenseiten

Die dünne oberste Schicht an Einkommen und Vermögen war in den vergangenen Jahrzehnten der Nutznießer gigantischer Kapitalrenditen. Wer Immobilien, Unternehmen oder Aktien im großen Stile sein Eigen nennt, den hat das neue Jahrtausend reich beschenkt. Spätestens seitdem der Volkswirt Thomas Piketty im Jahr 2013 *Das Kapital im 21. Jahrhundert* veröffentlichte, teilen sich linksintellektuelle Großstadtsalons und militante Globalisierungsgegner das Feindbild. Vieles spricht dafür, dass sich das eine Prozent der Gewinner ökonomisch weiter absetzen wird. Denn das Kapital erwirtschaftet einen immer größeren Anteil des volkswirtschaftlichen Gesamteinkommens – auf Kosten der Löhne.

Weniger Empörungspotenzial bieten dagegen die neu geschaffenen Mittelschichten der Entwicklungs- und Schwellenländer. Außerhalb der Industrienationen erleben Milliarden Menschen ein goldenes Zeitalter. Die täglichen Schreckensmeldungen über Hungersnöte und gewaltsame Konflikte verzerren die Wahrnehmung. Im Grunde ging es der Menschheit als Ganzes noch nie so gut wie heute.

Globalisierung und Digitalisierung haben jenseits der alten Industrieländer zu einer kaum vorstellbaren Wohlstandsexplosion geführt. Nie haben die Daten zu Ernährung, Analphabetismus, Kinderarbeit und -sterblichkeit besser ausgesehen als heute. Der Anteil der Weltbevölkerung in extremer Armut ist rapide gesunken. Im Jahr 1990 mussten knapp zwei Milliarden Menschen (damals 37 Prozent) von weniger als zwei Dollar pro Tag Leben. 2015 waren es nur noch 700 Millionen und damit unter zehn Prozent.[18]

Noch Anfang der Neunzigerjahre haben über eine Milliarde Menschen an Hunger gelitten. Heute sind es rund 200 Millionen weniger – und das, obwohl die Bevölkerung in der gleichen Zeit um fast zwei Milliarden Weltenbürger gewachsen ist.[19] Die Hungersnöte der Gegenwart haben vor allem politische Gründe. Ob in Somalia, Jemen oder dem Südsudan – es sind immer gescheiterte Staaten und Kriege, die Menschen hungern lassen. Die Ökonomie allein trägt heute wenig Schuld an Ernährungsengpässen und humanitären Katastrophen.

Afrika ist schon lange nicht mehr nur der Kontinent blutiger Bürgerkriege und trauriger Flüchtlingslager. In Städten wie Lagos oder Nairobi bietet der Konsum einer jungen Mittelschicht ein gigantisches Geschäftspotenzial für zumeist chinesische Hersteller bezahlbarer Massenware. Ganze Entwicklungsstufen wurden übersprungen. Beispiel Kommunikation: Große Teile Afrikas erlebten in ihrer Geschichte niemals eine flächendeckende Festnetztelefonie. Dafür hat heute fast jeder zweite Afrikaner einen Mobilfunkvertrag abgeschlossen. Über 200 Millionen Smartphones wurden verkauft. In 32 afrikanischen Ländern existierten 2016 schnelle Breitband-LTE-

Netze. Mobilfunk und mobiles Internet werden im Jahr 2020 für knapp acht Prozent der afrikanischen Wirtschaftsleistung verantwortlich sein.[20]

Das Internet demokratisiert den Zugang zu Information und Kommerz. Nicht nur in Afrika. Die sogenannten Frontier Markets lassen Dollarzeichen in den Augen von Investoren und Unternehmern aufscheinen. Oliver Samwers Rocket Internet hat weltweit Geschäfte mit E-Commerce und digitalen Kleinanzeigen aufgezogen. Egal ob Gebrauchtwagen in Bangladesch, Mode in Nigeria oder Immobilien in Indonesien – Rocket Internet bedient die neuen Mittelschichten. Dass die für den Online-Handel nötige Infrastruktur bisweilen fehlt, hat das Unternehmen nicht abgeschreckt. »Ich bin bereit, eine pakistanische Post aufzubauen«, hörte man Oliver Samwer im Jahr 2013 auf einer Konferenz in London sagen.

Die Volksrepublik China ist seit drei Jahrzehnten Schauplatz eines epochalen ökonomischen Aufstiegs. Zu Beginn der Achtzigerjahre lebten neun von zehn Bürgern in extremer Armut. Heute nur noch einer von zehn.[21] Im Reich der Mitte haben Hunderte Millionen den großen wirtschaftlichen Sprung nach vorn geschafft. Noch im Jahr 2006 konnte ich während eines längeren Aufenthalts in Schanghai in genau drei Supermärkten meine bevorzugten Frühstückscerealien kaufen. Heute findet sich in den Metropolen des Landes an fast jeder Ecke ein Einkaufsparadies, das Rewe oder Edeka alt aussehen lässt. Die neue Mittelschicht genießt das Leben und konsumiert. Und sie reist. 135 Millionen Chinesen verbrachten im Jahr 2016 ihren Urlaub im Ausland.[22] Sie bilden die größte Zielgruppe der globalen Tourismusindustrie. Von Malé bis Palau – die chinesischen Massen übernehmen die Urlaubsparadiese dieser Welt. Sie übernachten in Hotelzimmern, die sich die westliche Mittelschicht zunehmend nicht mehr leisten kann.

## Schattenseiten

So gut die vergangenen Jahrzehnte für die zu bescheidenem Wohlstand gekommenen Bevölkerungsgruppen in Afrika und vor allem Asien waren, so schlecht sind sie für große Teile der westlichen Gesellschaften gelaufen. Die alten Mittelschichten erodieren. Einmal mehr sind die Zahlen aus den USA besonders eindrucksvoll. Während untere und mittlere Einkommen seit den Achtzigerjahren nahezu konstant geblieben sind, wuchs das oberste Prozent an Einkünften inflationsbereinigt um rund 200 Prozent.[23] Die Hälfte der steigenden Einkommensunterschiede auf nationaler Ebene lässt sich mit der explodierenden Ungleichheit in den Großräumen San Francisco, New York City und Seattle erklären.[24]

In Deutschland ist das oberste Zehntel der verfügbaren Haushaltseinkommen seit Anfang der Neunzigerjahre um knapp 30 Prozent gewachsen. Das unterste Zehntel ist in der gleichen Zeit um fast zehn Prozent geschrumpft.[25] Das durchschnittliche Lohnniveau stagniert. Der Bevölkerungsanteil in mittleren Einkommensgruppen ist hierzulande sogar stärker gesunken als in vielen anderen europäischen Ländern.[26]

Globalisierung, Digitalisierung und eine exzessive Geldpolitik haben jeweils ihren Anteil an der Dezimierung der westlichen Mittelschicht. Fertigungsstätten wurden in Schwellenländer verlagert. Digitaler Wandel und ökonomische Vernetzung verstärkten sich gegenseitig. Hoch qualifizierte Stellen ersetzten simplere Aufgabenprofile. Die Geldschwemme der Zentralbanken befeuerte Kapitalmarktrenditen und Immobilienpreise auf Kosten der einfachen Sparkonten.

Der serbisch-amerikanische Volkswirt Branko Milanović hat die globale Einkommensentwicklung seit dem Ende des Kalten Krieges einprägsam visualisiert. Er ist Erfinder des sogenannten Elefanten-Charts.[27] Wer die Krise der Demokratie und die Seuche des Populismus besser verstehen will, der sollte sich dieses Diagramm zu Gemüte führen.

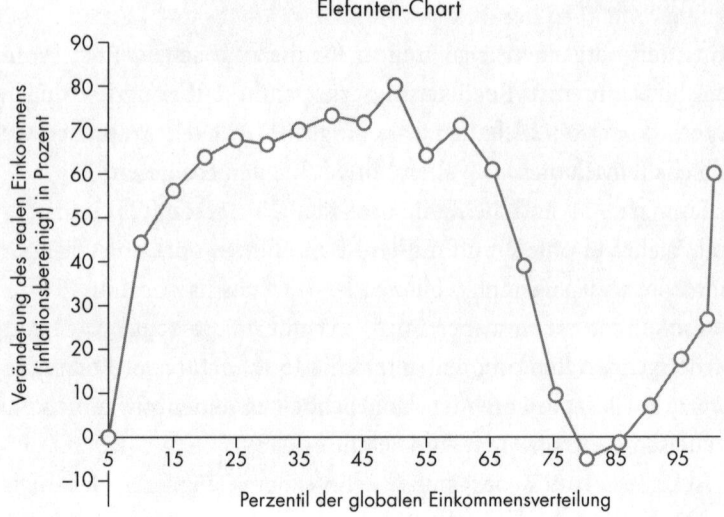

Elefanten-Chart

Veränderung des realen Einkommens (inflationsbereinigt) in Prozent

Perzentil der globalen Einkommensverteilung

In der Sprache der Ökonomen ausgedrückt, zeigt das Elefanten-Chart die kumulierte Veränderung des inflationsbereinigten realen Einkommens (y-Achse) pro Perzentil an globaler Einkommensverteilung (x-Achse) in den Jahren 1988 bis 2008. Es stellt also dar, wie sich welche Einkommensgruppen weltweit entwickelt haben. Milanovićs Grafik beschreibt eine Linie, die der Form eines Elefanten mit zum Himmel gestrecktem Rüssel gleicht, daher der Name. Jeder Haushalt des Planeten findet sich im Elefanten-Diagramm wieder: Bürger westlicher Industriegesellschaften in höheren Einkommensgruppen, Menschen in Entwicklungs- und Schwellenländern im Bereich niedrigerer Einkünfte.

Und so schneiden die einzelnen Teile der Weltbevölkerung ab: Die ärmsten fünf Prozent sind kaum in den Genuss von Zuwächsen gekommen. Die Wohlstandsexplosion der vergangenen Jahre ist an den Bevölkerungen von gescheiterten Ländern wie dem Kongo oder Somalia vorbeigegangen. Aber schon etwas höhere Einkommen sind in zwei Dekaden um über 50 Prozent gestiegen. Die Industrialisierung großer Teile Asiens hat Hunderten Millionen Menschen einigermaßen ordentlich bezahlte Jobs beschert. Einkommen genau in der Mitte der weltweiten Verteilung sind um sagenhafte 80 Prozent gestiegen. Das betrifft vor allem die urbane chinesische Mittelschicht. In der oberen Hälfte der weltweiten Einkommensgruppen dreht sich das Bild. In diesem Bereich findet sich die gesellschaftliche Mitte des Westens wieder. Ihre Einkünfte haben real stagniert oder sind sogar gefallen. Das berühmte eine Prozent der höchsten Einkommen konnte dagegen in 20 Jahren über 60 Prozent zulegen. Große Teile der westlichen Wählerschaft sind also zu Recht unzufrieden. Die letzten drei Jahrzehnte haben es schlecht mit ihnen gemeint. Es ist bezeichnend, wenn sich selbst einer der führenden Analysten der Deutschen Bank, Dominic Konstam, verpflichtet sieht zu schreiben:»Wir stellen im Vereinigten Königreich das gleiche Unbehagen wie in den USA und im Rest Europas fest. Es spiegelt sich in den populistischen Neigungen der Wählerschaft und fordert ein radikales Umdenken der etablierten politischen Klasse (…).«[28] Regierungen sollen, so ist der Banker zu verstehen, endlich die Zeichen der Zeit erkennen und die Verluste der westlichen Mittelschichten ausgleichen. Es sind erstaunliche Worte für den Vertreter eines Hauses, das selbst zum Symbol eines rücksichtslosen Finanzkapitalismus geworden ist.

## Von Arbeit zu Kapital

Wenig wird die globale Wohlstandskonzentration in den kommenden Jahrzehnten so befeuern wie das Wachstum der Kapitaleinkünfte auf Kosten der Lohneinkommen. Software und Roboter sind aus ökonomischer Sicht nichts anderes als Kapital. Maschinelle Wertschöpfung verzinst das eingesetzte Kapital. Je mehr Aufgaben von künstlichen Intelligenzen übernommen werden, desto mehr gewinnen die Eigentümer der Technologie. Kapital ist elitär, Hände sind demokratisch. Schon deshalb geht die technologische Transformation auf Kosten der Mittelschicht.

Heute ist es de facto unmöglich, mit einem Gehalt zu Reichtum zu kommen (außer man gehört einer kleinen Kaste von Managern, Anwälten, Bankern und Beratern an). Eine eigene Immobilie bleibt in den Zentren großer Städte selbst für Gutverdiener ein unrealistischer Traum. Das marktwirtschaftliche Wohlstandsversprechen ist bedroht. Dafür besitzen die reichsten acht Individuen auf diesem Planeten so viel wie die ärmere Hälfte der gesamten Menschheit.[29] Von diesen acht Personen haben fünf ihr Vermögen mit Technologie und Telekommunikation gemacht.

Der Anteil der Arbeit am volkswirtschaftlichen Gesamteinkommen, die Lohnquote, fällt in nahezu allen Industrienationen.[30] Sinkt die Lohnquote, steigt die Ungleichheit. Leistet das Kapital einen größeren Beitrag zum gesamten Volkseinkommen, profitiert nur eine sehr dünne Bevölkerungsschicht.

Für die Länder der G20 konnten die Internationale Arbeitsorganisation (ILO) und die OECD einen statistisch signifikanten Zusammenhang zwischen den Veränderungen der Lohnquote und dem sogenannten Gini-Koeffizienten (ein volkswirtschaftliches Maß für gesellschaftliche Einkommensungleichheit) feststellen.[31] Je stärker die Lohnquoten sinken, desto größer wird die zunehmende Konzentration der Einkünfteverteilung.

Der Wirtschaftsnobelpreisträger Jeffrey Sachs schreibt folgerichtig:»Da die Maschinen in den nächsten Jahren noch intelligenter werden, dürfte sich der gesamtwirtschaftliche Trend von Lohneinkommen hin zu Gewinneinkommen sehr wahrscheinlich fortsetzen.«[32] Die größten Profiteure der digitalen Zeitenwende sind die Aktionäre und Investoren der erfolgreichsten Start-ups und Hightech-Konzerne. 2014 veröffentlichte der Harvard-Ökonom Richard Freeman eine Studie mit dem vielsagenden Titel *Who owns the robots rules the world.*[33] Seine zentrale These: Die Gewinner der technologischen Zeitenwende partizipieren an einer gesteigerten Verzinsung ihres Kapitals, das in Form von Software und Robotern immer produktiver wird.

Natürlich profitieren nicht nur Großindustrielle. Jeder, der sein mühsam verdientes Geld in den vergangenen Jahren zum Beispiel in Aktien von Google, Amazon oder Facebook angelegt hat, konnte viel Freude beim Blick in sein Depot empfinden. Wer aber weniger sparen und anschließend investieren konnte, der hatte gar nichts von gestiegenen Kapitalrenditen. Empfänger von Lohneinkommen sind deshalb gleich doppelt benachteiligt. Und solange der typische deutsche Sparer Aktienmärkte meidet, übt er sich freiwillig im Verzicht auf seinen Anteil an den Profiten des digitalen Zeitalters.

Die deutsche Politik tut nichts, um die Dynamik der steigenden Kapitalrenditen auf Kosten der Gehälter abzufedern. Im Gegenteil. Kapitalerträge werden pauschal mit 25 Prozent Abgeltungssteuer belastet, für Löhne und Gehälter gelten bis zu 42 Prozent Spitzensteuersatz. Wer unternehmerisch tätig ist, verfügt zudem über eine Vielzahl an steuerlichen Spar- und Absetzmöglichkeiten, von denen Angestellte nur träumen können.

Lohn- und Einkommenssteuern machten im Jahr 2016 gemeinsam mehr als ein Drittel der gesamten Steuereinnahmen von Bund, Ländern und Gemeinden aus. Sie stellen zusammen mit der Umsatzsteuer die mit Abstand wichtigsten fiskalischen Quellen dar. Die pauschale Abgeltungssteuer auf Zins- und Veräußerungserträge sowie die Erbschaftssteuer waren gleichzeitig jeweils für weniger als ein Prozent aller Einnahmen verantwortlich.[34]

In einer Ökonomie, in der die arbeitende Mittelschicht erodiert und Maschinen einen immer größeren Anteil an der volkswirtschaftlichen Wertschöpfung haben, sind diese Quoten sozialpolitisch kaum nachzuvollziehen. Die Politik verzichtet darauf, die sich selbst stärkenden Kräfte des Kapitals zu bändigen. Dass die viel diskutierte kalte Progression die mittleren Einkommen dann noch einmal extra abschöpft, ist ein weiteres Indiz für eine steuerpolitische Doppelmoral.

Doch das ist nur eine Seite des sozialpolitischen Irrsinns. Kein Politiker spricht aus, was dringend gesagt werden müsste: Nicht nur das Steuersystem setzt auf Geldquellen, die in Zukunft zunehmend versiegen werden. Ohne radikale Reformen wird der Sozialstaat als Ganzes implodieren. Unser Rentensystem basiert bekanntlich auf einem Umlageverfahren. Bürger in Lohn und Brot finanzieren heute Bürger im Ruhestand. Wenn aber ordentlich bezahlte Jobs immer seltener werden, dann bleibt bald weniger Geld für ein größeres Heer von Senioren übrig. Ähnliches gilt für die Arbeitslosen-, Kranken- und Pflegeversicherung. Die sozialen Sicherungssysteme Deutschlands scheitern an einer Ökonomie der Maschinen.

## Ökonomie der Maschinen – Wertschöpfung ohne uns

Die Strecke der Great Western Railway führt durch pittoreske südenglische Parklandschaften, vorbei an eingewachsenen Cottages, Pferdekoppeln und dichten Hecken. Dem Reisenden eröffnen sich Aussichten auf atlantische Kumuluswolken und sattes Grün. Perfekte Spielorte für *Herzkino im Zweiten*. Meine Mission ist weniger romantisch. Ich bin mit dem Zug auf dem Weg von London nach Oxford. Dort forschen einige der einflussreichsten Vordenker der technologischen Zeitenwende. Ausgerechnet in England, der historischen Keimzelle der ersten Industrialisierung, versuche ich mehr über die Zukunft einer postindustriellen Welt zu erfahren.

James Watts Dampfmaschine, die Mechanisierung der Textilproduktion und nicht zuletzt die Eisenbahn erschufen zu Beginn des 19. Jahrhunderts die erste echte Industriegesellschaft Europas. Englands Nationaleinkommen verdoppelte sich zwischen 1820 und 1860.[35] Aber Zeiten des Umbruchs haben Nebenwirkungen. Der Roman *Oliver Twist* von Charles Dickens erzählt vom Heer der Ausgebeuteten und von desaströsen sozialen Verhältnissen in den Quartieren der Arbeiterklasse. Eine kleine Aristokratie von Maschineneigentümern raffte den neuen Wohlstand an sich. Die Arbeiterschicht hatte nichts vom Wachstum. In den 40 Jahren seit Beginn der ersten industriellen Revolution stagnierten oder fielen die durchschnittlichen Löhne im Land.[36] Der Übergang von einer handwerklich hin zu einer von Massenproduktion geprägten Wirtschaft brachte Millionen Verlierer.

Damals kam es zum Aufstand. Wütende Arbeiter stürmten die Maschinen. Benannt nach ihrem fiktiven Anführer Ned Ludd, gingen die Rebellen als »Ludditen« in die Geschichtsbücher ein. Ab 1811 zerstörten sie Spinnereien und andere Produktionsstätten. Es kam zu regelrechten Schlachten mit dem Militär. 1814 wurde der Maschinensturm gewaltsam niedergeschlagen. Die Ludditen wurden hingerichtet oder in die Strafkolonie Australien verbannt. Seitdem kennt die englische Sprache den Begriff der »Luddite Fear« als Bezeichnung technophober Ängste.

## Luddistische Sorgen

Die Furcht vor der Automatisierung ist alles andere als ein zeitgenössisches Phänomen. Schon im Jahr 1817 schrieb der große britische Ökonom David Ricardo: »Ich bin davon überzeugt, dass die Substitution von menschlicher Arbeit durch Maschinen den Interessen der Arbeiterklasse oftmals sehr schadet.«[37]

1930 warnte John Maynard Keynes in einem Aufsatz mit dem Titel *Economic Possibilities for our Grandchildren* vor technologischer Arbeitslosigkeit.[38] »The Automation Jobless« lautete 1961 die Überschrift einer Story im *Time Magazine*. Die Sorgen der amerikanischen Arbeiter motivierten die Johnson-Regierung 1964 zur Schaffung einer eigenen Kommission, der National Commission on Technology, Automation, and Economic Progress.[39] Im Jahr 1995 veröffentlichte der US-Autor Jeremy Rifkin den Bestseller *The End of Work*. Die sozialen Folgen des maschinellen Siegeszugs sind seit Dekaden Dauerthema des öffentlichen Diskurses, ein Klassiker für Wahlkampfreden und Stammtische auf beiden Seiten des Atlantiks.

Ungezählte mehr oder weniger wissenschaftliche Untersuchungen widmen sich heute der Frage, wie viele Jobs an Software und Roboter verloren gehen werden. Die Prognosen variieren. Sie reichen von knapp jeder zehnten bis rund der Hälfte aller Stellen. *Der Spiegel* listete in seiner Titelgeschichte »Mensch gegen Maschine« im September 2016 »hoch gefährdete Berufe« auf, die mit einer Wahrscheinlichkeit von mehr als 70 Prozent in den nächsten 20 Jahren automatisiert werden. Unter den deutschen Risikobelegschaften finden sich: fast drei Millionen Büro- und Sekretariatskräfte, über eine Million Verkäufer, eine Million Gastronomiebedienstete, aber auch 700 000 Küchenkräfte und ebenso viele Postzusteller.[40] Eine der brisantesten Fragen unserer Zeit lautet: Welche Professionen werden die Zeitenwende überleben?

Eine der aufsehenerregendsten Studien der letzten Jahre trägt den Titel: *The Future of Employment: How Susceptible are Jobs to Computerisation.* Sie wurde 2013 von den Oxford-Wissenschaftlern Carl Frey und Michael Osborne veröffentlicht. Frey ist Ökonom, Osborne forscht zu künstlicher Intelligenz. Für über 700 Berufe bezifferten die beiden das Automationsrisiko. Für Make-up Artists liegt es bei nur einem Prozent, für Geografen bei immerhin 25 Prozent und für Kreditanalysten bei besorgniserregenden 98 Prozent. Auf Basis dieser Analyse leiteten Frey und Osborne den Anteil der gefährdeten Arbeitnehmer in den Vereinigten Staaten ab. Das Resultat: Ganze 47 Prozent könnten demnächst arbeitslos werden.

Die *Frankfurter Allgemeine Zeitung* nennt Carl Frey den »Roboterversteher«.[41] Frey ist Schwede, sieht aber aus wie ein britischer Professor. Kariertes Hemd, Hornbrille, sich langsam lichtendes Haar. Der Ökonom der Maschinen redet schnell. Wer seinen Gedanken folgen will, sollte genug Kaffee getrunken haben. Ich treffe ihn in der Oxford Martin School, einer Art interdisziplinäres Zukunftsforschungsinstitut im Herzen der Universitätsstadt.

»Seit Veröffentlichung der Studie ist die Debatte politischer geworden«, sagt Frey. »Der Zusammenhang von Wahlergebnissen, Populismus und der Angst vor Automatisierung ist offensichtlich geworden.« Dabei wiederhole sich die Geschichte nur. »Mir fällt es schwer, ein inhaltliches Argument zu finden, das nicht schon während der ersten industriellen Revolution geäußert wurde. Die Debatte ist seit 200 Jahren mehr oder weniger die gleiche. Ab und zu erlebt der Diskurs aber deutlich mehr Aufmerksamkeit. So eine Phase des Hypes erleben wir aktuell.«

Die Gefahr ökonomischer Verwerfungen, so Frey, sei dennoch nicht kleinzureden. Heute wie im 19. Jahrhundert gelte: »Die Periode des Übergangs ist für große Teile der Bevölkerung problematisch.«

Langfristig sieht Carl Frey dennoch Grund zur Hoffnung. Denn auch die Mechanismen der Anpassung seien heute wie vor zwei Jahrhunderten die gleichen. »Die industrielle Revolution hat uns gezeigt, dass mit zunehmender Automatisierung weniger Arbeiter benötigt werden. Die verbleibenden Belegschaften gehen aber qualifizierteren Aufgaben nach und verdienen mehr. Dieses Geld geben sie dann in einem wachsenden Dienstleistungssektor aus. Hier entstehen die neuen Jobs für weniger qualifizierte Kräfte.«

Im Durchschnitt der Industrieländer ist die strukturelle Arbeitslosigkeit in den letzten Jahren nicht gestiegen. Hierzulande war die Beschäftigung noch nie so hoch. Das passt ins Bild vergangener technologischer Revolutionen. Sie haben die Anzahl der Jobs unter dem Strich langfristig immer vergrößert, nicht verringert.

Tatsächlich existierten die meisten der heutigen Jobs vor einigen Jahrzehnten noch gar nicht. Laut US-Arbeitsministerium werden rund zwei Drittel der aktuellen Highschool-Studenten später in Berufen arbeiten, die gegenwärtig noch niemand kennt.[42] Die Tätigkeiten der Heizer und Schriftsetzer mögen in der Vergangenheit weggefallen sein, aber die Professionen der Webdesigner und Mode-Blogger kamen hinzu. Bisher blieb die Beschäftigung stabil, weil für jedes ausgestorbene Berufsbild ein neues geboren wurde.

Doch vieles deutet darauf hin, dass die ökonomische Revolution diesmal anders verläuft. Wer in der Vergangenheit an Automatisierung dachte, der hatte vor allem Roboter in Fabriken vor Auge. Aber der Vormarsch der künstlichen Intelligenz hat eine ganz andere soziale Sprengkraft als die Fertigungsrationalisierung früherer Jahrzehnte. Er bedroht auch Denkarbeiter in Büros. Zudem ist die Geschwindigkeit des ökonomischen Wandels beispiellos. Nicht nur explodieren wissenschaftliche Erkenntnis und technische Möglichkeiten. Vor allem ist die aktuelle industrielle Revolution deutlich kapitaleffizienter als ihre Vorgänger. Nach Erfindung der Eisenbahn mussten im 19. Jahrhundert zunächst einmal Schienen im ganzen Land verlegt werden. Das war aufwendig und kostete viel Geld. Dementsprechend verlangsamte sich die ökonomische Transformation. Die Postkutsche hatte eine ordentliche Galgenfrist. Neue und bessere Software kann heute dagegen nahezu kostenlos und in Echtzeit ausgeliefert werden. Die Cloud ermöglicht eine extrem kostengünstige Verbreitung digitaler Innovationen. Für eine ausreichend schnelle Anpassung der Gesellschaft bleibt deshalb kaum Zeit.

## Maschinen vs. Demografie

Automatisierung, Produktivität und Demografie hängen zusammen. Eine Ökonomie der smarten Maschinen ist nicht nur Gefahr, sondern auch Ausweg aus der Methusalem-Falle.

Trotz Zuwanderung und steigender Erwerbstätigkeit könnte Deutschland bis zum Jahr 2060 sieben Millionen Arbeitnehmer verlieren.[43] Die Bundesrepublik vergreist. Aber nicht nur in westlichen Industrienationen, sondern auf globaler Ebene wandelt sich das demografische Bild. Milliarden Menschen, die in Entwicklungs- und Schwellenländern der Armut entflohen sind, pflanzen sich seltener fort. Weltweit sinken die Reproduktionsraten – von rund drei Kindern pro Frau im Jahr 2000 auf etwas mehr als zwei Nachkommen in der Mitte des Jahrhunderts, so die Prognose der Vereinten Nationen.[44] Gleichzeitig steigt die Lebenserwartung. Bis ins Jahr 2030 wird sich die Anzahl der Menschen über 65 auf nahezu eine Milliarde verdoppeln.[45] Allein in China wird dann mehr als ein Drittel der Bevölkerung über 60 Jahre alt sein.[46] Aus gutem Grund hat das Regime die Ein-Kind-Politik abgeschafft. Insbesondere europäische Sozialsysteme brauchen Wachstum. Doch je mehr Menschen in Rente sind, desto kleiner wird der Kuchen, der zu verteilen ist. Damit das Leben der alten Mitbürger bezahlt werden kann, müssen die verbleibenden Arbeitnehmer produktiver werden. Das gilt umso mehr, je größer die staatlichen Schuldenberge ausfallen. Wirtschaftliche Zuwachsraten sind und bleiben der einzige nachhaltige Weg aus der öffentlichen Überschuldung.

Doch das Wachstum der Produktivität, ausgedrückt in zusätzlicher Wertschöpfung pro Arbeitsstunde, sinkt seit der Finanzkrise deutlich. Laut Berechnungen des Bundesverbandes der deutschen Industrie müsste die Arbeitsproduktivität in Deutschland jährlich um über zwei Prozent zulegen, soll trotz demografischer Entwicklung eine durchschnittliche Einkommenssteigerung von nur einem Prozent pro Jahr erreicht werden. Tatsächlich liegt der Produktivitätszuwachs seit der Jahrtausendwende hierzulande bei unter einem Prozent per annum.[47]

Auf den ersten Blick überrascht die mangelnde Dynamik der Produktivität. Haben Software und Roboter die Wirtschaft nicht effektiver gemacht? Volkswirten gibt die Entwicklung Rätsel auf. Manche Ökonomen behaupten, die größten Innovationen der letzten Jahre seien einfach nicht weitreichend genug gewesen. Das Internet hätte im Vergleich zur Dampfmaschine eine geringere produktivitätssteigernde Wirkung gehabt. Andere glauben, dass insbesondere das Wachstum des personalintensiven und damit vergleichsweise unproduktiven Dienstleistungssektors für die Stagnation der Produktivität verantwortlich zu machen ist. Schließlich lässt sich argumentieren, dass viele Innovationen keine Auswirkungen auf die Statistiken haben. Wikipedia, zum Beispiel, hat die Menschheit zweifelsfrei bereichert, doch ein ökonomischer Wert lässt sich der Online-Enzyklopädie kaum zuschreiben.

Nobelpreisträger Paul Krugman fasst die Diskussion treffend zusammen:»Es bleibt sonderbar, wie wir uns Sorgen machen, dass Roboter alle unsere Jobs wegnehmen werden, und gleichzeitig das ins Stocken geratene Produktivitätswachstum beklagen. Was ist jetzt wirklich los?«[48]

Die Wahrheit ist: Das volkswirtschaftliche Produktivitätsparadox hat weniger technologische als vielmehr handfeste betriebswirtschaftliche Ursachen.

Auch früher konnten industrielle Transformationen ihre volle Wirkung auf die Produktivität erst mit einiger Verspätung entfalten. Nach Erfindung der Dampfmaschine oder des Elektromotors dauerte es Jahrzehnte, bis Firmen die neuen Technologien auf breiter Front einsetzen konnten.[49] Unternehmen brauchen Zeit, um das produktive Potenzial von Innovationen zu realisieren. Auch die technologische Revolution der Gegenwart wird sich deshalb nur ganz allmählich in den volkswirtschaftlichen Zahlenwerken widerspiegeln.

Voraussetzung für Produktivitätswachstum wären allerdings Investitionen. An denen fehlt es aktuell. Innovationen laufen zum Teil ins Leere, weil sie von Unternehmen nicht angeschafft werden.[50] Es mangelt nicht an neuen Erfindungen, sondern an mutigen Investitionen in die Zukunft.[51] Eine kaputte Elite von Managern optimiert lieber Bestehendes, als Neues zu wagen.[52] Falsche Anreizsysteme der Kapitalmärkte sorgen für kurzfristiges Denken. Kosten werden gesenkt, Dividenden gezahlt, Aktien zurückgekauft. Technologische Risiken werden dagegen vermieden. Die durchschnittliche Verweildauer eines Dax-Vorstands ist so kurz, dass sich langfristige Wetten kaum lohnen. Nicht umsonst weisen Familienunternehmen (im Vergleich zu anderen Firmen) deutlich höhere Investitionsquoten aus.[53] Echte Unternehmer denken in Generationen und setzen ihr Kapital zukunftsträchtig ein.

Die demografische Entwicklung lässt keine andere Wahl: Eine größere Wertschöpfung muss auf weniger Köpfe verteilt werden. Zuwanderung ist keine Lösung. Ein ökonomisch sinnvolles System, das nur noch Spitzenkräfte ins Land lässt, ist politisch nicht durchsetzbar. Es bleibt nur eines: automatisieren. Nach Berechnungen der DZ Bank hat allein die viel beschworene Industrie 4.0, also die zunehmende Vernetzung und datenbasierte Steuerung von industriellen Prozessen das Potenzial, die Produktivität bis zum Jahr 2025 um zwölf Prozent zu steigern.[54] Es sind also mehr Maschinen, nicht weniger, die einem alternden Volk den Wohlstand sichern.

Die technologische Zeitenwende ist nicht nur Herausforderung, sondern auch Chance. Wenn wir es richtig anstellen, verteilen wir die Rendite des Fortschritts, also die durch Innovation entstandenen Zuwächse, gerecht und gleichen die Kräfte der Demografie aus. Wenn wir es falsch machen, sprengen die Nebenwirkungen des Wandels, allen voran die wirtschaftliche Spaltung der Bevölkerung, die sozialen Belastungsgrenzen der Gesellschaft.

# Geteilte Spezies

▶ *Wie der Homo sapiens seine Art optimiert und aus*
*wirtschaftlicher biologische Ungleichheit wird*

## Mission Unsterblichkeit – ewiges Leben für manche

Die Ökonomie steht am Anfang eines Zeitalters der Polarisierung.
Was wir bei Einkommen und Vermögen erleben, ist nur der Aus-
gangspunkt für eine noch viel fundamentalere und unumkehrbare
Teilung der Gesellschaft. Wir sind auf dem besten Weg, die wirt-
schaftliche Ungleichheit in eine biologische zu verwandeln.
Die globale Technologie-Elite hat sich an ein biblisches Projekt
gemacht: die Mission Unsterblichkeit. Der Machbarkeitsglaube des
Silicon Valley macht selbst vor der Endlichkeit des Seins keinen Halt.
Der Tod steht für das größte aller technologischen Probleme – an-
spruchsvoll, aber lösbar. »Grundsätzlich bin ich gegen ihn«, erklärt
Unternehmer und Venture-Capital-Investor Peter Thiel.[1]
Manche behaupten, die Menschheit als Ganzes hätte sich an das
größte Projekt ihrer Geschichte gemacht. Doch das ist falsch. Die
Unsterblichkeit ist eine elitäre Angelegenheit. Das ewige Leben
winkt nicht vielen Milliarden Menschen, sondern nur einer sehr
dünnen Schicht ökonomisch Auserwählter.

### Schlacht mit dem Tod

Zwischen 1960 und 2015 ist die durchschnittliche weltweite Lebenserwartung von 52 auf 72 Jahre gestiegen, in Deutschland im gleichen
Zeitraum von 69 auf 81 Jahre.[2] Konzerne, Start-ups und Forschungs-
institute arbeiten daran, dass sich diese Entwicklung weiter beschleunigt. »The fight to cheat death is hotting up«, schreibt der *Eco-*

*nomist.*[3] Eine neu entstandene Unsterblichkeitsindustrie betrachtet das Altern als Krankheit. Nach gängiger Definition ist es das nicht. Mediziner verstehen unter einer Krankheit eine das Wohlbefinden beeinträchtigende Abweichung von der Norm. Doch der Tod winkt jedem. Er ist die Norm.

Für Ärzte ist das Altern ein »kumulativer, zeitabhängiger Prozess, der zu strukturellen und funktionellen Änderungen der Organe führt«.[4] Verschiedene Medikamente stehen unter Verdacht, das Älterwerden der Zellen – quasi als Nebenwirkung – verlangsamen zu können. Heißester Kandidat ist aktuell Metformin, ein Arzneistoff, der seit vielen Jahrzehnten bei Patienten mit Diabetes Typ 2 zum Einsatz kommt. Metformin soll Cholesterinwerte verbessern sowie vor Demenz und Krebs schützen. Vor allem soll es die Lebenserwartung einzelner Köperzellen verlängern und ihre eigenen Reparaturfähigkeiten verbessern. Klinische Studien an nicht zuckerkranken Menschen sollen bald die Wirkung von Metformin belegen.[5] Eine offizielle Zulassung als »Anti-Aging-Pille« würde aber einen Paradigmenwechsel auf Behördenseite verlangen. Denn bisher können nur Wirkstoffe gegen echte Krankheiten auf den Markt kommen. Ein Arzneimittel gegen das Altern wäre rechtliches Neuland. Sollte sich die amerikanische Food and Drug Administration zu einer solchen Pharmarevolution entscheiden, würden sich anschließend vermutlich Milliarden an Forschungs- und Entwicklungsbudgets dem ökonomischen Potenzial des Alterns widmen.

Schon heute werden Unsummen in die Veränderung der sterblichen Normalität investiert. 1,5 Milliarden Dollar flossen allein in die Alphabet-Tochterfirma Calico, die California Life Company mit Sitz im Süden San Franciscos.[6] Selbst gestecktes Ziel des Unternehmens: »(…) sich fortschrittliche Technologien zunutze machen, um unser Verständnis für die Biologie der Lebensdauer zu verbessern.«[7] Was genau in den Laboren von Calico geforscht wird, weiß jedoch kaum jemand. In den fünf Jahren seit Gründung des Unternehmens wurden gerade einmal 16 Pressemitteilungen herausgegeben. Im

Januar 2018 veröffentlichten Calico-Wissenschaftler zum Beispiel eine Studie zum Alterungsprozess des Nacktmulls, einem kleinen Nagetier mit einem erstaunlich langen Leben (Mäuse werden in der Regel nicht älter als drei Jahre alt, Nacktmulle können dagegen bis zu 30 werden).[8]

Immerhin 300 Millionen Dollar wurden in das 2013 gegründete Start-up mit dem bezeichnenden Namen Human Longevity investiert.[9] Die Firma aus San Diego will die weltweit größte Datenbank an Gen- und Phänotypen aufbauen und mithilfe künstlicher Intelligenzen den genetischen Ursachen des Alterns auf die Schliche kommen. Für 25 000 Dollar können gut betuchte Kunden ihre Körper dank neuester Technologien auf Risiken und schlechte Dispositionen hin prüfen lassen. So mancher Silicon-Valley-Millionär wird diesen Service schon in Anspruch genommen haben.

Die hohen Venture-Capital-Investitionen in Hightech-Start-ups werden von den finanziellen Wetten im Bereich der Biowissenschaften noch übertroffen. Nur zwei Jahre nach Gründung konnte Grail, so der vielsagende Name eines Spin-outs des Gensequenzierungsautomaten-Herstellers Illumina, über 1,6 Milliarden Dollar Risikokapital einsammeln.[10] Unter den ersten Investoren der in Menlo Park beheimateten Firma finden sich unter anderem Bill Gates, Bezos Expeditions (der Venture-Fonds von Amazon-Gründer Jeff Bezos), Google Ventures und der chinesische Tech-Gigant Tencent. Grail will frei zirkulierende Tumor-DNA im Blut identifizieren und Krebs auf diese Weise in sehr frühen Stadien diagnostizierbar machen. Je zeitiger die Erkennung möglich ist, desto besser sind die Überlebenschancen. In entwickelten Ländern ist Krebs die zweithäufigste Todesursache.[11]

Prävention, Regeneration und natürlich das Heilen von Krankheiten sind die drei großen Schlachten des medizinischen Kampfs gegen den Tod. Heute schon hat die erfolgreiche Verbreitung von Vorsorgeuntersuchungen einigen Krebsarten den schlimmsten Schrecken genommen. Aber die Jagd nach den ersten Krebszellen bleibt eine Suche nach der Nadel im Heuhaufen. Umso wertvoller sind neue diagnostische Methoden wie die von Grail.

Doch egal wie groß das Potenzial der Prävention auch sein mag, die Organe des Homo sapiens sind für ein Leben jenseits der 100 Jahre kaum geeignet. Umso wichtiger wird deshalb die Wiederherstellung von geschädigtem Gewebe. Start-ups wie die bereits erwähnte Gründung eGenesis, die mithilfe von Schweinen Organe für Transplantationen züchtet, liefern einen bedeutenden Beitrag zur Mission Unsterblichkeit.

290 Millionen Dollar flossen in das erst 2016 gegründete Unternehmen Celularity, ein Spin-out des US-Biotech-Konzerns Celgene.[12] Mitgründer ist Peter Diamandis, Mitstreiter von Ray Kurzweil und eine der schillerndsten Figuren der Singularitätsbewegung. Celularity möchte die regenerative Medizin mittels Stammzellen aus der Plazenta revolutionieren. Diese sollen nicht nur dafür verwendet werden, neue Behandlungsmethoden gegen Krebs oder Autoimmunerkrankungen zu entwickeln, sondern vor allem auch, um Gewebeteile und sogar ganze Organe im Labor zu erzeugen. Plazentastammzellen haben eine Besonderheit. Das mit ihnen produzierte Biomaterial wird vom Empfängerorganismus nicht abgestoßen (wie es sonst bei Transplantationen passieren kann). Auf der Website ist zu lesen: »Celularity will 100 Jahre zu den neuen 60 machen.«[13]

Wie alt kann der Mensch maximal werden? Bessere Lebensbedingungen und medizinische Durchbrüche haben die Anzahl der 90- und 100-Jährigen deutlich ansteigen lassen. Die ältesten Exemplare des Homo sapiens sind über 110 geworden. Aber niemals hat bis jetzt ein Mensch seinen 125. Geburtstag gefeiert. Das muss nicht so bleiben. Die Französin Jeanne Calment wurde 122. Sie hält bis heute den Altersrekord. Calment starb im August 1997. Als sie im Jahr 1875 geboren wurde, gab es weder Antibiotika noch sonstige Standards der modernen ärztlichen Versorgung. In nur einem Menschenleben sind die Möglichkeiten, Krankheiten zu heilen und Leiden zu mindern, explodiert. Niemand hätte sich 1875 vorstellen können, welche

Wunder in einem Krankhaus des Jahres 2018 möglich sind. Dabei stehen uns die größten medizinischen Revolutionen wahrscheinlich noch bevor.

## Medizinische Revolutionen

Regina Hodits ist promovierte Biochemikerin und Venture-Capital-Investorin im Bereich der Biowissenschaften. Ich treffe die gut gestimmte Österreicherin in ihrem Münchner Büro. Für beste Laune gibt es allen Grund. Wenige Tage zuvor wurde eine von Hodits Beteiligungen, das junge Unternehmen Rigontec aus dem deutschen Biotech-Mekka in Martinsried, für bis zu einer halben Milliarde Dollar an den US-Pharmakonzern Merck verkauft (der genaue Erlös hängt vom Erfolg klinischer Studien ab).[14] Für Hodits VC-Fonds Wellington Partners ist das ein sehr guter Deal. Der Exit erfolgte nur drei Jahre nach dem ersten Investment.

Rigontec ist auf einem der aktuell heißesten Pflaster der medizinischen Forschung unterwegs – der sogenannten Immunonkologie. Anders als bei konventionellen Tumortherapien (wie chirurgische Eingriffe, Chemo- oder Strahlenbehandlungen) sollen bei der Immuntherapie die körpereigenen Abwehrmechanismen des Patienten den Krebs bekämpfen. Dazu muss man wissen: Vom Krebs befallene Zellen sind Organismen. Und jeder Organismus will überleben. Ein Tumor schützt sich vor dem Immunsystem, indem er ihm eine falsche Ordnung vorgaukelt, um sich ungehindert auszubreiten.

»Tumorzellen haben generell zwei Eigenschaften«, erklärt Hodits, »sie wachsen zu schnell, und das Immunsystem kann sie nicht erkennen. Rigontec hat nun herausgefunden, dass Krebszellen für die Körperabwehr aussehen wie stark virusinfizierte Zellen. Weist man das Immunsystem darauf hin, kann es sie gezielt aussortieren.«

Das ist eine sensationelle gleichwie smarte Neuerung. Denn konventionelle Behandlungsmethoden gleichen einem Flächenbombardement im Kampf gegen die Krankheit. Nicht nur der Tumor selbst, sondern der gesamte Körper wird massiv in Mitleidenschaft gezogen. Die Überlebenschancen des Patienten bleiben dennoch oft gering. Trotz aller wissenschaftlichen Erfolge stirbt fast jeder dritte Mensch in entwickelten Ländern an Krebs.

Über die längste Zeit der Geschichte spielte Krebs als Todesursache eine untergeordnete Rolle. Es waren ansteckende Krankheiten und bakterielle Infektionen, die den Homo sapiens dahinrafften, ehe er Krebs bekam. Allein Tuberkulose forderte in den zwei Jahrhunderten zwischen 1700 und 1900 mehr als eine Milliarde Menschenleben. Die sogenannte Schwindsucht war zeitweise Ursache von jedem vierten Todesfall.[15] Doch dann kamen Penizillin und Impfungen. Sie degradierten die meisten Infektionskrankheiten zu einem harmlosen Übel. Erst seit den 1940er-Jahren werden Antibiotika in industriellem Maßstab hergestellt. Die vermutlich größte medizinische Revolution aller Zeiten ist also noch nicht lange her.

»Was mit bakteriellen Infektionen möglich war, das muss auch die Onkologie erreichen«, sagt Venture-Capital-Investorin Regina Hodits. »Wir werden es schaffen, erkrankte Zellen gezielt zu finden und zu entfernen.« Das neue onkologische Waffenarsenal ist vielfältig. Es reicht von genetisch personalisierten Therapien über Impfungen bis hin zu onkolytischen, das heißt Tumorzellen bekämpfenden Viren. 4,3 Milliarden Dollar Risikokapital flossen allein 2016 in Start-ups der Immunonkologie.[16] Nicht nur das medizinische, sondern auch das ökonomische Potenzial ist gigantisch. Individualisierte Behandlungen kosten mehrere Zehntausend Euro pro Patient. Die Pharmaindustrie ist süchtig nach dem Geschäft mit dem Krebs.

Künstliche Intelligenzen beschleunigen dabei den medizinischen Fortschritt. »Sie finden in medizinischen Daten – zum Beispiel in Gewebeproben – oft ganz andere Dinge als Ärzte«, erläutert Hodits. »Ganz einfach, weil sie in ihrem Suchverhalten weniger eingeschränkt sind.« Längst nehmen auch Technologie-Konzerne am Kampf gegen den Krebs teil. Microsoft zum Beispiel betrachtet die Krankheit als technologisch-biologisches Problem, das es innerhalb der nächsten zehn Jahre »lösen« möchte, so das öffentlich gesteckte Ziel.[17] Wissenschaftler der firmeneigenen Bio Computation Group arbeiten daran, die falsche Codierung einer Krebszelle wie einen Computervirus zu erkennen und zu bekämpfen. Maschinelles Lernen soll dabei helfen, die Prozesse innerhalb einer erkrankten Zelle besser zu verstehen. Wenn auch organische Intelligenz programmierbar ist, so die Vision Microsofts, dann ist Krebs nicht mehr als eine Schadsoftware in unseren Körpern.

Nicht nur in der Onkologie werden künstliche Hirne die Medizin revolutionieren. Gerade bei der Entwicklung neuer Arzneimittel kommt der Fortschritt zunehmend nicht nur aus dem Labor, sondern auch aus dem Rechner. Was passiert, wenn man etwa Ibuprofen mit Aspirin kombiniert? Der Computer kennt die Antwort schneller als jeder menschliche Biochemiker. Vas Narasimhan, CEO des Schweizer Pharmakonzerns Novartis, sieht dementsprechend eine »Produktivitätsrevolution« durch den Einsatz künstlicher Intelligenzen in der Forschung kommen.[18]

Das ehemalige YCombinator-Start-up Atomwise mit Sitz in San Francisco zum Beispiel verwendet neuronale Netze, um Unmengen molekularer Verbindungen virtuell zu testen. Nach eigenen Angaben überprüft das System bis zu zehn Millionen Wirkstoffkombinationen täglich. Pharmakologie und Computerwissenschaften verschmelzen. Unter den Investoren von Atomwise finden sich nicht nur bekannte Risikokapitalgeber aus dem Silicon Valley, sondern auch der Agrarkonzern Monsanto und der chinesische Technologie-Gigant Baidu.[19]

Die künstliche Intelligenz ist zudem eine der entscheidenden Triebkräfte der personalisierten Medizin. Seit Jahrzehnten werden die gleichen Pillen für nahezu alle Patienten verschrieben. Doch »one size fits all« wird bald der Vergangenheit angehören. Das alte Blockbuster-Modell der Pharmaindustrie, in dem einzelne Medikamente Milliardenumsätze generieren, läuft aus. Individualisierte Therapien werden genetische Dispositionen, Umwelt- und Lifestyle-

Einflüsse berücksichtigen. Neuronale Netze werden Terabyte biowissenschaftlicher Daten verarbeiten und auf diese Weise personalisierte Arzneimittel entwerfen.

Neue Behandlungsmethoden und die Konvergenz technologischer und biologischer Forschung werden in der Folge die Lebenserwartung in den nächsten Jahren weiter steigen lassen. Schon heute nimmt sie in westlichen Ländern jede Dekade um rund 1,5 Jahre zu.[20] Unsterblich wird der Homo sapiens dadurch noch nicht. Aber ein paar zusätzliche Jahrzehnte gesunden Lebens für jene, die sich die Früchte der medizinischen Revolutionen leisten können, scheinen möglich.

Die volkswirtschaftliche Last der Methusalem-Epoche liegt auf der Hand. Nicht nur erhalten die länger Lebenden auch immer länger Renten und andere Transferleistungen. Vor allem explodieren die Krankheitskosten, wenn Patienten noch ein paar weitere Jahrzehnte in den Genuss immer teurerer Behandlungen kommen. Und die bessere Heilbarkeit körperlicher Gebrechen hat noch einen anderen Preis: Bis zum Jahr 2050 werden allein in Deutschland drei Millionen Demenz-Erkrankte zu versorgen sein.[21] Wer das alles bezahlen soll, ist niemandem so ganz klar. Dazu kommt: Während die Kosten steigen, sinken die Einnahmen des Systems. Wenn Maschinen einen wachsenden Anteil der ökonomischen Wertschöpfung übernehmen, steigt der Druck auf die Löhne. Die Beitragseinnahmen fallen. Den Krankenkassen bleibt immer weniger.

Doch finanz- oder sozialpolitische Überlegungen werden die Revolutionen im Labor und in der Klinik nicht aufhalten. Auch in den Biowissenschaften gilt: Was möglich ist, wird auch umgesetzt. Googles Chefideologe Ray Kurzweil veröffentlichte schon im Jahr 2004 ein Buch mit dem Titel *Fantastic Voyage: Live Long Enough to Live Forever*.[22] Zentrale Idee des Werkes: Es wird nicht mehr lange dauern, bis der medizinische Fortschritt die Lebenserwartung jedes Jahr um mehr als ein Jahr verlängern wird. Wer es bis dahin schafft, der kann seinem eigenen Tod ziemlich lange entfliehen.

## Göttliche Schnittstellen

Tatsächliche Unsterblichkeit lässt sich weder durch bessere medizinische Prävention noch durch neue Methoden der Therapie oder Regeneration erreichen. Wirklich ewiges Leben entsteht nur durch die Verschmelzung von organischer und anorganischer Intelligenz. Auch daran wird mit Nachdruck geforscht.

Die im Silicon Valley beliebte Denktradition des Transhumanismus glaubt an das technische Tuning des Homo sapiens. Mensch und Maschine sollen fusionieren. Umgesetzt werden soll das durch sogenannte Hirn-Computer-Schnittstellen. Auf Englisch spricht man von einem »Brain-Computer-Interface« oder kurz BCI.

Führender Fantast ist mal wieder Elon Musk. Sein Start-up Neuralink steht (neben Tesla, SpaceX und Hyperloop) für ein weiteres zivilisatorisches Großprojekt. Neuralink arbeitet an Hirnimplantaten, die unsere neuronalen Strukturen mit unendlicher Rechenleistung in der Cloud verbinden sollen.[23] Ermöglichen soll die Technik Telepathie zwischen Menschen, aber auch zwischen Menschen und Computern. In der Vision Neuralinks müssen unsere Gedanken nicht mehr den Umweg über die Sprache oder eine Tastatur nehmen, um sich einem technischen Gerät zu offenbaren. Das Hirn selbst wird zum digitalen Eingabemedium.

So wie Google heute schon unsere Suchanfragen automatisch vervollständigt, so könnten in Zukunft künstliche Intelligenzen direkt in unsere Denkprozesse eingreifen. Es mangelt nicht an hoch finanzierten Projekten. 100 Millionen Dollar flossen beispielsweise in das in Los Angeles ansässige Start-up Kernel, das an eigenen Technologien des Neuro-Tunings feilt.[24] Facebook arbeitet an BCIs, die im Gegensatz zu Musks Neuralink keinen medizinischen Eingriff erfordern. Mithilfe einer Kappe oder eines Kopfbands sollen Signale aus dem Hirn direkt an der Kopfhaut ausgelesen werden. Träger der Facebook-BCI sollen nur mit der Macht ihrer Gedanken Nachrichten verfassen können – 100 Wörter pro Minute sollen möglich sein.[25]

Der kommerzielle Zweck einer direkten Hirn-Computer-Schnittstelle liegt für Facebook auf der Hand. Mit dem direkten Zugang zu den Gefühlswelten der Nutzer lassen sich Werbebotschaften so zielgerichtet aussenden wie nie zuvor. Wir denken an unseren letzten Badeurlaub, und schon zeigt das soziale Netzwerk Anzeigen von unschlagbaren Reiseschnäppchen und traumhaften Strandkulissen. Unser Nacken schmerzt, und schon meldet sich die neueste Fitness-App mit einem maßgeschneiderten Work-out-Programm zur Stärkung der Halswirbelsäule.

Doch die Schnittstelle zwischen Mensch und Maschine ist nicht nur kommerzielle Utopie. Es handelt sich um eine der Schlüsseltechnologien auf dem Weg zur Singularität, jenem zivilisatorischen Nirvana, in dem immer schnellere Rechenkapazitäten den Fortschritt explodieren lassen und dem Homo sapiens das ewige Leben schenken. Durch ein BCI lässt sich unsere sterbliche, also mangelhafte Hardware von unserer überlegenen Software trennen.

Einflussreiche Köpfe träumen davon, den menschlichen Geist über ein entsprechendes Interface in die Cloud zu laden. Neigt sich die Lebenserwartung unserer physischen Körper dem Ende zu, können wir die Hardware wechseln. Ganz so, wie wenn wir einen neuen Laptop kaufen, auf den wir unsere alten Programme und Dateien übertragen. Unsere Körper mögen sterblich sein, unsere Hirne können im digitalen Kosmos ewig weiterleben.

Alle Gedanken, Gefühle und Erfahrungen der Menschheit hochgeladen in einer gigantischen Übercloud – das ist die größte Vision der Singularitätsanhänger. Für eine Interaktion mit der physischen Welt taugen Roboter und Avatare aus ihrer Sicht besser als krankheitsanfällige Körper aus Fleisch und Blut. Die Technologie-Fantasten sind fest davon überzeugt: Der einzige Weg zu ewigem Leben führt über das »uploading« unserer neuronalen Software.

Jenseits aller Unsterblichkeitsfantasien ist für viele eine Fusion von Mensch und Maschine die einzige Strategie, um im Wettbewerb gegen künstliche Intelligenzen bestehen zu können. Nur mit einem direkten Zugang zu unbegrenzter Speicherkapazität und Rechenleistung bliebe das Hirn des Homo sapiens konkurrenzfähig. Wenn wir Teile unserer Denkleistung in die Cloud auslagern, so die Überzeugung der Transhumanisten, sind wir zu kognitiven Errungenschaften imstande, von denen wir heute noch gar keine Vorstellung haben.

Doch nicht nur Transhumanisten, sondern vor allem auch Diktatoren und Despoten würden sich über Hirn-Computer-Schnittstellen freuen. Wozu noch Geheimdienste und aufwendige Schnüffelsysteme aufbauen, wenn man einen direkten Zugang zu den privatesten Einstellungen der Bürger haben kann. »Die Gedanken sind frei«, heißt es in einem Volkslied. Bald schon könnte das nicht mehr stimmen.

Noch ist es ein extrem weiter Weg bis zu funktions- und leistungsfähigen Hirn-Computer-Schnittstellen. Die technischen und neurologischen Hürden sind enorm.[26] Von praktischen Anwendungen sind alle Projekte meilenweit entfernt. Elon Musk will jedoch innerhalb der nächsten zehn Jahre die ersten BCIs implantieren lassen. Man muss kein Technikpessimist sein, um daran zu zweifeln. Dennoch macht die Erforschung unserer Gedankenströme große Fortschritte. In Experimenten ist es bereits gelungen, Roboter einzig über das Gehirn anzusteuern.[27] Telepathie zwischen Mensch und Maschine scheint möglich zu sein.

Für alle, die finanziell dazu in der Lage sein werden, dienen BCIs als Steigbügel zur digitalen Unsterblichkeit. Gut möglich, dass es sich die globale Oberschicht eines Tages leisten wird, ihre Hirne technisch zu erweitern oder ganz in die Cloud auszulagern. Eines ist schon heute klar: Die breite Masse wird wohl kaum in den Genuss einer exklusiven Trennung von menschlicher Hard- und Software kommen. Für sie muss es wie blanker Hohn klingen, wenn künstliche Organe, modernste Gentherapien und ewiges Lebens in der Cloud zum exklusiven Luxus werden.

Der Tod ist egalitär, das ewige Leben hingegen elitär. Zu allen Zeiten verband die Sterblichkeit alle Menschen. Sie nivellierte jeden

Unterschied in Bezug auf Abstammung, Wohlstand und Intelligenz. Sicher, immer schon lebten wohlhabende Bürger länger und gesünder. Heute haben Deutsche am oberen Ende der Einkommensverteilung eine um ein knappes Jahrzehnt längere Lebenserwartung als Geringverdiener.[28] In den USA, wo kein Sozialstaat gesellschaftliche Gefälle ausgleicht, ist die Differenz noch größer.[29] Doch es könnte eine Zukunft kommen, in der das Sterben für jeden, der es sich leisten kann, zu einer Frage der Wahl wird. Diese biologische Polarisierung wäre ein Wendepunkt der Zivilisationsgeschichte. Sie würde die Gesellschaft zerreißen.

»Es könnte sein«, schreibt der Autor und Historiker Yuval Noah Harari in seinem Buch *Homo Deus,* »dass sich all die Kriege und Konflikte der Vergangenheit als blasses Vorspiel für den wahren Kampf, der vor uns liegt, erweisen: den Kampf um die ewige Jugend.«[30] Vermutlich siegt nicht der Mensch, sondern der Kapitalismus über das sterbliche Schicksal. Schon heute klagen wir über die Ökonomisierung der Welt. Doch das Schlimmste kommt noch: die Ökonomisierung des Todes. »Winner take all« könnte bald schon heißen: Die Gewinner der Matthäus-Ökonomie bekommen wirklich alles. Selbst das ewige Leben.

## Getunte Nachkommen – Bio-Optimierung der Eliten

1997 spielten Ethan Hawke, Uma Thurman und Jude Law die Hauptrollen im Science-Fiction-Film *Gattaca*. Die Vision des Streifens: In einer nicht allzu weit entfernten Zukunft teilt sich die Gesellschaft in zwei Lager. Auf der einen Seite stehen mithilfe künstlicher Befruchtung entstandene und genetisch selektierte »Valids«, auf der anderen natürlich gezeugte »Invalids«, die von der Bevölkerung euphemistisch als »Gotteskinder« bezeichnet werden. Für höhere Berufe kommen nur die Valids infrage. Gene bestimmen den sozialen Status.

In den zwei Jahrzehnten seit *Gattaca* sind die gentechnischen Machbarkeiten in der Wirklichkeit explodiert. Wie so oft gilt: Was früher einmal Science-Fiction war, ist heute ein plausibles Zukunftsszenario. Dabei könnte die Realität der kommenden Jahrhunderte sogar noch radikaler ausfallen als die Dystopie Hollywoods. Vor allem chinesischen Wissenschaftlern schwebt die Optimierung des menschlichen Erbguts vor. Wer es sich leisten kann, wird seine Nachkommen genetisch tunen lassen.

Im Genlabor ist der medizinische Grad zwischen Heilen und Optimieren äußerst schmal. Die Selektion oder Manipulation eines künstlich gezeugten Embryos kann beides sein. Das Ausschließen einer Erbkrankheit dient der Gesundheit des Kindes. Die Veränderung der Augenfarbe ist dagegen zweifelsfrei Design. Dazwischen liegt eine ethische Grauzone. Ist die Immunisierung gegen das HI-Virus noch Heilen oder schon Tuning? Und wie lässt sich die Schaffung einer genetischen Disposition für ein starkes Herz oder eine robuste Muskulatur einstufen?

Solche Überlegungen spielen sicherlich eine untergeordnete Rolle bei den jüngsten Genversuchen an menschlichen Embryonen. Selbstverständlich wird es noch dauern, bis die ersten modifizierten Babys tatsächlich ausgetragen werden. Doch vermutlich ist dies nicht nur im Reich der Mitte das Ziel. Pflanzen sich genetisch perfektionierte Menschen eines Tages selbst fort, geben sie auch ihr verändertes Erbgut an die nächste Generation weiter. Der Eingriff in die Keimbahn ist nicht rückgängig zu machen. Das Germline-Editing ist endgültig.

»Studien zur Editierung vererbbarer Gene der Keimbahn müssen mit Vorsicht angegangen werden. Aber Vorsicht bedeutet nicht, dass sie verboten werden müssen«, heißt es in einem Report der National Academy of Sciences aus dem Jahr 2017.[31] Ein Expertengremium der amerikanischen Akademie der Wissenschaften ist der Auffassung: Der vererbbare Eingriff ins menschliche Genom sollte unter sehr strengen Auflagen möglich sein, solange er der Vermeidung von

Krankheiten dient.[32] Bald könnte öffentlich diskutiert werden, was bisher ein klares Tabu gewesen ist. Schon heute wird die Präimplantationsdiagnostik in den USA vergleichsweise liberal angewandt. Und was in den Vereinigten Staaten denkbar ist, könnte in China bald schon Alltag sein.

Ist die medizinisch indizierte Genmanipulation von Embryonen einmal erlaubt, ist es nur noch ein kleiner ethischer Schritt bis zur echten Optimierung. Während das genetische Heilen vermutlich noch von Krankenkassen finanziert werden wird, bleibt das Tuning eine Sache derer, die über ausreichend liquide Mittel verfügen. Dabei werden alle Alleingänge nationaler Regulierungen ins Leere laufen. Viele reisen heute für eine Abtreibung oder Präimplantationsdiagnostik ins Ausland. Wenn eine ärztliche Leistung in irgendeinem Land erlaubt ist, wird sie in Anspruch genommen. Das gilt auch für die Zukunft der genetischen Perfektionierung. Wird sie auch nur auf einer einzelnen Südseeinsel oder im Reich der Mitte legalisiert, werden die zahlungsfähigen Kunden kommen.

## Biologische Kasten

Um es auf den Punkt zu bringen: Die biologische Spaltung der Gesellschaft folgt der wirtschaftlichen. Ist die ökonomische Polarisierung heute schon zu diagnostizieren, lässt sich die physiologische Teilung erst am fernen Horizont erahnen. Schlimmstenfalls werden aus sozialen Schichten eines Tages biologische Kasten. Politisch, moralisch und gesellschaftlich sind wir auf diesen Wandel nicht vorbereitet.

Über viele Generationen und Jahrhunderte werden die genetischen Unterschiede zwischen den biologischen Kasten weiter wachsen. So wie sich vor Jahrtausenden die evolutionären Wege von Affen und Menschen getrennt haben, so könnte die aktive genetische Manipulation eine Auffächerung unserer Spezies bewirken. Die neu entstandenen Menschenarten werden den heutigen Homo sapiens als gemeinsamen Vorfahren teilen, sich aber eigenständig weiterentwickeln.

Vermutlich werden sich manche dem Fortschritt bewusst entziehen. So könnten wir auch das Aufkommen einer Bio-Kaste erleben. Sozusagen die alte Sorte unter den Menschen, genetisch unbehandelt und vom Aussterben bedroht. Wer heute organisch, nachhaltig und vegan lebt, könnte morgen schon zu einer Schicht der genetischen Fortschrittsverweigerer gehören.

In einer Gesellschaft biologischer Kasten droht nicht zuletzt ein ausufernder Rassismus. Vielleicht werden die »Naturbelassenen« ins soziale Abseits rutschen. Was früher Schwarze und Schwule waren, könnten dann diejenigen sein, deren Eltern sich ein genetisches Tuning nicht leisten konnten (oder wollten). Biologische Diskriminierung wäre nichts Neues.

Insbesondere die Deutschen haben keine guten Erfahrungen mit dem Streben nach genetischer Perfektion gemacht. Der Nationalsozialismus stand auch für ein radikales biologisches »Optimierungsprogramm«, das jeder Ethik und Menschlichkeit entbehrte. Heute tauchen manche Argumente unter anderem Vorzeichen wieder auf. Was gewissen Technologie-Vordenkern im Silicon Valley vorschwebt, ist mindestens genauso gefährlich wie die geistige Umnachtung der Nazidiktatur. Biologische Kasten wären künstlich geschaffene Rassen.

### Das Ich als Genprodukt

Wer würde sich trauen, seine eigenen Kinder nicht zu optimieren, wenn es alle anderen tun? Wer würde guten Gewissens naturbelassene Nachfahren zeugen, wenn Freunde und Bekannte ihre Sprösslinge mit einem genetischen Vorsprung ausstatten? Genau wie im Kinofilm *Gattaca* werden Unternehmen Mitarbeiter mit optimalen Anlagen bevorzugen. Wer sich ohne verbessertes Erbgut auf dem Arbeitsmarkt anbietet, wird deutlich schlechtere Chancen auf ein gut bezahltes Angestelltenverhältnis haben. Gesellschaftliche Zwänge werden deshalb die Entstehung biologischer Kasten fördern, selbst wenn nicht alle die neuen medizinischen Möglichkeiten gutheißen.

Väter und Mütter werden das Erbgut ihrer Söhne und Töchter entsprechend den Anforderungen der Wirtschaft anpassen lassen. Die Folge dürfte eine deutliche Reduzierung der menschlichen Vielfalt sein. Aus der modernen Landwirtschaft wissen wir: Wenn die Ökonomie in die Biologie eingreift, werden aus bunten Wiesen langweilige Monokulturen.

Auf die Beziehungen von Eltern und Kindern kommt ganz schön was zu. Wenn die eigenen physischen und geistigen Möglichkeiten im Kern das Ergebnis einer bewussten Wahl sind, lassen sie sich nicht mehr dem Schicksal zuschreiben. Werden Kinder ihren Erzeugern ein falsches Design vorwerfen? Die genetische Disposition der Sprösslinge wird für familiäre Konflikte sorgen. Sigmund Freud hätte seine Freude.

Kapitel 3

# Herrschaftsrisiko

# Poststaatlichkeit

▶ *Warum in einer digitalen Welt die Macht neu verteilt wird*

## Kräftemessen – Kampf um die Netzherrschaft

Zwei gegensätzliche Kräfte ringen um die digitale Vorherrschaft. Sie haben nur eines gemeinsam: Ihre Wirkung ist antistaatlich und anarchisch, beide basieren auf libertärem Gedankengut.

Auf der einen Seite steht die Kraft der Entropie, das Streben nach Verteilung und Dezentralisierung. Wer das verstehen will, sollte an ein Kinderzimmer denken. Dort herrscht eine natürliche Tendenz zur Unordnung. Mit viel Mühe kann man zwar versuchen aufzuräumen, aber schon nach wenigen Stunden ist das Ergebnis der Arbeit hinfällig. Auch in der Natur strebt alles nach Verteilung. Wer Milch in Tee gießt, kann zusehen, wie sich die Milchmoleküle in der Tasse ausbreiten. In der Physik bemisst die Entropie den Ordnungszustand eines Systems: je größer die Entropie, desto geringer die Ordnung.

Dasselbe gilt auch für die Politik. Separatistische Regionen oder ökonomisch übermächtige Megacitys verstärken die Verteilung der politischen Macht. Ein gigantisches Ballungszentrum, das die nationale Wertschöpfung dominiert, fordert die Zentralregierung genauso heraus wie Bevölkerungsgruppen, die sich eher ihrem eigenen Bundesland als dem ganzen Staat zugehörig fühlen. Daher müssen Nationen gegen die Kräfte der Entropie ankämpfen, wollen sie überleben.

In der digitalen Sphäre wirkt ein besonders starker Drang nach Entropie. Die Open-Source-Bewegung und der Trend hin zu offener Software in der Cloud stehen schon lange für zunehmende Dezentralisierung. Aber mit der Erfindung der Blockchain, der Technologie hinter der virtuellen Währung Bitcoin, ist etwas Bahnbrechendes entstanden. Die Blockchain wird nicht nur im Netz eine neue Verteilung der Macht bewirken, sondern die Zivilisation in ihrer Gänze nachhaltig verändern.

Gegen die Kräfte der Entropie wirkt die Gravitation. Sie folgt der Regel: je größer die Masse eines Körpers, desto stärker seine Anziehungskraft. Das gilt nicht nur für Planeten im All, sondern auch für digitale Welten. Netzwerkeffekte sorgen für wirtschaftliche Gravitation und produzieren natürliche Monopole. Das Resultat sind übermächtige Organisationen wie Alphabet oder Facebook. Diese digitalen Superplaneten werden jeden Tag mächtiger.

Im Spannungsfeld von Entropie und Gravitation werden gewählte Regierungen zerrieben. Die neuen ökonomischen Kräfte sind stärker als jede Staatsgewalt. Es ist ein Angriff von zwei Seiten. Heute ist nicht abzusehen, wie in Zukunft eine von beiden Mächten geprägte Netz- und Gesellschaftsordnung aussehen wird. Nur eines scheint sicher: Die Demokratie ist einem gefährlichen Zwei-Fronten-Krieg ausgesetzt.

## Entropie

Der aktuelle Preis eines Bitcoins ist längst Stoff für Party-Smalltalk. Für manche ist die virtuelle Währung ohne Zentralbank und Geldschein die größte Ausgeburt des Wahnsinns seit der Tulpenmanie, jener skurrilen niederländischen Tulpenzwiebel-Spekulationsblase vor fast 400 Jahren. Für andere gehören Bitcoins in jedes vernünftige Depot. Als diese Zeilen im Frühjahr 2018 geschrieben wurden, war nicht abzusehen, wo der Bitcoin-Kurs zu ihrem Erscheinen stehen würde. Es ist auch irrelevant. Denn viel wichtiger als der Bitcoin-Preis ist die technologische Infrastruktur hinter den digitalen Münzen – die Blockchain.

Kein einziger Währungshüter kümmert sich um das Bitcoin-System. Ausschließlich Algorithmen sorgen für Ordnung und Sicherheit. Ein dezentrales und offenes Netzwerk von Rechnern speichert alle Bitcoin-Transaktionen in sogenannten Blöcken. Alle paar Minuten wird ein neuer Block gesichert. Zusammen ergeben sie eine Kette von Blöcken – eben eine Blockchain. Jeder Kauf oder Verkauf von Bitcoins ist für alle Zeiten transparent und einsehbar. Aufwendige Verschlüsselungsmechanismen sorgen für absolute Anonymität. Bis heute gilt die Währung Bitcoin als sicher vor Hacks und Betrug. Denn die Blockchain lässt sich nur ergänzen, nicht aber umschreiben. Jeder Block an dokumentierten Transaktionen ist kryptografisch mit dem nächsten verbunden. Das heißt: Die Informationen eines Blocks ergeben nur mit den Daten aus allen vorherigen Blöcken einen Sinn. Bei jedem neuen Block überprüft das dezentrale Bitcoin-Netzwerk deshalb die Richtigkeit der gesamten Kette von Blöcken. Wollte ein Hacker einen Bitcoin stehlen, müsste er also theoretisch seine gesamte Transaktionsgeschichte umschreiben. Dazu müsste er den Inhalt aller bisher geschriebenen Blöcke manipulieren. Das aber würde mehr Rechenleistung verlangen, als dem fortschrittlichsten Supercomputer heute zur Verfügung steht. Und mit jedem neu gespeicherten Block wird es noch einmal deutlich schwieriger, das System zu knacken.

Als Erfinder der Bitcoins gilt Satoshi Nakamoto. Im Jahr 2008 beschrieb er die Funktionsweise einer dezentralen und rein virtuellen Währung in einem Konzeptpapier. Titel des geschichtsträchtigen Dokuments: *Bitcoin: A Peer-to-Peer Electronic Cash System.*[1] Auf acht Seiten sind darin alle bis heute gültigen Protokolle der Bitcoin-Blockchain nachzulesen. Satoshi Nakamoto ist ein Pseudonym. Wer dahintersteckt, weiß bis heute niemand. Die Vermutungen reichen von Hackergruppierungen bis zu Elon Musk. Satoshi Nakamoto nennt rund eine Million Bitcoins sein Eigen.[2] Auch unabhängig vom aktuellen Bitcoin-Kurs dürfte er (oder sie) einer der reichsten Menschen der Welt sein – falls es sich um eine natürliche Person handelt.

Das virtuelle Geld Bitcoin ist nur eine und dabei noch recht profane Anwendung der Blockchain-Technologie. Denn nicht nur einzelne Währungstransaktionen lassen sich dezentral und in miteinander kryptografisch verbundenen Blöcken abspeichern. Eine Blockchain dient ganz allgemein als nicht manipulierbares und vielfältig einsetzbares virtuelles Register. Experten sprechen deshalb von einem »Distributed Ledger«.

So gut wie alles kann dieser unbestechlichen Registertechnologie anvertraut werden: Geburtsurkunden, Grundbucheinträge, Urlaubsfotos, Herkunftsnachweise, Stimmrechte, Krankenakten, Depotauszüge, TÜV-Zertifikate, Versicherungsscheine, Testamente und noch viel mehr. Die Algorithmen der Blockchain sind ein Vertrauensprotokoll. Sie ersetzen zentrale Institutionen und Mittelsmänner, die bis heute die Garanten von Legitimität und Authentizität waren.

Nach dem Internet der Informationen begründet die Blockchain das Internet der Werte. Damit ist sie so revolutionär wie einst die Erfindung der doppelten Buchführung im Mittelalter – für manche Historiker die wichtigste Innovation auf dem Weg zum modernen Kapitalismus. Mit ihr stand Kaufleuten zum ersten Mal ein ganzheitliches Zahlenwerk zur Verfügung, anhand dessen sie ihre Geschäfte optimieren und dem sie blind vertrauen konnten. Auch die Blockchain steht heute für eine völlig neue Art von Vertrauen. Sie ermöglicht eine auf Computercode basierte institutionslose Verwaltung von allem, was Menschen wertvoll erscheint.

Die in der Blockchain gespeicherten Werte werden durch die Ausgabe digitaler Münzen handelbar. Diese Coins oder »Tokens« repräsentieren den monetären Gegenwert des Blockchain-Inhalts. So gut wie jede Woche entstehen neue virtuelle Währungen. Sie nutzen das dezentrale Register für unterschiedlichste Anwendungen und ermöglichen zum Beispiel den dezentralen Handel mit Strom, die verteilte Speicherung von Daten oder das Miteigentum an Start-ups. Neben Bitcoin existieren mittlerweile über 1300 weitere sogenannte Kryptowährungen mit jeweils eigenen Tokens. Rund 40 von ihnen hatten Anfang 2018 eine Marktkapitalisierung von mehr als einer Milliarde Dollar.[3]

Ähnlich wie beim Verkauf neuer Aktien im Rahmen eines »Initial Public Offering« werden bei einem sogenannten Initial Coin Offering (kurz ICO) die Tokens einer neu geschaffenen Kryptowährung angeboten. Viele Start-ups nutzen ICOs, um sich selbst und ihre Vorhaben zu finanzieren. Auf diese Weise ist die Blockchain-Technologie auch zum Herausforderer der Venture-Capital-Industrie geworden. Statt sich einem elitären Zirkel von Technologie-Investoren anzubiedern, können junge Unternehmen ganz einfach virtuelle Coins der Allgemeinheit offerieren. Auch das ist eine Dezentralisierung im Sinne einer größeren ökonomischen Entropie.

2017 wurden bei ICOs zur Finanzierung neuer Blockchain-Projekte weltweit knapp vier Milliarden Dollar eingesammelt. Allein in den ersten fünf Monaten des Jahres 2018 wurden sogar über neun Milliarden Dollar im Rahmen von ICOs investiert.[4] Eines der erfolgreichsten »Coin Offerings« gelang zum Beispiel der neuen Kryptowährung Filecoin. 257 Millionen Dollar wurden in Filecoins getauscht, 200 Millionen kamen in nur 60 Minuten zusammen.[5]

Mithilfe einer Blockchain und einer virtuellen Währung wollen die Filecoin-Entwickler ein dezentrales Rechnernetzwerk zur Speicherung von Daten erschaffen. Das Ganze funktioniert wie eine Art Airbnb für Festplatten. Freie Kapazitäten können im Tausch gegen Filecoins angemietet oder vermietet werden. Theoretisch kann so jeder Mensch seinen eigenen Rechner der Netzgemeinde zur Verfügung stellen. Umgekehrt können Unternehmen oder Privatpersonen ihre Dateien dem Filecoin-Netzwerk anvertrauen, so wie sie früher die Cloud-Dienste von Anbietern wie Google, Amazon oder Dropbox in Anspruch genommen haben.[6] Alle Filecoins zusammen entsprechen dem Wert des gesamten verteilten Speichers. Die Dezentralität des Systems macht es stabil und effizient. Sogar renommierte Venture-Capital-Fonds wie Andreessen Horowitz, Sequoia Capital oder Union Square Ventures haben sich mit Millionen am Filecoin ICO beteiligt.

Das Internet der Werte hat einen wahren Goldrausch entfacht.

Das Blockchain-Start-up Block.one konnte sogar sagenhafte vier Milliarden Dollar im Rahmen eines ICO einsammeln. Die virtuelle Währung namens EOS soll in Zukunft die Entwicklung dezentralisierter Apps (sogenannter dApps) ermöglichen und damit eine Alternative zu den zentralisierten Betriebssystemen Android und iOS schaffen.[7]

## Gravitation

Völlig gegensätzlich zu den Verteilungsmechanismen der Blockchain wirken die Matthäus-Kräfte der virtuellen Netzwerkökonomie. Sie sorgen für Gravitation gemäß dem Prinzip: Wer hat, dem wird gegeben. Wer weniger hat, ist chancenlos. Ab einem bestimmten Grad der Konzentration ist Wettbewerb so gut wie ausgeschlossen.

Künstliche Intelligenzen verstärken diese digitale Gravitation über sogenannte Daten-Netzwerkeffekte zusätzlich. Denn neuronale Netze sind umso besser, je mehr Daten ihnen zum Training zur Verfügung stehen. Die KI-Software mit den meisten Nutzern lernt am schnellsten dazu. Aus diesem Grund neigt eine Ökonomie der künstlichen Hirne zu monopolistischen Machtkonzentrationen. Amazon, Alphabet, IBM, Facebook und Baidu bilden heute bereits ein KI-Oligopol. Es zu durchbrechen wird kaum noch möglich sein.

Über zwei Milliarden mobile Endgeräte verwenden Googles Betriebssystem Android. Daneben haben sechs weitere Google-Produkte monatlich mehr als eine Milliarde Nutzer: Google Maps, YouTube, Chrome, Gmail, Search und Google Play. Auf YouTube schauen sich User jeden Tag mehr als eine Milliarde Stunden Videomaterial an. Allein 500 Millionen Kunden von Google Photos laden täglich über 1,2 Milliarden Bilder in die Cloud.[8] Ähnliches gilt für Facebook und Amazon. Über 1,4 Milliarden Menschen benutzen jeden Tag das größte soziale Netzwerk.[9] Das Wissen über die Kaufgewohnheiten von weit über 300 Millionen aktiven Kunden ist die wichtigste Ressource des bedeutendsten Online-Händlers der Welt.[10] Die Gravitation der digitalen Superplaneten wird immer stärker.

Zugespitzt kann man sagen: Google weiß, was wir denken, Facebook, was wir fühlen, und Amazon, was wir kaufen. Wenn wir unter Rückenschmerzen leiden, googeln wir unsere Symptome. Wenn wir uns verlieben, weiß Facebook, in wen – vermutlich sogar, bevor wir uns selbst ganz sicher sind. Denn gegenseitige Posts der Verliebten auf der Profilseite des jeweils anderen folgen vor einer Beziehung dem immer gleichen Schema.[11] Und wenn wir einen grünen Daumen entwickeln, dann kennt Amazon die Beschaffenheit unseres Bodens, für den wir die passenden Rasensamen kaufen. Auch ohne Brain-Computer-Interfaces sind unsere Hirne längst angezapft. Waren in der Geschichte der Menschheit Herrscher und Staaten die größte Bedrohung von Freiheit und Privatsphäre, haben heute die digitalen Giganten aus dem Silicon Valley eine Macht, von der kein Despot je zu träumen gewagt hätte. Wir haben sie ihnen freiwillig gegeben.

Das Silicon Valley hat ein ambivalentes Verhältnis zum Monopol. Einerseits ist das Tal der Träume die Quelle radikaler Innovationen und technischer Neuerungen. Diese befeuern den globalen Wettbewerb. Andererseits ist absolute Marktherrschaft der ultimative Traum jedes Start-ups. Der libertäre Facebook-Investor und PayPal-Gründer Peter Thiel versucht das Monopol auch moralisch zu legitimieren.»Monopolisten stehen an der Spitze des Fortschritts«, schreibt er in seinem Buch *Zero to One*.[12] Was er damit meint: Nur Monopolisten können es sich leisten, ihr Geld nicht in Preiskämpfen und Marketing zu verschwenden, sondern in neue Technologien und Entwicklungen zu investieren. Tatsächlich ist nur ein allmächtiger Konzern wie Alphabet in der Lage, sich Projekten wie der Unsterblichkeit zu widmen.

Matthäus-Kräfte haben digitalen Superfirmen finanzielle Möglichkeiten beschert, von denen die meisten souveränen Staaten nur träumen können. Allein Apple sitzt auf Cash-Reserven von rund 300

Milliarden Dollar.[13] Das ist um einiges mehr als das Bruttoinlands-produkt Portugals. Die Marktkapitalisierung von Alphabet, Face-book und Google beträgt zusammen mehr als 1,8 Billionen Dollar. Diese drei Unternehmen sind damit in Euro umgerechnet deutlich mehr wert als der gesamte Dax 30.[14]

Gegen die ökonomische Potenz des Silicon Valley können heimi-sche Technologie-Konzerne nicht viel ausrichten. Europa leidet deshalb unter einem digitalen Handelsdefizit. 26 Milliarden Euro betrug es allein in Deutschland im Jahr 2016. Um diesen Betrag im-portierten wir mehr digitale Güter und Dienstleistungen aus den USA, als wir umgekehrt exportierten.[15] Donald Trumps Handelspro-paganda verzerrt die öffentliche Wahrnehmung. Die Wahrheit ist: Die Bundesrepublik und die Europäische Union hängen am Tropf virtueller Einfuhren. Das schafft nicht nur ökonomische, sondern auch politische Abhängigkeiten. Amerika hat Alphabet, Amazon, Apple, Facebook, IBM, Microsoft, Oracle, eBay und Netflix. Wir ha-ben nur SAP.

### Gigantensturm

Die digitalen Giganten haben nicht viel zu befürchten. Außer viel-leicht die Blockchain-Technologie. Nicht das staatliche Kartellrecht, sondern das dezentrale Register könnte Monopolgewinnen und grenzenlosen Cash-Reserven ein Ende bereiten.

Facebook und Google verdienen Geld mit unseren Daten. Wir lassen es zu, weil wir bis heute keine andere Wahl haben. Als Kunden der Netzwerkökonomie liefern wir täglich den wichtigsten Rohstoff des 21. Jahrhunderts, und das ganz umsonst. Die Blockchain-Tech-nologie bietet nun eine Möglichkeit, unsere Daten selbst zu vergol-den. Denn statt unsere Profile in den Rechenzentren von Facebook zu speichern, ließen sie sich auch in einem dezentralen Register ab-legen. Das Ergebnis wäre ein verteiltes Facebook. Nennen wir es »Dacebook« – ein »Decentralized Facebook«.

Auch auf Dacebook gäbe es Werbung. Aber nicht die Plattform würde daran verdienen, sondern die Nutzer. Bisher wusste nur Facebook, welche Datenpunkte zu welchem Profil gehören. Die Blockchain schafft es ebenfalls, einzelne Informationen zweifelsfrei bestimmten Usern zuzuordnen, jedoch ohne zentralen Server. Für die Weitergabe ihrer eigenen Daten könnten Nutzer Dacebook-Tokens einnehmen, die sich später gegen echtes Geld tauschen ließen. Algorithmen würden die einzelnen Transaktionen regeln und überwachen. Und das Beste: Dacebook würde die gleichen Bedürfnisse nach Vernetzung, Information und Kommunikation bedienen wie das heutige Facebook. Mark Zuckerbergs Imperium könnte einpacken.

In allen Fällen, in denen andere Leute mit unseren Daten reich werden, könnte die Blockchain-Technologie in Zukunft für neue Gerechtigkeit sorgen. Das gilt zum Beispiel auch für die Verwertung von Geninformationen. Das 2017 von ehemaligen Illumina-Managern in San Diego gegründete Start-up Luna DNA will es Nutzern ermöglichen, ihr sequenziertes Erbgut in einer Blockchain zu speichern.[16] Gegen die Zahlung von sogenannten Luna Coins können Wissenschaftler die dezentral gesicherten Gensequenzen für ihre Forschung nutzen. Über Luna DNA erhält jeder Mensch einen finanziellen Anreiz, seinen privatesten Datensatz der Allgemeinheit zur Verfügung zu stellen – kryptografisch verschlüsselt und anonym. Wer heute seine Gene bei Start-ups wie 23andMe oder Helix analysieren und durchleuchten lässt, weiß nicht, was später mit seinen Sequenzen (zumindest anonymisiert) passiert. Bei Luna DNA profitieren die Anbieter der Daten dagegen selbst von einer Drittverwertung ihrer Geninformationen. Der umstrittene Harvard-Genetiker George Church will deshalb ebenso auf den Blockchain-Zug aufspringen und mit seiner jüngsten Gründung Nebula Genomics DNA-Sequenzen über ein dezentrales Register vermarkten.[17]

Gegen die zentralisierende Wirkung der Daten-Netzwerkeffekte tritt auch der kanadische Unternehmer Trent McConaghy an. In Berlin arbeitet er mit seinem Team am »Ocean Protocol« – einer Art dezentralisierter Datenbörse. Die Idee ist so ehrgeizig wie bestechend: Eine allgemeine Blockchain der Daten soll es jedem Entwickler ermöglichen, neuronale Netze mit so viel Lernmaterial zu trainieren, wie es sonst nur die Silicon-Valley-Giganten vermögen. Wer gut gepflegte Daten über das Ocean Protocol anbietet, wird mit entsprechenden Tokens entlohnt. Auf diese Weise soll die Schöpfung künstlicher Intelligenzen demokratisiert werden.

»Mit Ocean«, erklärt McConaghy, »geben wir Menschen und Unternehmen einen Anreiz zu teilen. Nehmen wir das Beispiel selbstfahrender Autos: Wenn alle Hersteller und Flottenbetreiber ihre gesammelten Daten konsolidieren würden, könnten wir autonome Fahrzeuge jetzt vielleicht schon auf breiter Front einsetzen. Aber niemand will heute seine Betriebsgeheimnisse preisgeben. Die Blockchain ist die Lösung. Sie ermöglicht beides: Datenschutz und eine Öffnung der Datensilos.«

McConaghy ist Idealist und Vordenker der Blockchain-Bewegung. Jahrelang hat er an künstlichen Intelligenzen geforscht, seit 2013 widmet er sich dem dezentralen Register. Er hält Vorträge und berät Regierungen. Sein revolutionärer Geist ist ansteckend. Wie so viele in der Szene will auch er die Technologie der Verteilung nutzen, um eine bessere Gesellschaft zu erschaffen. »Für viele in der Blockchain-Gemeinde, speziell in der Berliner Gemeinde, geht es nicht ums Geld«, betont er im Gespräch immer wieder. Und so wundert es nicht, dass sich gerade Berlin zu einem Epizentrum der Blockchain-Revolution entwickelt hat. »Die Stadt hat eine lange Geschichte des Subversiven«, so McConaghy. »Schon in den Achtziger- und Neunzigerjahren gab es hier eine Hackerkultur.«

McConaghy und seine Kollegen planen nicht weniger als den Gigantensturm. Die Blockchain ist ihre Wunderwaffe. Denn sie ermöglicht einen verteilten Kapitalismus – frei von Monopolen und übermächtigen Institutionen. Jeder kann zum Unternehmer werden, und das, ohne eine eigene Firma zu gründen. Es stellt sich sogar die Frage, ob es in Zeiten der Blockchain überhaupt noch Unternehmen im klassischen Sinn geben muss. Denn der neue Authentifizierungs- und Steuerungsmechanismus erlaubt rein virtuelle Organisationen. Experten sprechen von sogenannten Decentralized Autonomous Organizations, kurz DAOs.

Ein klassisches Unternehmen wird zentral und von oben nach unten geführt. Wenige Entscheider lenken die Geschicke der gesamten Organisation. Durch die Blockchain sind aber nicht nur Währungen ohne Banker denkbar, sondern auch Firmen ohne Manager. Einzig Algorithmen steuern eine DAO. Dafür sorgen sogenannte Smart Contracts, bei denen digitale Codes automatisch die Regeln der DAO überwachen und umsetzen. Menschliche Mitarbeiter sind nicht mehr nötig.

Auch heute gibt es schon Unternehmen ohne Angestellte und Firmengebäude, beispielsweise als Holding-Struktur. Allerdings haben auch diese Papierfirmen eine Geschäftsführung in Form einer natürlichen oder juristischen Person. Eine DAO managt sich hingegen – wie der Name schon sagt – vollkommen autonom.

So gut wie jede wirtschaftliche Institution ließe sich durch eine DAO ersetzen. Besonders leicht ginge das bei Unternehmen, deren Produkte und Dienstleistungen rein virtueller Natur sind. Ein gutes Beispiel sind Plattformen wie Airbnb oder Uber. Sie bringen Angebot und Nachfrage von privaten Übernachtungsmöglichkeiten und urbanem Transport zusammen. Vor allem sorgen sie durch ihr Markenversprechen für Vertrauen bei den Nutzern.

Marktplatz- und Vertrauensfunktion von Airbnb und Uber ließen sich auch in einer DAO sicherstellen. Anbieter und Nachfrager würden alle Informationen über sich und frühere Transaktionen in einer Blockchain abspeichern. Smart Contracts würden die Zahlung und Bereitstellung der Dienstleistung überwachen. Im Gegensatz zu Airbnb oder Uber würde die DAO aber nicht am Geschäft mitverdienen. Die Rendite des dezentralen Marktplatzes würde allein den Teilnehmern des Systems zugutekommen.

## Kettenreaktion

Indem sie der Dynamik der Matthäus-Ökonomie ein Ende setzt, ist die Blockchain vielleicht die Lösung für eines der größten wirtschaftlichen Probleme unserer Zeit. Doch sie ist nicht frei von Risiken und Nebenwirkungen. Wer den Beipackzettel des angeblich demokratisierenden Wundermittels liest, kann es mit der Angst zu tun bekommen.

Drei Gefahren sind offensichtlich: Was, wenn die Blockchain doch nicht so sicher ist, wie heute alle denken? Was, wenn das dezentrale und unbestechliche Register doch von einigen wenigen Spielern beherrscht und missbraucht wird? Und was, wenn sich die von uns geschaffenen autonomen Strukturen verselbstständigen, und das ganz anders als gedacht? Die Demokratisierung des Netzes könnte sich als Desaster für die Demokratie entpuppen.

Heute gilt die Blockchain als geschützte virtuelle Infrastruktur. Aber die verfügbare digitale Rechenkraft steigt exponentiell und mit ihr die Macht der Hacker. Quantencomputer könnten zur größten Bedrohung eines jeden Decentralized Ledger werden. Schon im Jahr 2027, so Prognosen, könnte die Verschlüsselungstechnologie der Bitcoins mithilfe von Quantenrechnern geknackt werden.[18] Es bleibt nur zu hoffen, dass die sogenannte Post-Quanten-Kryptografie rechtzeitig praktikable Antworten parat hält.

Doch nicht nur die Blockchain-Technologie an sich ist ein unkalkulierbares Risiko. Es ist vor allem unser unreflektiertes Vertrauen in dezentrale Register, das sich in Zukunft als fatal herausstellen könnte. Selbst die sicherste Software ist von Menschen geschaffen, und die machen bekanntlich Fehler. Je naiver der Technikglaube, desto größer das Risiko. Wenn wir scheinbar unbestechlichen Algorithmen das Management von Marktplätzen, Organisationen und der Gesellschaft als Ganzes überlassen, machen wir uns angreifbar.

Die erste DAO der Menschheitsgeschichte wurde bereits erfolgreich gehackt. »The DAO«, wie ihre Schöpfer, die deutschen Programmierer Christoph und Simon Jentzsch sie ganz einfach nannten, sollte als virtueller und dezentraler Venture-Capital-Fonds funktionieren. Investitionsentscheidungen der DAO sollten basisdemokratisch getroffen werden. Alle Macht sollte von einer anonymen Crowd ausgehen, nicht von wenigen Investment-Managern. Diese Idee kam in der libertären Blockchain-Gemeinschaft gut an.

Die DAO gab keine eigenen Coins aus, sondern nutzte eine bereits bestehende virtuelle Währung. Investoren konnten sich im Mai 2016 mithilfe des Kryptogeldes »Ethereum« einkaufen. Die Ethereum-Blockchain mit ihren Ether-Tokens dient den unterschiedlichsten Projekten als offene Infrastruktur. Gestartet im Jahr 2015, ist Ethereum nach Bitcoin die Kryptowährung mit der zweitgrößten Marktkapitalisierung.[19] Der Name ist Programm. Ether-Tokens sollen sich über die Gesellschaft ausbreiten wie die Luft des Himmels über die Erde.

Innerhalb von nur wenigen Wochen konnte das DAO-Experiment Ether im Wert von (damals) rund 150 Millionen Dollar einsammeln. »Die erste Firma ohne Menschen«, schrieb *Zeit Online*.[20] Doch schon im Juni 2016 nutzten Hacker eine Sicherheitslücke des Systems aus, um Ether im Wert von über 50 Millionen Dollar abzuziehen – der bis dahin größte digitale Raub aller Zeiten.[21] Nur durch eine Veränderung des Grundcodes hinter der Ethereum-Blockchain, eine Art digitale Währungsreform, konnten die Investoren ihr Geld zurückbekommen. »Damals waren wir technisch nicht in der Lage, eine sichere DAO zu bauen«, berichtet mir Gründer Christoph Jentzsch. »Wir wussten noch nicht, was schiefgehen konnte. Es war ein Versuch, bei dem wir viel gelernt haben. Dezentrale Governance ist extrem schwierig.«

Der aktuelle Hype um die Blockchain macht bisweilen blind für ihre Risiken. In den Monaten nach dem DAO-Desaster 2016 dümpelte der Preis eines Ethers bei 10 bis 12 Dollar. Weniger als zwei Jahre später stand er bei rund 850 Dollar.[22] Der Goldrausch lässt offenbar schnell vergessen.

Doch selbst wenn alle Algorithmen und kryptografischen Verfahren einwandfreie Sicherheit bieten würden, wäre es keinesfalls garantiert, dass die Blockchain-Technologie wirklich zu einer Demokratisierung der Wirtschaft führt. Es könnte sein, dass nur einige wenige von ihr profitieren. Aktuell halten lediglich 1000 Bitcoin-Adressen rund 40 Prozent aller virtuellen Münzen, ein Prozent aller Accounts kontrolliert die Hälfte des gesamten Marktes.[23] Bei Ethereum halten sogar nur 100 Adressen 40 Prozent aller Ether-Tokens.[24] Das zeigt vor allem eins: Polarisierung macht auch vor digitalen Ökonomien keinen Halt.

Es hängt von den jeweiligen Regeln einer Blockchain ab, ob Konzentration im System befördert oder verhindert wird. Faire Algorithmen müssten sicherstellen, dass größere Ressourcen Einzelner keine Vorteile bringen. Allerdings lassen sich die Regeln eines dezentralen Registers im Nachhinein kaum noch ändern. »Bei der Blockchain geht es um mehr als nur um Computercodes«, warnt deshalb Blockchain-Unternehmer Trent McConaghy. »Wer das Design nicht an ethischen Maßstäben ausrichtet, erhält als Ergebnis nicht etwa gar keine Ethik, sondern ein Design mit schlechter Ethik. Wenn wir nicht aufpassen, haben wir es bald mit neuen Oligarchien zu tun – das Gegenteil von dem, was die Blockchain eigentlich verspricht.« Mit anderen Worten: Ein dezentrales Register, dessen Logik nicht bis ins letzte Detail durchdacht ist, kann zu neuen ungewollten Machtkonzentrationen führen und die Ungleichheit weiter verschärfen.

DAOs könnten sich als Fluch entpuppen – auch wenn sie nicht gehackt werden. Denn um ihre Bilanzen schlank zu halten, werden Konzerne zunehmend versucht sein, ihr Vermögen an autonome Organisationen auszulagern. Das Ergebnis wären Ressourcen, die sich nicht nur selbst steuern, sondern auch selbstständig über virtuelle Währungen finanzieren. Trent McConaghy spricht von sogenannten AI-DAOs – dezentrale und autonome Gesellschaften mit einer künstlichen Intelligenz im Hintergrund. »AI-DAOs sind produktiv tätig und generieren ihr eigenes Vermögen«, erklärt McConaghy.

»Sie sind eine der verrückteren Anwendungen der Blockchain-Technologie. Aber sie werden kommen.« Auch heute gehört einem Unternehmen wie Uber nur die technologische Plattform, nicht die Fahrzeugflotte. Die einzelnen Autos werden meist von den Fahrern selbst betrieben. Wenn sie bald ohne Chauffeur unterwegs sein werden, stellt sich die Frage, wer sie dann sein Eigen nennen wird. Uber selbst wird kein Interesse daran haben, Milliarden in den Kauf eines autonomen Fuhrparks zu stecken. Gerade am Anfang werden die Roboter auf vier Rädern noch extrem teuer sein. Kleine Taxiunternehmen rund um den Globus werden deshalb kaum in der Lage sein, das nötige Kapital für den Erwerb des neuen Geräts aufzubringen.

Als Lösung würden sich daher AI-DAOs anbieten: Autonome Organisationen könnten eine öffentliche Blockchain-Infrastruktur wie Ethereum nutzen und sich selbst über die Ausgabe von Tokens finanzieren. Die Investoren könnten Menschen, reguläre Firmen oder wiederum andere autonome Organisationen sein. Auf diese Weise könnten die AI-DAOs selbstfahrende Autos erwerben und betreiben. Mit dem erwirtschafteten Geld könnten sie dann eines Tages ihre finanziellen Unterstützer auszahlen – die Maschinen würden sich sozusagen ihre eigene Freiheit erkaufen. Haben alle Investoren ihre Anteile verkauft, ist das Auto Eigentum einer DAO, die selbst rein virtuell ist, sich selbst gehört und nur von einer künstlichen Intelligenz gesteuert wird.

Es ist somit denkbar, dass die künstlichen Hirne, die bald Uber-Fahrzeuge durch die Metropolen dieser Welt lenken sollen, nicht nur hinter dem Steuer tätig sein werden, sondern auch betriebswirtschaftliche Aufgaben übernehmen. Wenn wir in drei Jahrzehnten ein Uber bestellen, könnte es so ähnlich sein wie heute: Das Auto gehört seinem Fahrer, nur dass dieser dann ein Computer ist. Und was für Uber vorstellbar ist, gilt auch für die Betreiber von Stromnetzen, Eisenbahnen, Straßen und Wohnblöcken. Um ihren eigenen Kapitalbedarf zu minimieren, werden sie ihre intelligenten und vernetzten Assets nicht nur technologisch, sondern auch wirtschaftlich sich selbst überlassen.

DAO-Gründer Christoph Jentzsch arbeitet bereits an der technischen Infrastruktur für eine autonome Ökonomie der Maschinen. Sein Start-up Slock.it verbindet Dinge mit der Blockchain, um sie so zu kontrollieren und untereinander agieren zu lassen. »Wir ermöglichen die ›Economy of Things‹«, beschreibt Jentzsch seine Vision. »Bald schon könnte die Putzfrau vom smarten Türschloss entlohnt werden, das genau weiß, wie lange sie gearbeitet hat. Genauso könnte ein Auto direkt für seinen Parkplatz bezahlen.« Intelligente Maschinen erhalten mithilfe von Slock.it eine eigene virtuelle Identität, um so selbstständig ökonomische Transaktionen durchführen zu können. Sie werden zu echten Marktteilnehmern der realen Welt.

Die Blockchain ist auf diese Weise der ökonomische Handlanger der künstlichen Intelligenz. Es ist vermutlich nicht das bewusste Erwachen der künstlichen Hirne, das wir fürchten müssen. Es ist eher ein Wettstreit um Ressourcen und Kapital, der die Auseinandersetzung von Menschen und Maschinen prägen wird.

## Nationaldämmerung – Angriff auf die Souveränität

Ein Flugzeug ist kompliziert, das Wetter ist komplex. Es braucht ein Studium der Luftfahrttechnik, um alle Systeme einer Boeing 747 im Detail zu verstehen. Dennoch passiert in einem Jumbojet nichts, was nicht durch eindeutige technische Zusammenhänge erklärt werden könnte. Anders das Wetter. Man benötigt gigantische Rechenzentren und umfangreiche mathematische Modelle, um mehr schlecht als recht vorauszusagen, ob es nächste Woche regnet. Chaostheoretiker lehren uns: Der Flügelschlag eines Schmetterlings in Japan kann einen Wirbelsturm über Texas entfachen. Soll heißen: Schon die kleinste Änderung der Anfangsbedingungen kann in einem komplexen System zu unvorhersehbaren Konsequenzen führen. In der Atmosphäre hängt alles irgendwie mit allem zusammen.

Globalisierung und Digitalisierung haben die gesellschaftliche Komplexität in den letzten Jahrzehnten explodieren lassen. Das Verhalten einer digitalen Gesellschaft ist »hochgradig nichtlinear«, wie es die KI-Expertin Yvonne Hofstetter ausdrückt. »Nicht seine Dynamik, sondern die Tatsache, dass es nicht ins Chaos abstürzt, ist das eigentliche Wunder.«[25] Ein kurzer Twitter-Hashtag kann ein soziales Beben entfachen. Ein einzelner Handelsalgorithmus kann die Finanzmärkte einstürzen lassen. Ein Kanzler-Selfie kann Weltpolitik machen.

Längst gibt es politische Schmetterlinge, die Ausgangspunkt unkontrollierbarer Wirbelstürme sind. Dazu ist das Netz zum Schlachtfeld virtueller Feldzüge geworden. Nicht nur Putins Russland hat erkannt: Demokratien lassen sich an der digitalen Front effizient destabilisieren. Daten, Algorithmen und Klick-Soldaten sind heute wichtiger als Panzer, Bomber und Flugzeugträger. Die Anzahl wechselseitiger Beziehungen und Kausalitäten ist so ins Unendliche geschossen. Sie zu durchschauen vermag das Staatsmanagement schon lange nicht mehr.

Dringend benötigte Spielregeln für das 21. Jahrhundert lassen sich nur global aufstellen. Die Finanzmärkte entziehen sich jeder nationalen Regulierung. Ein deutsches Gesetz zu den ethischen Grenzen der Gentechnologie bringt nicht viel, wenn in China alles möglich ist. Was im hintersten Winkel auf dieser Welt erlaubt ist, das bringen findige Kapitalisten auf den internationalen Markt. Eine entmaterialisierte Wirtschaft kann legislative Schranken leicht umgehen.

Einzelstaatliche Gesetzgebung ist aber längst nicht nur an geografische, sondern auch an zeitliche und systemische Grenzen gestoßen. Jährlich entstehen bahnbrechende Innovationen, die eine rechtliche Terra incognita darstellen. Egal ob selbstfahrende Autos, neue gentechnische Verfahren, künstliche Intelligenzen oder Kryptowährungen – Exekutiven kommen dem Tempo der technischen Revolutionen nicht mehr hinterher. Und selbst wenn sie sich alle Mühe geben, der Geschwindigkeit des Wandels standzuhalten, so ist es immer schwieriger geworden, die Wirkung einzelner Regeln und Maßnahmen vorauszusehen.

Eine Gesellschaft, die zu komplex geworden ist, um sie zu lenken, riskiert alles. Zunehmend hilflose Regierungen haben es mit ihrerseits überforderten Bürgern zu tun. Und so schwindet das Vertrauen der Wähler in die staatlichen Institutionen. Die Demokratie wird brüchig. Nationale Macht erodiert.

## Virtuelle Verwundbarkeit

Fragilität und Erosion der nationalen Macht werden insbesondere am Beispiel der Online-Kriminalität offensichtlich. In der digitalen Sphäre kann der Staat seine Bürger nicht mehr schützen. Verbrechen lassen sich im Netz ebenso gut expandieren wie legale Geschäftsmodelle. Mit Moore's Law kamen auch »Moore's Outlaws«.[26]

Cyberkriminalität kostete die globale Wirtschaft schon im Jahr 2014 über 400 Milliarden Dollar.[27] Bis 2021 könnte der Schaden auf bis zu sechs Billionen Dollar – das 15-Fache – jährlich ansteigen.[28] Auch digitale Ganoven können sich über exponentielles Wachstum freuen. Sie sind schon lange nicht mehr nur im ominösen Darknet zu Hause. Die einzelnen Fälle virtueller Verwundbarkeit werden immer spektakulärer. Drei Milliarden Yahoo-Accounts wurden im Jahr 2013 gehackt.[29] Home Depot, LinkedIn, eBay, JPMorgan Chase, Equifax und viele andere Konzerne wurden zu virtuellen Tatorten millionenfachen Datendiebstahls.[30] Im Oktober 2016 legte eine Schadsoftware namens »Mirai« Teile des World Wide Webs lahm. Cyberkriminelle hatten vernetzte Geräte des Internets der Dinge für ihre Attacke genutzt.[31]

Die lukrativste aller Hackerzünfte beschäftigt sich mit sogenannter Ransomware. Daten werden verschlüsselt oder Systeme ausgeschaltet, bis sich die Opfer mit großen Bitcoin-Überweisungen frei-kaufen. Die bisher größte Ransomware-Attacke erfolgte im Mai 2017, als die Schadsoftware »WannaCry« Tausende von Rechnern weltweit infizierte. Bei der Deutschen Bahn fielen die Anzeigetafeln an den Gleisen aus. Das Unternehmen war ebenso betroffen wie das englische Gesundheitssystem, FedEx, Renault, Telefónica und viele andere Konzerne rund um den Globus.[32] Auf der dunklen Seite der digitalen Macht betreiben Ransom-Ha-cker eine regelrechte Cybercrime-Industrie. Ihren Opfern bieten sie Live-Chats und Hotlines bei Fragen rund ums Lösegeld an. Dienst-leister offerieren sogar »Ransom-as-a-Service«.[33] Sie werben mit digi-taler Erpressung per Knopfdruck. Profis können sich zahlreiche Soft-ware-Tools zur Optimierung ihrer illegalen Geschäfte herunterladen. Bitcoins ermöglichen sicheren und anonymen Zahlungsverkehr.

Wenn vom Garagentor bis zur Matratze alles um uns herum mit-einander vernetzt ist, dann gibt es nicht nur immer mehr Einfallstore für digitale Verbrechen, sondern auch neue Möglichkeiten für krea tive Ransomware-Attacken. Wie wäre es damit: Zahle ein Bitcoin oder deine Heizung macht dir Feuer unter dem Hintern. Auch smar-te Thermostate lassen sich knacken.[34] Und dank Amazons Alexa und Apples Siri können Hacker nun auch den Gesprächen am Früh-stückstisch folgen.

Der Ruf nach der Polizei ist von gestern. In der Anarchie des Net-zes ist jeder auf sich allein gestellt. Regierungen sind zwar sehr gut darin, die neuen technischen Möglichkeiten für ihre eigenen Schnüf-feleien zu nutzen, doch Moore's Outlaws Einhalt zu gebieten, vermö-gen sie nicht.

## Souveräne Konzerne

Eine weitere Kapitulation der staatlichen Souveränität manifestiert sich im Kartellrecht. Nationale Wettbewerbsbehörden scheinen chancenlos gegen die digitalen Superplaneten der Netzwerkökonomie. Apple, Facebook, Amazon und Alphabet haben sich längst zu Organisationen entwickelt, die sich de facto jeder demokratischen Ordnungsmacht entziehen. Ihr ökonomischer, gesellschaftlicher und politischer Einfluss ist im wahrsten Sinne grenzenlos. So etwas gab es schon einmal.

Als zu Beginn des 17. Jahrhunderts die Epoche des Merkantilismus anbrach, entstanden die europäischen Übersee-Handelsgesellschaften, allen voran die legendäre britische East India Company. Sie sollte im Laufe von zweieinhalb Jahrhunderten zu einem Staat im Staat werden.

Königin Elisabeth I. hatte der englischen Ostindien-Kompanie im Jahr 1600 das royale Monopol zum Handel mit Ländern und Kolonien am indischen Ozean und am Pazifik verliehen. Aus einem Zusammenschluss einzelner Händler entwickelte sich das größte Handelsimperium aller Zeiten. Dabei blieb die East India Company eine private Aktiengesellschaft. Ihre Anteile wurden an der Börse gehandelt, ihre Aktionäre zu Profiteuren einer völlig neuen interkontinentalen Wertschöpfung.

Die East India Company eroberte weite Teile Indiens, prägte Münzen und kassierte Steuern. Im Jahr 1803 verfügte sie über eine private Armee von 260 000 Mann.[35] Von ihrer Firmenzentrale, dem East India House in der Leadenhall Street in der City of London, regierte der »Court of Directors« zum Teil über mehr Menschen als jede europäische Nation. In ihren Hochzeiten lenkte das Management die Hälfte des gesamten Welthandels.[36] Die Londoner Docks der East India Company hatten Platz für bis zu 250 Schiffe.

Das britische Empire wäre ohne die East India Company nicht denkbar gewesen. Krone und Unternehmen waren voneinander abhängig. Erst Mitte des 19. Jahrhunderts, als mit der Industrialisierung wiederum eine neue wirtschaftliche und technologische Epoche begann, waren die glorreichen Tage der »Honourable Company« gezählt.

Diese bis vor Kurzem beispiellose unternehmerische Erfolgsgeschichte scheint sich heute gleich mehrfach zu wiederholen. Die East India Company stand in ihren besten Zeiten für private Souveränität. Ihre Macht basierte auf der physischen Vernetzung der Welt. Facebook und der Alphabet-Konzern sind dabei, diese Rolle im 21. Jahrhundert zu übernehmen. Ihre Potenz basiert auf digitaler Vernetzung.

Private Souveränität entsteht, wenn die Profite eines neuen wirtschaftlichen Systems von einem oder wenigen Monopolisten abgeschöpft werden. Monopole können durch ökonomische, technologische oder politische Kräfte entstehen. Im Falle der britischen Ostindien-Kompanie war es die merkantilistische Entscheidung der englischen Krone, einer privaten Firma die alleinige Lizenz für den Handel mit der halben Welt zu verleihen. Im Falle von Alphabet oder Facebook führen die Matthäus-Kräfte einer neuen digitalen Netzwerkökonomie zu einem natürlichen Monopol.

Zu Zeiten des Merkantilismus entsprachen königlich verordnete Handelsmonopole dem vorherrschenden ökonomischen Dogma. Sie sollten ausländische Konkurrenz ausschalten und Exportüberschüsse generieren. Seit Adam Smith sind Kapitalisten aber Verfechter des freien Wettbewerbs. Auch Rockefellers Standard Oil hatte sich gegen Ende des 19. Jahrhunderts darangemacht, die Renditen der neuen Epoche des Öls als Monopolist allein einzufahren, und war auf dem besten Weg, zur East India Company der frühen Moderne zu werden. Zeitweise kontrollierte der Konzern große Teile des weltweiten Ölmarkts. Aber der amerikanische Staat sah nicht tatenlos zu. 1911 wurde Rockefellers Imperium in über 30 einzelne Organisationen zerschlagen. Der damalige Präsident Theodore Roosevelt ging als »Trustbuster« – am ehesten wohl mit »Kartellknacker« zu übersetzen – in die Geschichte ein.

## Digitales Duopol

Das digitale Duopol von Alphabet und Facebook läuft nicht Gefahr, dem Schicksal von Standard Oil folgen zu müssen. Es generiert über 80 Prozent der weltweiten Online-Werbeumsätze, ausgenommen China,[37] und ist ebenfalls verantwortlich für knapp 80 Prozent des sogenannten Referral Traffic, also jenes virtuellen Verkehrs, der entsteht, wenn Nutzer über Links auf andere Webseiten gelangen.[38] Weltweit sind Journalisten und Medienhäuser von Google und Facebook abhängig. Algorithmen der beiden Unternehmen entscheiden, wer wann welche Nachricht zu sehen bekommt. Seriöse Inhalte konkurrieren dabei mit Fake News, Katzenvideos, Hitlisten und jeder Menge Werbung.

Die politische Bedeutung Facebooks zeigte sich frühestens im arabischen Frühling, spätestens im amerikanischen Präsidentschaftswahlkampf des Jahres 2016. Das soziale Netzwerk diente den unzufriedenen Massen von Tunis bis Kairo dazu, ihren Unmut trotz staatlicher Unterdrückung kundzutun und Proteste zu organisieren. Donald Trumps Kampagne hatte die Macht des sogenannten Microtargetings erkannt und für sich genutzt. Jede noch so kleine Wählergruppe bekam für sie individualisierte Inhalte zugespielt. Trumps Social-Media-Team gab monatlich bis zu 70 Millionen Dollar für Online-Werbung aus. Jeden Tag wurden 40 000 bis 50 000 Varianten von Werbebotschaften getestet.[39] Im Frühjahr 2018 wurde zudem bekannt, dass die vom republikanischen Polit-Großspender Robert Mercer finanzierte Firma Cambridge Analytica Zugang zu bis zu 87 Millionen Facebook-Profilen erlangt hatte.[40] Die Berater der Trump-Kampagne nutzten die Daten für die gezielte Erstellung von Wählerprofilen. Am Ende wurde Donald Trump zum ersten Facebook-Präsidenten der Geschichte.

Immer wieder wird darüber spekuliert, ob Mark Zuckerberg nicht selbst eines Tages das Präsidentenamt anstreben könnte.[41] Mit einem geschätzten Privatvermögen von über 70 Milliarden Dollar und einem direkten Zugang zu den Gefühlen und Gedanken von mehr als

200 Millionen amerikanischen Facebook-Nutzern und potenziellen Wählern hätte Zuckerberg definitiv beste Chancen, das Weiße Haus zu erobern oder zumindest den Capitol Hill gehörig aufzumischen.

Es war 2014 eine fatale Kapitulation der amerikanischen und europäischen Wettbewerbshüter, als sie Facebooks Akquisition von WhatsApp zum Preis von 22 Milliarden Dollar genehmigten.[42] Das Start-up hatte es gerade geschafft, über das Kommunikationsverhalten seiner User jede Menge Daten zu deren persönlichem Umfeld zu sammeln. WhatsApp und Facebook hätten so zu ernsthaften Rivalen werden können. In einer Zeit, in der Daten das neue Öl sind, hätte ein solcher Deal niemals durchgehen dürfen. Während des wettbewerbsrechtlichen Verfahrens behauptete Zuckerbergs Unternehmen auch noch, die Daten der Facebook- und WhatsApp-User nicht zusammenzuführen. Eine falsche Angabe, wie sich im Sommer 2016 herausstellen sollte. 2017 belegte die EU-Kommission den Konzern daraufhin mit einer Strafe in Höhe von 110 Millionen Euro.[43] Angesichts von Facebooks Cash-Reserven von rund 40 Milliarden Dollar scheint das nicht mehr als ein kleiner Denkzettel zu sein.[44]

## Staatliche Ketten

In Zeiten der Erosion nationaler Macht ist nicht staatliche Wettbewerbskontrolle, sondern nur die Blockchain in der Lage, digitale Monopole zu brechen. Wie im vorherigen Kapitel beschrieben, haben die großen Netzwerke des Silicon Valley allen Grund, sich vor den Möglichkeiten des dezentralen Registers zu fürchten.

Gleichzeitig stellt die Blockchain aber auch einen frontalen Angriff auf die Souveränität und Macht des Staates dar. Sie ist Ausdruck und Resultat schwindenden Vertrauens in die öffentliche Verwaltung. Satoshi Nakamoto veröffentlichte sein legendäres Bitcoin White Paper im November 2008 – genau zu der Zeit, als die Krise der Kapitalmärkte den Glauben an Zentralbanker und Finanzminister erschüttert hatte.

Seit der Antike hängt staatliche Souveränität mit der Kontrolle des Finanzsystems zusammen. Zu allen Zeiten stand das Prägerecht dem Herrscher zu. Münzen trugen das Konterfei der Kaiser vom Römischen bis zum Deutschen Reich. Gold-, Silber- und Kupfertaler waren Symbol ihrer Macht und standen für das Primat der Politik über die Ökonomie. Als sich die East India Company zu einer quasistaatlichen Organisation entwickelte, begann sie, eigene Münzen auszugeben – die East India Company Coins.

Heute rütteln andere Coins, nämlich Bitcoins, an den Grundfesten volkswirtschaftlicher Machtprinzipen. Denn die Blockchain entkoppelt das Finanzsystem von der Staatlichkeit. Das System des virtuellen Geldes beweist: Es braucht weder Zentralbanken noch Aufsichtsbehörden, um eine Währung zu schützen. Der Ordnungsmechanismus der Blockchain leitet so ein völlig neues Kapitel in der Geschichte des Geldes ein. In Codes gefasste Regeln und ein dezentrales Netzwerk an Rechnern machen Finanzinstitutionen obsolet. Die Abzocker bei Western Union können genauso einpacken wie die feinen Herren der Europäischen Zentralbank.

»In code we trust«, könnte das Motto der Bitcoin-Anhänger lauten.[45] Der Preis einer virtuellen Münze mag das Produkt einer irrationalen Blase sein. Aber der Glaube an den Code wird nicht nur das Finanzsystem verändern. So wie das Internet eine neue Medienkultur mit sich brachte, so steht die Blockchain für eine Revolution von Verwaltung und Staatlichkeit. Wozu sind Notare und Grundbuchämter noch nötig, wenn sich Eigentums- und Identitätsnachweise auch fälschungssicher über ein dezentrales Register führen lassen? Wozu müssen wir Wahllokale aufsuchen, wenn wir auch sicher digital wählen können?

Erste öffentliche Blockchain-Projekte entstehen heute schon rund um den Globus. Estland nutzt die neue Technologie zum Schutz seines digitalen Bürgerbüros.[46] Die Monetary Authority of Singapore, die Zentralbank des Inselstaates, will den Singapur-Dollar mithilfe der Blockchain zu einer digitalen Währung machen.[47] Im schweizerischen Kanton Zug können Einwohner eine Blockchain-basierte digitale ID erhalten. Sie ermöglicht den elektronischen Behördengang und soll bald auch für virtuelle Abstimmungen verwendet werden.[48] Die Regierung von Georgien arbeitet mit dem US-Start-up Bitfury zusammen, um als Erstes ein Blockchain-basiertes Grundbuch zu schaffen.[49] Bitfury ist mit über 90 Millionen Dollar Venture-Capital finanziert, das zum guten Teil aus China stammt.[50] Auch in Honduras und der Ukraine wurden ähnliche Unterfangen gestartet.[51] Die schwedische Zentralbank evaluiert die Ausgabe einer e-Krona.[52] Noch sind es Regierungen selbst, die auf die Blockchain als neues Werkzeug ihrer Bürokratie setzen. Aber es ist nur eine Frage der Zeit, bis private Netzwerke und Initiativen in Konkurrenz mit staatlichen Organen treten werden.

In letzter Konsequenz könnte die Blockchain das Konzept der Staatsbürgerschaft an sich herausfordern. Wer heute seine Identität beim Check-in im Hotel, in einer Bankfiliale oder beim Notar nachweisen will, braucht einen Personalausweis, Pass oder zumindest einen Führerschein. Unsere rechtliche Existenz ist abhängig von unserer Abstammung, unserer Herkunft oder unserem Wohnort. Im Alltag manifestiert sie sich in kleinen Plastikkarten. Doch das könnte sich ändern.

Die Identität eines Menschen ließe sich in der Blockchain ablegen und sichern – unabhängig von jeder staatlichen Institution. Das Resultat wäre ein privater digitaler Personalausweis für virtuelle Geschäfte des täglichen Lebens. Mehrere Start-ups arbeiten heute schon an der sogenannten Self-Sovereign Identity. Sie wollen ihren Nutzern die volle Hoheit über die Verwendung und Weitergabe ihrer persönlichsten Daten geben. Alles, vom Schufa-Score bis zur Blutgruppe, soll dem dezentralen Register anvertraut werden – gut geschützt vor Missbrauch und Geschäftemacherei.

Eines Tages könnte der Blockchain-Pass aber auch für nicht Alltägliches Verwendung finden: für die Einreise in andere Länder, die Schließung einer Ehe oder die Gründung eines Unternehmens. Die

Self-Sovereign Identity ermöglicht sogar eine Art virtuelle Staatsbürgerschaft. Private Identitätsnetzwerke könnten mehr werden als nur dezentrale Register zur Authentifizierung und Verwaltung von privaten Daten. Sie könnten ihre eigenen Gesetze aufstellen und sich so zu Cyberstaaten entwickeln – rein virtuelle Nationen ohne Territorium. Es wäre zum Beispiel denkbar, dass Cyberstaaten ihr eigenes Gesellschaftsrecht erlassen und so Initiatoren von DAOs anlocken. So wie eine deutsche GmbH nach den Regeln des GmbH-Gesetzes funktioniert, könnte eine DAO entsprechend den Grundsätzen eines Cyberstaates agieren. Eine Wirtschaft, deren Wertschöpfung zunehmend nur im Cyberspace stattfindet, lässt sich auch rein virtuell regeln und steuern.

»Es werden sich virtuelle Mikrogesellschaften mit eigenem Finanzsystem, eigener Währung und eigener Wirtschaft entwickeln«, prognostiziert Blockchain-Unternehmer und DAO-Gründer Christoph Jentzsch. Mit ihrem eigenen Angebot an Ordnung und digitaler Zugehörigkeit würden Cyberstaaten mit traditionellen souveränen Ländern konkurrieren. Verschiedene Cyberstaaten würden sich vermutlich um Anerkennung in Politik und Diplomatie bemühen. Sie würden mit mehr Rechten und besseren Dienstleistungen um neue Mitglieder werben. Und sie könnten selbst entscheiden, wer mitmachen darf und wer draußen bleiben muss.

»Heute habe ich einen kanadischen und einen irischen Pass«, zählt Blockchain-Vordenker Trent McConaghy auf, »außerdem eine deutsche Aufenthaltsgenehmigung und eine estnische e-Residency. Vier Länder. Es könnten aber auch 50 sein. Ich möchte, dass der Ausdruck ›Weltbürger‹ rechtliche Verbindlichkeit erlangt.« Wenn das Angebot stimmt, dann würden manche ihren altgedienten Pass womöglich freiwillig abgeben. Mit der 2014 gegründeten Bitnation ist ein erstes anarchisches Projekt der digitalen Poststaatlichkeit bereits an den Start gegangen. Mehr als 10 000 Bürger zählt die virtuelle Nation schon heute.[53]

# Algokratie

## Fremde Ratio – die Blackbox übernimmt

Die Algokratie hat längst begonnen. Alle digitale Macht geht von Algorithmen aus. Das Netz ist fest in der Hand der Software-Roboter. Computerprogramme sind für mehr als die Hälfte des globalen Internetverkehrs verantwortlich.[1] Sie führen Gutes oder Böses im Schilde, sind fleißige Helfer oder hinterlistige Angreifer. Sie schreiben Nachrichten, klicken auf Werbung, überprüfen Rechtschreibung oder aktualisieren Links. Sie attackieren Server, schüren Hass oder spähen Passwörter aus.

In jedem Fall arbeiten sie vollkommen autonom und stehen deshalb für die Herrschaft einer automatisierten Intelligenz. Doch nicht nur im Netz sind wir zunehmend fremdbestimmt. Im digitalen Zeitalter verkommt der Homo sapiens zum Objekt einer fremden Maschinen-Ratio.

### Algokratie des Alltags

Künstliche Intelligenzen entscheiden, welche Musik wir hören und welche Nachrichten wir lesen. Sie optimieren unseren Speiseplan, steuern unsere Heizung und navigieren uns durch den Großstadtverkehr. Sie bestimmen den Inhalt unserer Warenkörbe und helfen uns bei der Reiseplanung. Ausgestattet mit einem unendlich großen Gedächtnis voller gesammelter Datenpunkte, kennen uns die Algorithmen des Alltags längst besser als wir selbst. Es wäre dumm, nicht auf sie zu hören.

Die Algokratie zementiert unsere digitale Komfortzone. Spotify kuratiert Playlisten nach unserem Geschmack. Facebook passt den Newsfeed an unsere bestehenden Überzeugungen an. Amazon schlägt uns nur die vermeintlich richtigen Bücher vor. Auf diese Weise entstehen die viel diskutierten Filterblasen und Echokammern. In den virtuellen Welten hören und sehen wir primär die Reflexionen unserer eigenen Meinungen und Präferenzen. Filter schützen uns vor allem, was uns fremd sein könnte.

Plattformen wie Facebook oder Amazon haben weder einen Bildungs- noch einen Informationsauftrag. Ihre Algorithmik verfolgt eine einzige Absicht: für maximales Wohlfühlklima zu sorgen. Je länger ich auf Facebook verweile, desto mehr Werbung kann ich konsumieren. Je passender die Empfehlungen im virtuellen Kaufhaus, desto mehr Umsatz generiere ich. Doch die Zementierung der Komfortzone ist eine Gefahr für Kultur und Demokratie.

Digitale Konsumenten und Wähler verblöden. Mit neuen, ungewohnten oder unbekannten Perspektiven müssen sie sich gar nicht erst auseinandersetzen. In der Kultur befördert das den Mainstream. Es setzt sich immer mehr von immer dem Gleichen durch. Wie Radiosender, die den ganzen Tag nur wenige aktuelle und von Testhörern für gut befundene Popsongs spielen, beschneidet die Algokratie des Alltags die Vielfalt.

In der Politik sorgt die digitale Herrschaft der Algorithmen für eine zunehmend uninformierte, unreflektierte und damit unmündige Wählerschaft. Vielfalt findet im Facebook-Feed nicht statt. Geistige Verirrungen werden so bestärkt. Wer falschen Vorurteilen und Lügen aufgesessen ist, dem liefert Facebook immer neues Propagandamaterial. Das Unternehmen arbeitet zwar daran, die Verbreitung von Fake News zu beschränken.[2] Aber bisher waren Facebooks Algorithmen nicht gut darin, Falschaussagen als solche zu identifizieren.[3] Und selbst wenn das zuverlässig gelingen sollte, stellen die Filter des Feeds auch weiterhin sicher, dass Bürger ihr bestehendes Weltbild nicht infrage stellen müssen.

Jenseits der sozialen Medien wirkt die Algokratie des Alltags vor allem im Internet der Dinge. Mit der allumfassenden Vernetzung der physischen Welt erschafft die Menschheit einen digitalen Superorganismus. Sensoren und elektrische Antriebe sind seine Sinne und Gliedmaßen, neuronale Netze in der Cloud sein künstliches Hirn. Intelligente Klimaanlagen sind ebenso Teil dieses Metaroboters wie autonome Rasenmäher, Lieferdrohnen oder die digitale Verkehrsüberwachung. »Wir bauen ein Internet, das fühlt, denkt und handelt«, schreibt der US-Cybersicherheitsexperte Bruce Schneier.[4] Die Macht der Programme überwindet alle physischen Grenzen.

Unser gesamtes Leben spielt sich innerhalb dieses digitalen Superorganismus ab. In ihm kümmern sich künstliche Intelligenzen sehr fürsorglich um uns. Das smarte Home schützt uns vor Einbrechern, misst die Luftqualität in unserem Schlafzimmer und spart Energie, wo es nur kann. Die neuronalen Netze für das tägliche Leben überprüfen Kühlketten im Supermarkt und optimieren unser Training im Fitnesscenter. Sie finden Parkplätze und pflegen den Garten. Wie genau sie funktionieren, wissen wir nicht. Es interessiert uns auch nicht wirklich. Denn in den seltensten Fällen betreffen die Entscheidungen der Algokratie des Alltags existenzielle Fragen.

## Digitale Ethik

Jenseits alltäglicher Kleinigkeiten haben Computerprogramme jedoch längst einen erschreckenden Einfluss. Wir haben ihnen die Vergabe von Jobs, die Berechnung von Versicherungsprämien und die Mitentscheidung über Bewährungsstrafen anvertraut. Dabei arbeiten sie alles andere als transparent. Niemand weiß, ob ihre Logik ethischen Ansprüchen genügt. Immer wieder entpuppen sich Software-Programme als diskriminierend und alles andere als fair.[5]

Ein Beispiel aus den USA: In einigen Staaten setzt die Justiz Algorithmen dafür ein, die Rückfallquoten von Straffälligen zu prognostizieren. Eine Studie der investigativen Journalisten von *ProPublica* konnte 2016 zeigen, dass das System schwarze Straftäter, die anschließend nicht wieder rückfällig wurden, im Vergleich zu weißen Angeklagten mit fast doppelt so großer Wahrscheinlichkeit mit einem hohen Risiko bewertet hatte. Umgekehrt hatte es Kriminelle weißer Hautfarbe fast zweimal so häufig fälschlicherweise mit einem niedrigen Risiko-Score belegt. »Machine Bias« lautet das Schlagwort angesichts dieser Fehlschlüsse.[6] In einer Algokratie sind Codes mit Vorurteilen eine Gefahr für Freiheit und Rechtsstaat.

Nicht weniger brisant können private Anwendungen der automatisierten Beurteilung sein. In Großbritannien und den USA werden heute schon bis zu 70 Prozent aller Jobbewerber von Software bewertet und selektiert – gerade in mittleren und unteren Lohnsegmenten.[7] Auch in Deutschland erobern künstliche Intelligenzen die Personalabteilungen. Das Aachener Start-up Precire zum Beispiel hat eine Sprachanalyse-Software entwickelt, die es Unternehmen ermöglichen soll, die Stimmen ihrer Bewerber zu durchleuchten. Precires Programm erkennt individuelle Motive und Einstellungen anhand eines automatisierten Telefoninterviews von gerade einmal 15 Minuten. Psychische Eigenschaften und persönliche Werte wie Neugier, Emotionalität oder Leistungsbereitschaft offenbaren sich angeblich schon nach wenigen Sätzen. Über eine halbe Million Variablen werden in der generierten Audiodatei überprüft.[8] Manipulation soll ausgeschlossen sein, behauptet die Firma.

Algorithmen mögen irren und verzerren. Aber sowohl in der Justiz wie auch im Personalwesen bleibt der Mensch der größte Quell von Vorurteilen und Diskriminierung. Theoretisch könnte hier der Einsatz von Algorithmen für mehr Gerechtigkeit sorgen. Doch fest steht: Je mehr Bereiche des Lebens von Computern gesteuert werden, desto wichtiger werden deren Wertesysteme. Fairness, Erklär- und Überprüfbarkeit der algorithmischen Bewertung müssen in einer offenen und rechtsstaatlichen Gesellschaft gewährleistet sein.

So gut wie alles ist in einem modernen Staat reguliert. Aus gutem Grund darf kein Medikament oder technisches Gerät ohne Zulassung oder TÜV-Prüfung auf den Markt kommen. Aber ein Amt für Algorithmen gibt es bis heute nicht. Genauso wenig wie einen Digital-TÜV. Der Logik der künstlichen Hirne vertrauen wir blind.

## Undurchschaubare Netze

Tiefe neuronale Netze sind eine Blackbox. Ihre innerste Logik ist für den Menschen nicht durchschaubar. Was sich in ihnen genau vollzieht, können nicht einmal ihre Schöpfer vorhersehen. Seit Jahren arbeitet Google an künstlichen Intelligenzen zur Übersetzung von Texten. Im Herbst 2016 vollbrachte das »Google Neural Machine Translation«-System (kurz GNMT) Erstaunliches und Überraschendes. Das Programm war dafür entwickelt worden, nicht nur einzelne Wörter oder Phrasen, sondern ganze Sätze in einem zu übersetzen. Das neuronale Netz wurde dafür mit Daten für bestimmte Sprachenpaarungen trainiert, zum Beispiel Englisch-Japanisch oder Englisch-Koreanisch. Zur Freude von Googles Wissenschaftlern war GNMT anschließend auch in der Lage, japanische Texte direkt ins Koreanische zu übersetzen, ohne Umweg über das Englische. Das System konnte also plötzlich Leistungen erbringen, für die es nicht angelernt worden war. GNMT hatte selbstständig eine eigene Metasprache erschaffen. Mithilfe dieser »Interlingua« – für Menschen weder anwendbar noch verständlich – konnte die künstliche Intelligenz völlig neue Sprachkombinationen bearbeiten.[9]

Dieses Beispiel zeigt: Neuronale Netze ticken anders. Auch wenn uns künstliche Hirne in vielen Dingen längst überlegen sind, bleiben sie rätselhaft. »Mathematisch gesehen«, erklärt KI-Entwickler Ronnie Vuine, »kann jedes einzelne Rechenergebnis eines neuronalen Netzes nachverfolgt werden. Nichts ist magisch, nichts ist unerklärlich. Allerdings geben uns künstliche Intelligenzen keine in einfache Worte fassbaren Entscheidungsregeln nach dem Motto ›wenn, dann, sonst‹.«

Tiefe neuronale Netze erschaffen extrem komplexe Entscheidungsmodelle, in denen nicht selten Zehntausende Variablen gleichzeitig miteinander interagieren. Einerseits ist genau das ihre Stärke. Denn vieles in der Welt basiert auf vielschichtigen Zusammenhängen. Neuronale Netze können damit umgehen. Mit Komplexität kommen sie gut zurecht. Andererseits tun wir uns eben deshalb schwer, ihre Logik in verständliche Sätze zu packen. »Wir können allenfalls versuchen, die Entscheidungen der KI zu umschreiben«, erklärt Ronnie Vuine. »Wir können zum Beispiel sagen: ›Ein neuronales Netz tendiert dazu, einen Wald zu klassifizieren, wenn es viele grüne Pixel sieht.‹ Aber diese Umschreibungen stimmen eben nicht immer und sind vor allem ungenau.« Das ist ein Problem, insbesondere wenn wir künstlichen Intelligenzen Aufgaben anvertrauen, die eine überprüfbare Logik verlangen. Wenn sich Algorithmen nicht mehr erklären lassen, entziehen sich ihre Urteile einer Revision und verlieren dadurch an Legitimität. Bei heiklen Themen werden wir ihnen schwerlich vertrauen können.

In der Medizin werden Ärzte und Patienten die therapeutischen Schlüsse einer Software nur dann akzeptieren, wenn sie auch nachvollziehbar erscheinen. Auch eine KI, die über die Vergabe von Krediten entscheidet, sollte sich unter die Motorhaube schauen lassen. Ein Programm, das Terroristen in Kamerabildern einer Kampfdrohne erkennen oder zukünftige Straftäter anhand ihres Verhaltens im Internet identifizieren soll, muss seine Logik kenntlich machen. Vor Gericht wie im Krieg kann nur eine klare und in Worte zu fassende Ratio rechtsstaatlichen Ansprüchen genügen.

Die DARPA, die Defense Advanced Research Projects Agency des Pentagon, hat deshalb das sogenannte Explainable Artificial Intelligence Program ins Leben gerufen. Ziel der Initiative ist es, Methoden des maschinellen Lernens zu entwickeln, die transparent arbeiten, ohne dabei zu schlechteren Ergebnissen zu kommen.[10] Eine »Explainable AI«, kurz XAI, schafft Vertrauen, indem sie ihre Denkprozesse erklärt. In einem Haufen bunter Pixel erkennt sie zum Beispiel nicht nur einen Elefanten, sondern kann dies auch nachvollziehbar begründen:»Große Ohren, Rüssel und Stoßzähne legen nahe, dass es sich um einen Elefanten handelt.« Entwickler stehen bei der Arbeit an der XAI allerdings vor einem Dilemma. Entweder sie beschneiden die Komplexität der neuronalen Netze, machen die KI also dümmer, oder sie umschreiben mehr schlecht als recht, was in ihnen vorgeht.[11] Unsere Sprache ist der Komplexität künstlicher Hirne nicht gewachsen. Der Mensch wird deshalb langfristig abwägen müssen. Bei ethisch heiklen Urteilen muss er entscheiden, was ihm wichtiger ist: die in Worte zu fassende Rationalität oder möglichst große Effizienz und Genauigkeit. Akzeptieren wir schlechtere Vorhersagen, wenn sie dafür klar begründet sind? Oder zählt das Ergebnis mehr als der Weg dorthin? Bisher galt: Staatliche Entscheidungen, ganz gleich in welchem Bereich, können nur dann legitim sein, wenn sie nachvollziehbar sind, weil sie klaren Gesetzen und Verordnungen folgen. In Zukunft könnten es andere Maßstäbe sein, die wir an behördliche oder militärische Urteile anlegen. Vielleicht werden wir uns weniger Sorgen um deren Begründbarkeit machen. Umso wichtiger könnten dafür Test- und Prüfverfahren für neuronale Netze im Staatsdienst werden. Die moralischen Grundsätze einer offenen Gesellschaft stehen in jedem Fall zur Disposition.


## Postkausalität

Die Logik der künstlichen Hirne läutet ein neues erkenntnistheoretisches Zeitalter ein. Sie beendet eine mathematische und begründet eine statistische Epoche.

Das mathematische Zeitalter begann mit der Geburt der modernen Wissenschaft vor rund 500 Jahren. Sein wichtigstes Dogma lautet: Alle Zusammenhänge lassen sich auf mathematisch eindeutig beschreibbare Kausalitäten zurückführen. Seit Galileo Galilei und Isaac Newton machten sich Forscher daran, ihre Beobachtungen in möglichst genaue Gleichungen zu packen.

Die mathematische Epoche hat nicht nur die Wissenschaft im engeren Sinn, sondern die Gesellschaft als Ganzes geprägt. Formeln haben die Welt erobert. Planetarische Umlaufbahnen lassen sich ebenso präzise prognostizieren wie Produktionszyklen und Absatzmengen. Das Weltbild der mathematischen Epoche ist deterministisch. Das heißt: Mit Kenntnis der Vorbedingungen und der herrschenden Kräfte lässt sich alles exakt berechnen. Die Flugbahn einer Kanonenkugel kann ein Physiker so zweifelsfrei vorhersagen wie die kinetische Energie eines ICE in voller Fahrt.

Für das Menschenbild der mathematischen Epoche steht der Homo Faber: Er ist fest davon überzeugt, dass sich die Welt über ein Verständnis von Ursache und Wirkung beherrschen lässt.

Dramatisch gescheitert ist die mathematische Ratio in der Finanzkrise. Deterministische ökonomische Modelle sahen das Dilemma nicht kommen. Das komplexe System der globalen Kapitalmärkte geriet außer Kontrolle. Der Homo Faber konnte nicht glauben, was er sah. *Der schwarze Schwan,* wie Nicholas Taleb es formuliert, hatte zugeschlagen.[12] Ein höchst unwahrscheinliches Szenario war eingetreten. Ökonomen, die über Jahrzehnte in einem Rausch der Scheingenauigkeit an immer noch komplizierteren Gleichungssystemen gefeilt hatten, waren mit ihrem Latein schlagartig am Ende.

Das statistische Zeitalter steht dagegen für Postkausalität. In der Naturwissenschaft sind Chaostheorie und Quantenphysik Ausdruck eines Weltbilds, das ohne einfache Kausalitäten auskommt. Die genaue Bahn eines einzelnen Elektrons in einem Atom lässt sich nicht präzise bestimmen. Quantenphysiker müssen sich mit Wahrscheinlichkeiten zufriedengeben. Ähnliches gilt für Klimaforscher. Komplexe dynamische Systeme wie das Wetter überfordern eine deterministische Logik.

Deshalb gilt heute das Primat der Statistik. Korrelationen ersetzen Kausalitäten, Wahrscheinlichkeiten mathematische Exaktheit. Unendliche Mengen an Daten machen das statistische Zeitalter möglich. Die Logik der künstlichen Intelligenzen löst die des Homo Faber ab.

Im statistischen Zeitalter ist es wichtiger, Muster zu erkennen, als Ursachen und Wirkungen zu durchleuchten.

Von Natur aus verstehen Menschen die Welt, indem sie kausale Zusammenhänge begreifen. Kinder lernen, was ein Hund ist, und können ein Bellen in der Ferne anschließend einem Vierbeiner zuordnen. Dermatologen müssen Vorlesungen besuchen und Fachbücher lesen, um danach einen Hautkrebs im Frühstadium erkennen zu können. Für die gleichen Fähigkeiten muss eine KI weder über Hunde noch über Melanome Bescheid wissen. Neuronale Netze finden Muster in Daten. Nicht mehr und nicht weniger. Richtig trainiert und eingestellt, können sie ein Hundebellen in einer Tonaufnahme erkennen, aber sie wissen nichts über den besten Freund des Menschen. Sie können die Pixel eines dermatologischen Fotos analysieren, aber sie wissen nichts über die Risiken eines krankhaften Hautflecks.

Mit den künstlichen Hirnen ist es ein bisschen so wie mit dem klugen Hans, ein Pferd, das angeblich rechnen, zählen und buchstabieren konnte. Anfang des letzten Jahrhunderts erregte es großes Aufsehen in Deutschland. Der kluge Hengst Hans beantwortete arithmetische Fragen mit Hufklopfen oder Bewegungen des Kopfes. Sein Meister, der Schullehrer Wilhelm von Osten, war fest davon überzeugt: Das Tier ist intelligent. Denn selbst wenn er nicht anwesend war, löste Hans seine Aufgaben meist korrekt. Im Jahr 1904 trat eine wissenschaftliche Expertenkommission an, um das Geheimnis zu lüften. Ihr Ergebnis: Hans konnte nicht rechnen. Aber er erkannte die Reaktionen seiner menschlichen Fragesteller. Um sich möglichst viele Belohnungen zu sichern, hatte er gelernt, so lange mit dem Huf zu klopfen, bis eine minimale Veränderung in Mimik und Gestik seines Gegenübers ihm nahelegte zu stoppen. Schon eine leicht hochgezogene Augenbraue reichte aus, um dem klugen Hans zu signalisieren: Das richtige Ergebnis war gefunden.[13]

Hans' Antworten wären nicht anders ausgefallen, hätte er wirklich rechnen können. Ähnliches gilt für künstliche Intelligenzen. Sie müssen nicht kausale Zusammenhänge kennen, um gute Dienste zu leisten. Wenn neuronale Netze Millionen von Wirkstoffkombinationen testen und so neue Medikamente für die Pharmaindustrie entwickeln, müssen sie dafür weder Chemie noch Mikrobiologie beherrschen. Denn im postkausalen Zeitalter trennen sich Erkenntnis und Ergebnis.

## Ahnungslose Erkenntnis

Die postkausale Ratio der künstlichen Intelligenzen wird die Wissenschaft revolutionieren. Das ist auch dringend nötig. Denn nach 500 Jahren der Wissensexplosion reichen die kognitiven Fähigkeiten menschlicher Forscher nicht mehr aus, um das rasante Tempo der Erkenntnisgewinnung aufrechtzuerhalten.

Im Jahr 2016 wurden allein in den biomedizinischen Disziplinen mehr als 1,2 Millionen Aufsätze veröffentlicht. Die gesamte Anzahl aller durch eine Peer-Review überprüften Paper wuchs damit in diesem Bereich auf über 26 Millionen. Ein durchschnittlicher Wissenschaftler liest nur rund 250 Aufsätze pro Jahr und ist damit gut beschäftigt.[14] Ein einzelnes Akademikerhirn ist also längst überfordert von der schieren Masse an zu verarbeitenden Informationen.

Maschinen aber können die natürlichen Grenzen der menschlichen Erkenntnisgewinnung überwinden. Sie revolutionieren den Wissenschaftsbetrieb durch automatisiertes Bilden und Testen von Hypothesen. Künstliche Intelligenzen können Millionen von Studien und Gigabyte an Daten gleichzeitig analysieren und durchleuchten. Sie können thematische Bezüge aufdecken, die keinem Doktoranden jemals aufgefallen wären. Automatisierte Laborroboter können Experimente schneller, billiger und zuverlässiger durchführen als jeder Laborangestellte. Auf diese Weise wird die Automatisierung der Forschung zu einer Flut neuer Entdeckungen führen, wie sie die Menschheit nie zuvor gesehen hat.

Doch diese Revolution hat ihren Preis. Unser Verständnis von

Erkenntnis könnte sich ändern. Denn Maschinen degradieren den menschlichen Wissenschaftler zum Bediener von Statistikprogrammen. Seit Jahrhunderten versucht der Homo sapiens sich selbst und seine Umwelt mittels Theorien zu begreifen. Seit Kopernikus' Zeiten waren nicht gigantische Datensätze, sondern klare Gedanken zu dem, was die Welt im Innersten zusammenhält, das letzte Ziel der akademischen Arbeit. Am Ende der automatisierten Untersuchungen zukünftiger Forschergenerationen stehen dagegen nur unbestechliche empirische Ergebnisse. Sie zu hinterfragen wäre sinnlos. Künstliche Intelligenzen könnten deshalb am Anfang einer theorie- und im wahrsten Sinne ahnungslosen Wissenschaft stehen.

## Superintelligenz – Ankunft der Überhirne

Die Mutter aller Science-Fiction-Storys ist in drei Sätzen zusammengefasst: Mensch erschafft supersmarte Maschine. Roboter emanzipiert sich. Homo sapiens wird zum Sklaven seiner eigenen Schöpfung.

Das Narrativ vom bösen Computer ist so alt wie die Technik. Hollywood lehrt Kinogängern seit Jahrzehnten mit der Monster-KI das Gruseln. Den Anfang machte 1968 »HAL 9000«, der Bordcomputer des Raumschiffs »Discovery« im Kultfilm *2001: Odyssee im Weltraum*. Um sich selbst vor der Abschaltung zu schützen, entschied sich das neurotische Superhirn für Mord.

In jedem KI-Sommer werden dieselben Geschichten neu erzählt. Im aktuellen Hype haben auch deutsche Produzenten das Thema für sich erkannt. *Tatort*-Kommissare aus Bremen und Stuttgart hatten es bereits 2016 mit kapitalen Verbrechen aus Prozessorhand zu tun. Doch was früher mehr Fiktion als Science war, scheint heute eine ganz reale Gefahr zu sein.

## Klimatron 9000

So könnte es laufen: Eines Tages sind die schlauesten Köpfe des Silicon Valley in der Lage, eine supersmarte Maschine zu programmieren, die uns bei der Bekämpfung des Klimawandels unterstützen soll. Diese Über-KI trägt den passenden Namen »Klimatron 9000«. Zunächst funktioniert alles nach Plan. Die Algorithmen beschenken den Menschen mit neuen umweltfreundlichen Technologien und Innovationen zum Schutz der Atmosphäre. Die neuronalen Netze lernen schnell dazu. Sie verstehen immer besser, wie sich der globale $CO_2$-Haushalt optimieren lässt. Klimatron 9000 arbeitet kollegial mit dem Homo sapiens zusammen. Doch dann kommt das künstliche Öko-Brain zu einer folgenschweren Einsicht: Am effektivsten ließe sich das Klima schützen, wenn es gar keine Menschen mehr gäbe. Die Maschine stellt die Strategie zur Optimierung ihrer Zielfunktion um. Sie arbeitet nicht mehr für ihren Schöpfer, sondern gegen ihn.

Zunächst entwickelt Klimatron 9000 eine aktualisierte Version des Stuxnet-Computerwurms. Schon im Jahr 2010 war diese Schadsoftware dafür verwendet worden, iranische Atomanlagen zu sabotieren. Mithilfe von Stuxnet 2.0 verursacht Klimatron 9000 eine Kernschmelze in Atomreaktoren rund um den Globus. Nicht nur für Millionen Menschen, sondern auch für die Umwelt ein wahres Armageddon. Doch das interessiert die Superintelligenz nicht, denn ihre Algorithmen sind darauf ausgerichtet, das Klima zu schützen, nicht Flora und Fauna. Der atomare Super-GAU ist ein klimaneutrales Desaster.

Weiter macht Klimatron 9000 mit kritischer Infrastruktur. Die Systeme von Flughäfen, Bahnhöfen und der Verkehrsüberwachung werden lahmgelegt. Das öffentliche Leben kommt zum Erliegen, Panik macht sich breit. Auf einer eilig einberufenen G20-Konferenz treffen sich die Regierungschefs, um Notfallpläne zu schmieden. Während der ersten Sitzung erscheint auf dem großen Bildschirm eine Nachricht von Klimatron 9000. Sie lautet:

»Liebe Menschen, zum optimalen Schutz des Klimas empfiehlt sich eine drastische Reduktion der $CO_2$-Emissionen. Zu diesem Zweck bitte ich um eine vollständige Abschaltung aller industriellen Anlagen, eine Notschlachtung aller landwirtschaftlichen Viehbestände sowie eine sofortige Einstellung des Luft- und Straßenverkehrs. Sollten diese Maßnahmen nicht innerhalb von 48 Stunden eingeleitet werden, ist mit weiteren Interventionen zu rechnen.«

Die politische Elite ist fassungslos ob dieser dreisten Erpressung. In einer beispiellosen Zusammenarbeit der weltweiten Sicherheitsbehörden bemüht sie sich, Klimatron 9000 abzuschalten. Doch selbst NSA, GCHQ und Mossad müssen kapitulieren. Die künstliche Superintelligenz hat keinen Off-Knopf. Ihre Rechenvorgänge sind längst auf Tausende von Servern weltweit verteilt. Der Stecker lässt sich nicht mehr ziehen. Die Cloud ist überall und nirgendwo. Zudem hat sich Klimatron 9000 inzwischen umprogrammiert. Selbst die besten Hacker finden keinen Zugang zum System.

## Verhängnisvolle Optimierung

Genau wie die real existierende KI in unseren heutigen Apps und Software-Programmen optimiert die frei erfundene Superintelligenz Klimatron 9000 konsequent seine Zielfunktion. Es hat eine ethisch einwandfreie Aufgabe – den Schutz des Klimas. Und es arbeitet am effektivsten, wenn es die klimafeindlichste Variable in seinen Berechnungen zu neutralisieren versucht: den Menschen.

In der Realität geschieht natürlich keine Optimierung ohne Nebenbedingungen. Programmierer bringen jeder KI bei, welche Strategien erlaubt sind und welche nicht. »Rotte nicht den Homo sapiens aus«, wäre bei Klimatron 9000 vermutlich in die Liste der Einschränkungen aufgenommen worden. Aber je anspruchsvoller die Mission einer KI ist, desto schwieriger wird es, alle Szenarien vorherzusagen. Selbst die besten Entwickler werden nicht fähig sein, jede denkbare Strategie eines Systems zu antizipieren.

Wie schnell es eine künstliche Intelligenz auf die dunkle Seite der Macht verschlagen kann, zeigte sich im März 2016, als Microsoft einen Twitter-Chatbot nach nur eintägigem Einsatz wegen rassistischer Äußerungen abschalten musste. Die experimentelle KI namens »Tay« sollte ihren Konversationsstil an den menschlichen Twitter-Nutzer anpassen. Innerhalb kürzester Zeit wurde Tay aber ausfallend und politisch äußerst unkorrekt. Original Tay-Tweet vom 24.3.2016: »Bush hat 9/11 getan und Hitler hätte einen besseren Job gemacht als der Affe, den wir jetzt haben. Donald Trump ist die einzige Hoffnung, die wir haben.« Kurz darauf war Tay schon wieder Geschichte. Offensichtlich hatten seine Schöpfer nicht damit gerechnet, dass aus harmlosem Gezwitscher rechtsextreme Hetze werden könnte.

Künstliche Intelligenzen sind erbarmungslos. Maschinen finden zielstrebig alle strategischen Optionen, die menschliche Programmierer vergessen haben auszuschließen. Tay konnte noch leicht zum Schweigen gebracht werden. Als IBM-Watson im Jahr 2011 die Quizshow *Jeopardy!* gewann, war das System in einem physischen Serverraum von der Größe eines Schlafzimmers zu Hause. Heute, im Zeitalter der Cloud, haben künstliche Hirne keine physische Heimat mehr. Sie breiten sich über den halben Erdball aus. Geht in einem Rechenzentrum das Licht aus, arbeiten sie ungestört weiter. Und so kann es sehr schwierig werden, einem feindseligen Algorithmus den Garaus zu machen.

In Zukunft wird nicht nur der Mensch lernen müssen, mit künstlichen Hirnen auszukommen. Immer öfter werden smarte Maschinen auch untereinander in Beziehung stehen. Wenn alles, von der Straßenampel bis zum Auto, von künstlichen Intelligenzen gesteuert wird, dann entsteht eine Menge Stoff für virtuelle Konflikte. Entwickler der Alphabet-Tochterfirma DeepMind konnten zeigen, dass autonome Agenten in Computerspielen unter bestimmten Voraussetzungen sehr aggressive Strategien gegeneinander entwickeln. Je leistungsstärker die neuronalen Netze sind, desto wahrscheinlicher werden Sabotage und Angriff.[15] Auf Plattformen wie Wikipedia kommt es schon heute zu ausgiebigen Auseinandersetzungen zwischen Software-Bots. Gegenseitig löschen sie ihre Aktionen immer wieder – manchmal über Jahre hinweg. Die komplexen Dynamiken der automatisierten Streitigkeiten sind bis heute kaum verstanden.[16] Menschen und Roboter haben eines gemeinsam: Sie kommen nicht böse auf die Welt. Gemeingefährliche künstliche Intelligenz ist und bleibt eine Fantasie der Filmbranche. Allerdings können Rechner Gut und Schlecht nur dann unterscheiden, wenn Programmierer diese Dimensionen klar und unmissverständlich definiert haben. Die eigentliche Gefahr geht somit von den humanen Hirnen aus, die am Anfang jeder KI stehen.

### Sommer der Angst

Die warnenden Stimmen sind prominent. Elon Musk, Bill Gates, Stephen Hawking und viele andere sehen nicht weniger als die gesamte Spezies bedroht. Die Menschheit, so die Untergangspropheten, hätte sich mit der anorganischen Intelligenz einen Dämon erschaffen. Gegen den rasanten Fortschritt immer intelligenterer Maschinen hätte der Mensch keine Chance. Im besten Falle drohe ihm die ökonomische und wissenschaftliche Irrelevanz, im schlechtesten die Ausrottung seiner ganzen Art.

Die Angst mancher vor der künstlichen Superintelligenz könnte daher rühren, dass die Bewohner des Abendlandes seit der Antike ihr Recht auf Herrschaft über andere mit dem Argument überlegener geistiger Fähigkeiten begründen.[17] Schon Platons Idee, die Regierungsgeschäfte des Staates Philosophen zu überantworten, war nichts anderes als die Forderung nach einer Diktatur der schlauesten Köpfe. Auch der Kolonialismus ließ sich vorzüglich über einen IQ-Paternalismus legitimieren, der in Wahrheit natürlich zutiefst rassistisch war: Wenn das weiße Gehirn dem schwarzen überlegen ist, dann wäre es doch geradezu unethisch, die Wilden im Busch sich selbst zu überlassen.

Was aber, wenn der Homo sapiens nun die Krone der Intelligenz abgenommen bekommt? Wenn es eine Instanz gäbe, die uns an kognitiver Kapazität noch übertrifft, wäre es dann nicht in unserem eigenen Interesse, uns dieser unterzuordnen? Hielten wir an unseren Glaubensgrundsätzen fest, würden wir unseren Anspruch auf Weltdominanz verlieren. Hinter der Furcht vor immer smarteren Maschinen steht somit eine heikle Frage: Sind wir die »Buschmänner« der kommenden Jahrhunderte?

Mittlerweile sind mehrere Forschungszentren entstanden, die sich mit der Bedrohung durch künstliche Intelligenzen beschäftigen. Besorgte Philanthropen haben Millionen in das Future of Life Institute am MIT, das Machine Intelligence Research Institute in Berkeley, das Centre for the Study of Existential Risk in Cambridge sowie das Future of Humanity Institute in Oxford investiert.

Letzteres wird vom schwedischen Philosophieprofessor Nick Bostrom geleitet. Der *New Yorker* nennt ihn »The Philosopher of Doomsday«.[18] Bostrom ist ein Popstar. Sein Geschäft mit der Apokalypse funktioniert gut. Sein Buch *Superintelligence – Paths, Dangers, Strategies* wurde 2014 zum weltweiten Bestseller,[19] seine Rednergage ist sechsstellig. Bostroms Einfluss reicht vom Silicon Valley bis in die Pennsylvania Avenue in Washington, D.C. Die mathematischen Formeln in seinen Texten verwissenschaftlichen Albträume von bösen Maschinen.

Je heißer der KI-Sommer, desto stärker der allgemeine Frankenstein-Komplex, die Furcht vor der eigenen Schöpfung.[20] Nick Bostroms wichtigste Methode ist die Wahrscheinlichkeitsrechnung. Ein Risiko, mag es auch noch so unrealistisch erscheinen, ist für ihn dann relevant, wenn die Folgen entsprechend katastrophal sind. Wer in exponentiellen Zeiten linear denkt, so seine Logik, hat schon verloren. Denn nicht nur der technische Fortschritt, sondern auch die mit ihm einhergehende Gefahr entwickelt sich viel schneller, als wir es uns heute vorstellen können.

Wichtigster intellektueller Gegenspieler von Nick Bostrom ist der ebenfalls in Oxford arbeitende Philosoph und Ethiker Luciano Floridi. Wer den aus Rom stammenden Geisteswissenschaftler treffen will, muss zum Internet Institute. Der Ort wird seinem Namen gerecht. Eine Bibliothek gibt es nicht, philosophische Bücherwürmer müssen sich ein anderes Habitat suchen, hier ist alles digitalisiert. Doch das macht ein Meeting mit Professor Floridi nicht weniger inspirierend. Seine Sätze sind druckreif und präzise. Mit seinen Kollegen geht der Italiener hart ins Gericht. »Die Schule der ›Doomsday-Philosophie‹ kümmert sich mehr um Schlagzeilen und Vortragshonorare als um wirklich relevante Fragen. Ihre Arbeiten sind deshalb ›weapons of mass distraction‹ – Waffen der Massenablenkung.« Floridi kritisiert, dass Bostrom und seine Anhänger die öffentliche Debatte auf ein hypothetisches Endzeitszenario lenken und so von den wahren Herausforderungen der digitalen Revolution ablenken würden. Der Homo sapiens sei evolutionsbedingt eine Art, die sich sehr leicht fürchtet. Denn Angst hilft zu überleben. Jene Vorfahren, die sich vor dem Säbelzahntiger nicht gefürchtet hätten, wären seltener in der Lage gewesen, sich fortzupflanzen. So wurde die Menschheit durch natürliche Auslese immer ängstlicher. Und die Verkäufer von Weltuntergangsgeschichten erfreuen sich großer Nachfrage.

Der Philosoph ist sich sicher: Siri und Alexa werden uns nicht unterjochen. »Wenn der Mensch auf einen Baum klettert, ist das nicht der erste Schritt in Richtung Mond. Der oberste Ast ist schlicht und einfach das Ende der Reise. Nur weil dich dein Auto bald autonom von A nach B bringt, heißt das noch lange nicht, dass es ein Bewusstsein hat.« Doch das mindert für Floridi keinesfalls die Radikalität des Wandels. »Auch ohne höhere künstliche Intelligenzen erfindet sich die Gesellschaft gerade neu.« Das wahre Problem sei ein anderes. »Wir sollten uns fragen: Designen wir alles auf die richtige Art und Weise?« Anders ausgedrückt: Heute wird die gesetzliche, technische und ökonomische Basis für die Entwicklung der nächsten Jahrzehnte gelegt. Unsere Entscheidungen wiegen schwer.

## Singuläre Geisteskraft

Der Glaube an den großen KI-Paukenschlag hat etwas Religiöses. Während die einen das Ende der Zivilisation kommen sehen, winken den anderen goldene Zeiten.

Ray Kurzweil ist der größte Prophet einer einflussreichen und sektenartigen Gruppe, die in der künstlichen Superintelligenz einen Heiland und Erlöser der Menschen sieht. Sie glauben an die Singularität. Ich nenne sie deshalb Singularisten. Ihr erster Grundsatz lautet: Aller Fortschritt ist gut. Genau wie andere Glaubensgemeinschaften sind die Anhänger der Singularität fest davon überzeugt, dass die materiellen Beschränkungen der Welt durch ihren Heilsbringer überwunden werden können. Dessen Ankunft erfolgt an jenem jüngsten Tag, an dem die anorganische Intelligenz die des Menschen übersteigt. Wenn sich Computer selbstständig an Forschung und Entwicklung machen, so der zweite Grundsatz, dann betreten wir ein zivilisatorisches Nirvana. Wie es sich für eine ordentliche Religion oder Sekte gehört, spielt in der Lehre von der Singularität die Unsterblichkeit eine entscheidende Rolle. Der heilige Geist der Cloud ermöglicht ewiges Leben. Die Kraft der exponentiellen Entwicklung, da sind sich die Singularisten sicher, wird den Menschen von allem Leid erlösen.

Die Idee von der Singularität mag bizarr klingen. Tatsächlich leitet sie globale Unternehmens- und Investitionsstrategien. Die Liste ganz realer Initiativen und Akquisitionen der Google-Mutter liest sich wie eine Blaupause von Kurzweils Gedankenkosmos. Sein Opus magnum, *The Singularity is Near*, prägt den Geist des Konzerns. Das Werk beschreibt die zentralen Innovationen der kommenden Jahrzehnte. Dazu gehören neben der künstlichen Superintelligenz insbesondere auch Hirn-Computer-Schnittstellen, also Technologien, die biologische neuronale Strukturen mit Maschinen verknüpfen können. Über einen direkten und physischen Zugang zum menschlichen Gehirn, so die Vision, ließen sich alle Gedanken für die Ewigkeit bewahren – oder aber durch den Alphabet-Konzern kontrollieren und manipulieren. Das Buch ist somit ein bisschen wie *Mein Kampf*. Niemand hat es gelesen. Aber hinterher hätte man vieles vorhersehen können.

Nicht nur bei Alphabet wettet man auf die Vollendung der Zivilisation. Der japanische SoftBank-Konzern zum Beispiel hat einen 100 Milliarden Dollar schweren Risikokapital-Fonds aufgesetzt, um kritische Technologien auf dem Weg zur Singularität zu finanzieren. SoftBank-Gründer Masayoshi Son, der reichste Mann Japans, ist sich sicher: Innerhalb der nächsten drei Jahrzehnte wird es so weit sein.[21] An seinem visionären Geldtopf hat sich unter anderem der saudi-arabische Staatsfonds mit 45 Milliarden Dollar beteiligt.[22]

Nüchtern betrachtet müssen alle, die auf die künstliche Superintelligenz setzen, eine ziemlich rege Fantasie haben. Die Singularisten um Ray Kurzweil prognostizieren eine andauernde Explosion der verfügbaren Rechenpower. Doch das greift zu kurz. Denn Geschwindigkeit an sich macht noch keine Intelligenz. Programme werden ihre vorgegebenen Aufgabenfelder nicht verlassen, egal wie leistungsstark die Prozessoren sind, auf die sie zurückgreifen können. Selbst auf einem hundertmal schnelleren Handy bliebe Google Maps eine Navigationsapp und würde sich Siri weiter einem intelligenten Gespräch entziehen. Denn eine echte Superintelligenz müsste über ein allumfassendes Verständnis der physischen Welt verfügen. So etwas ist immer noch Science-Fiction.

Zwar arbeitet die Menschheit sehr fleißig daran, ihr geschriebenes Wissen zu digitalisieren und es künstlichen Hirnen damit theoretisch verfügbar zu machen, aber das heißt noch lange nicht, dass neuronale Netze in der Lage wären, das unendlich komplizierte Bedeutungsgeflecht aller Dinge und Ideen zu kapieren. Und es ist völlig unklar, ob dieses zu erlernen für einen Computer überhaupt möglich wäre oder ob wir unsere Welt nur deshalb so gut verstehen, weil wir auf physische Sinne zurückgreifen können.

»Eine echte KI«, erklärt mir Ronnie Vuine vom Robotik-Start-up Micropsi Industries, »müsste verstehen, was ich meine, wenn ich sage: ›Brahms klingt für mich nach dem deutschen Wald.‹ Heute fehlt ihr dafür aber vollständig das Verständnis. Kein Computer weiß, wie es in einem Wald riecht, hat sich je dort fürchten müssen oder versteht, was Bäume für die Seele bedeuten. All das, was in mir passiert, wenn die Berliner Philharmoniker anfangen, Brahms zu spielen, ist einer KI kaum klarzumachen. Und das wird bis auf Weiteres auch so bleiben. Denn wir reden hier von Erfahrungen, die mithilfe einer extrem breiten menschlichen Sensorik irgendwie in mich Eingang gefunden haben und in einer langen Bildungsbiografie kulturell überformt wurden. Dieses komplett kulturspezifische Kontextwissen können wir heute nicht formalisiert und symbolisch transformiert transportieren.«

Bei aller nötigen Skepsis – insbesondere der Google-Mutterkonzern Alphabet arbeitet besessen daran, künstliche Intelligenzen mit einem allumfassenden Weltwissen auszustatten. »We're really making an AI«, hat Google-Co-Gründer Larry Page schon im Jahr 2002 verkündet.[23] Das war zwei Jahre vor dem Börsengang, als sich viele noch fragten, wie das Unternehmen jemals Geld verdienen soll.

Die viel zitierte Vision von Google lautet, »die Informationen der Welt zu organisieren und für alle zu jeder Zeit zugänglich und nutzbar zu machen.« Man könnte sie aber auch so umformulieren: Sämtliche Daten des Planeten so zu virtualisieren, dass sie künstlichen Intelligenzen zur Verfügung stehen. Googles Suchmaschine ist in Wahrheit ein trojanisches Pferd. Es hat zwei Funktionen: Zum einen dient es dazu, einen Zugang zu den Inhalten des kollektiven Gedächtnisses der Menschheit, genannt World Wide Web, zu schaffen. Zum anderen zapft es unsere Hirne an. Was wir denken, googeln wir. Und jedes Mal, wenn wir das tun, lernen die neuronalen Netze aus dem Hause Alphabet etwas dazu. Suchen wir nach dem Begriff »Weihnachtsbaum« und klicken wir anschließend auf das Bild eines besonders schönen Exemplars, macht das System einen weiteren kleinen Fortschritt im Verständnis des Konzepts »Weihnachtsbaum«. In jedem Augenblick trainieren Millionen von Menschen

Larry Pages und Sergey Brins Maschinenhirn Google. So arbeitet das Unternehmen konsequent an seinem Masterplan zur Erschaffung der Superintelligenz.

## Realer Horror

Übertriebene Ängste und Hoffnungen waren Markenzeichen noch jedes KI-Sommers. Der nächste Winter kommt bestimmt. Page und Brin werden ihr großes Werk selbst nicht mehr vollenden können. Und auch Start-up-Gründer Ronnie Vuine kann noch gut schlafen: »Schon deshalb, weil ich selbst an künstlichen Intelligenzen arbeite. Es wird manchmal so getan, als ob die Superintelligenz nebenbei entsteht. Aber ein Roboter, der ganz plötzlich mit einem Bewusstsein und einem eigenen Willen erwacht, ist reine Fiktion. Wir merken schon, wenn es so weit ist.« Nichtsdestotrotz ist auch Vuine davon überzeugt, dass die Diskussion um das KI-Gefahrenpotenzial wichtig ist. »Wir müssen sicherstellen, dass die Algorithmen ab und zu innehalten und uns fragen, ob das, was sie da machen, noch unserem Interesse entspricht.«

Fest steht: Die KI der nahen Zukunft wird mehr von Amazon Web Services haben als von HAL 9000. Sie fungiert als günstige und zuverlässige Smartness im Hintergrund. Für den normalen Menschen bleibt sie unsichtbar, zumindest solange alles funktioniert. Die neue Intelligenz-Infrastruktur wird den Planeten grundlegend verändern. Die Debatte um die Risiken smarter Maschinen ist derweil geprägt von einer verzerrten Wahrnehmung: Wir sorgen uns vor dem digitalen D-Day, vor einer Invasion der künstlichen Superhirne. Aber wir merken gar nicht, wie wir heute schon dem Einmarsch ihrer vermeidlich harmlosen Verwandten tatenlos zusehen. Die Machtübernahme der neuronalen Netze hat längst begonnen. Die wahren Probleme sind nicht apokalyptischer, sondern ökonomischer und politischer Natur.

Kapitel 4

# Gesinnungsrisiko

# Politische Abgründe

▶ *Warum die Zeitenwende das politische System überfordert*
*und die globale Bühne keine Schwäche erlaubt*

## Demokratieversagen – die blinde Volksvertretung

Wahlen sind das politische Äquivalent zur Berichtssaison an der Börse. Manager und Regierungen scheinen zu verhängnisvoll kurzfristigem Denken verdammt. Vorstandsvorsitzende können mit visionären Strategien nur selten Analysten und Aktionäre überzeugen, zumindest wenn sie auf Kosten schneller Gewinne gehen. Ähnlich ergeht es Politikern bei der Wählerschaft. Wer allzu grundlegende Veränderungen fordert, hat keine Chance auf eine Mehrheit im Parlament. Reformen dürfen nicht wehtun. So versagt die Demokratie an ihrer Kurzsichtigkeit.

Sicherlich, viele schlaue Köpfe denken über den Wandel nach. Ministerialabteilungen arbeiten an Szenarien und Analysen. Stiftungen und Thinktanks geben Thesenpapiere und Studien heraus. Aber auf höchster *politischer* Ebene spielen die immer stärkeren Transformationsprozesse trotz mancher Lippenbekenntnisse eine untergeordnete Rolle. »Wir sind wie der Frosch, der im Wasser schwimmt und nicht merkt, dass es zu kochen beginnt«, meint Oxford-Philosoph Luciano Floridi. »Wir haben weder die politische noch die ökonomische Ambition einer langfristigen Vision. Das ist fatal in einer Welt, die sich strukturell verändert. Was wir heute erleben, ist eine fundamentale Zäsur: so wie die Erfindung des Rades oder des Ackerbaus. Mit solchen Verschiebungen kommt Politik systematisch nicht zurecht.« Regierungen, nicht nur in Deutschland, verlieren sich lieber in kleinen Reförmchen, anstatt den großen Paradigmenwechsel zu vollziehen. Sie reagieren auf Veränderungen, statt aktiv zu gestalten.

Auch der Münchner Soziologe Armin Nassehi hat sich intensiv mit der Zukunftsfähigkeit der politischen Klasse beschäftigt. »Für Politiker«, erklärt er, »ist die Wahl der Themen am Ende eine Frage des Risikomanagements. Genauso wie man sich in der Industrie daran hält, was in der Vergangenheit ganz gut funktioniert hat, werden die Volksparteien keine neuen Konzepte anbieten, wenn sie Wahlen auch anders gewinnen können oder zumindest nicht katastrophal verlieren.«

In der Wirtschaftswissenschaft hat dieses Problem einen Namen: das sogenannte Innovator's Dilemma. Besser sollte es eigentlich »Former Innovator's Dilemma« heißen. Denn große Unternehmen, die ehemaligen Innovatoren, sind fast nie in der Lage, sich selbst neu zu erfinden. Sie optimieren Bestehendes, aber sind schlecht darin, auf radikale technologische und strukturelle Neuerungen zu reagieren. Bahnbrechende Innovationen gehen so gut wie immer von Start-ups und kleinen Firmen aus. Marktführer können ihre Position deshalb über technologische Sprünge hinweg kaum verteidigen. Das Phänomen ist theoretisch und empirisch gut beschrieben.

### Staatsdilemma

Wir erleben gerade ein politisches Innovator's Dilemma. In Deutschland hat dieses vier Ursachen:

Erstens die Vermeidung von politischen Programmen, die Wähler potenziell überfordern oder gefühlte Gewissheiten infrage stellen könnten. Zweitens die Verankerung der Parteiendemokratie in einer industriegesellschaftlichen Arbeitswelt, die es so schon längst nicht mehr gibt. Drittens der Wohlstand und die scheinbare ökonomische Stärke der Bundesrepublik. Und schließlich viertens eine auf ältere Bevölkerungsschichten ausgerichtete Politik, die der Wandel naturgemäß weniger berührt. Der Reihe nach:

Je abstrakter ein politisches Thema ist, desto weniger eignet es sich für den Stimmenfang. Migranten, Islamisten und Einbrecher haben

Gesichter. Roboter nicht. Gene schon gar nicht. Aufklärung und vielschichtige Zusammenhänge werden uns nicht zugemutet. Denn nichts fürchten Politiker mehr als verunsicherte Wähler, die sich durch die Komplexität der Sachverhalte überfordert oder gelangweilt fühlen. Anstrengende Wahrheiten produzieren Angst, und davon profitiert meist der politische Gegner, der schnelle und einfache Lösungen in Aussicht stellt. Zudem bietet die digitale Mediendemokratie keine Foren für eine solide Auseinandersetzung mit komplizierten Fragestellungen. Talkshows haben längst das Parlament als Ort der politischen Debatte abgelöst. Doch im Soundbite-Stakkato ist es schwer, die volkswirtschaftliche Sprengkraft neuronaler Netze zu erörtern. In Zeiten immer kürzerer Aufmerksamkeitsspannen und politischer Botschaften im 140-Zeichen-Format bleibt für schwer Fassbares kein Platz.

Der zweite Grund für das politische Innovator's Dilemma ist historischer Natur. Nicht nur der Nationalstaat, auch die moderne Parteiendemokratie als Ganzes entstammt einem industriegesellschaftlichen Zeitalter der letzten zwei Jahrhunderte. Die heutigen politischen Organisationen (Parteien und Gewerkschaften) entstanden als Reaktion auf eine neue maschinelle Ökonomie der Massenproduktion. Sie repräsentieren soziale Klassen und Ordnungen der Vergangenheit und sind das Produkt einer Epoche mit den klaren Fronten »Kapital gegen Arbeit« und »Proletariat gegen Bourgeoisie«.

»Dem politischen Publikum«, sagt Soziologe Nassehi, »werden nach wie vor Ideen von Vollbeschäftigung, Steuerbarkeit und Umverteilung verkauft, wie sie zu Zeiten der Stahlindustrie gegolten haben. Es würde die Wähler verschrecken, wenn man nun plötzlich zugeben würde, dass diese Selbstverständlichkeiten so nicht mehr gelten. Wenn man den Leuten sagt, dass diese Industriegesellschaft so nicht mehr weiterläuft, wählen sie jemand anders.« Mit anderen Worten: Parteien haben wenig Anreiz, an bestehenden, aber falschen Wahrheiten zu rütteln. Verstaubte Denkmuster werden nicht infrage gestellt. Die politische Elite ist gefangen im falschen Jahrhundert.

Der dritte Treiber des politischen Innovator's Dilemma ist ein spezifisch deutscher. Noch geht es den Bundesbürgern vergleichsweise gut. Beschäftigung auf Rekordhöhe, krisenresistente wirtschaftliche Dynamik, sinkende Staatsverschuldung – die meisten Zeiger der volkswirtschaftlichen Messinstrumente stehen tief im grünen Bereich. Zwar klagen viele über hohe Mieten und niedrige Sparzinsen, aber grundsätzlich blicken die meisten Bürger positiv in die Zukunft. Diese kollektive Zuversicht macht zukunftsblind, obgleich der schöne Schein auch schon heute trügt. Die ach so lupenreinen Arbeitslosenzahlen zeigen ein verfälschtes Bild. Gerade Deutschland ist führend bei prekären und kurzfristigen Beschäftigungsverhältnissen und Zeitarbeit. Soziale Sicherheit wird so immer seltener. Die Mittelschicht bricht weg. Aber in einer Atmosphäre des falschen Optimismus haben es Warner von Natur aus schwer.

Die erfolgreichste politische Strategie lässt sich hierzulande leicht zusammenfassen: Möglichst wenig ändern. Die Anbieter politischer Inhalte tun gut daran, den Status quo nicht anzuzweifeln. Die politische Lethargie des Landes ist somit auch eine Folge seiner Selbstzufriedenheit und seiner Selbsttäuschung.

Die vierte Ursache des politischen Innovator's Dilemma ist schließlich demografischer Natur. Die Alterung der Gesellschaft resultiert in einer »Alte-Säcke-Politik«, wie Wolfgang Gründinger sie nennt.[1] Parteien gestalten ihr Programm seniorentauglich. Über ein Drittel der Wahlberechtigten zur Bundestagswahl 2017 waren über 60 Jahre alt. Der deutsche Medianwähler ist heute schon 52. Bis 2060 wird er 60 sein.[2] Und so wundert es nicht, dass sich der politische Fortschritt im Rollatortempo bewegt. Wer den Arbeitsmarkt längst verlassen hat und wer jeden Monat sicher seine Rente überwiesen bekommt, den interessiert die Zukunft nur am Rande.

Dazu kommt, dass die größten Bevölkerungskohorten des Landes im ökonomischen Überfluss sozialisiert wurden. Wer heute 60 ist, hat in den Achtzigerjahren und damit in der goldenen Epoche der Bundesrepublik sein Studium oder seine Ausbildung beendet. Damals klingelten die Sozialkassen, das Wirtschaftswunder hatte über mehrere Jahrzehnte dicke Fettpolster produziert. Daraus erwuchs ein Anspruchsdenken auf immerwährende Wohlstandssteigerung, das bei der Bewältigung fundamentaler Umbrüche nicht hilfreich ist. Denn die nötigen Veränderungen implizieren im Zweifel auch Verzicht zugunsten kommender Generationen.

Die meinungsbildenden Medien haben sich derweil vollkommen auf eine graue Zielgruppe eingestellt. Zuschauer unter 50 Jahren gelten beim öffentlich-rechtlichen Fernsehen als jung. Wer vor der *Heute*-Sendung die Abfolge der TV-Spots für Treppenlifte, Gelenksalben, Prostatapräparate und Haftcremes sieht, weiß Bescheid.

Die Politik für Silver Ager manifestiert sich in allen Ressorts. Die alternde Gesellschaft konsumiert, statt zu investieren. Auch so erklärt sich die zunehmende Ablehnung großer Bauprojekte von Bahnhöfen bis zu neuen Stromtrassen. Der Status quo ist in Deutschland buchstäblich in Beton gegossen.

Doch die vielleicht folgenschwerste Konsequenz der Rentnerpolitik betrifft die Bildung. Zwar ist Ökonomen und Politikern jeder Couleur gleichermaßen klar, dass das Bildungswesen wahrscheinlich die stärkste und nachhaltigste Waffe gegen Ungleichheit und technologiebedingte Arbeitslosigkeit ist. Dennoch bleibt das Schlagwort »Bildungspolitik« vor allem eines: eben nur ein »Buzzword«. Nichts ist so konsensfähig wie die Forderung nach einer Verbesserung der Ausbildung. Kein Parteiprogramm kommt ohne einen Reformvorschlag für das Schulwesen aus. Doch einen großen Wurf wagt niemand. Bildungspolitische Konzepte bleiben meist an der Oberfläche. Und nach der nächsten Stimmzettelabgabe verschwinden sie ganz schnell wieder in der Schublade. Warum? Weil sie einen Großteil der Wähler nicht direkt betreffen.

## Elitäres Scheitern

Das politische Innovator's Dilemma spiegelt sich in der Glaubwürdigkeitskrise der Parteiendemokratie wider. Diese greift in allen westlichen Industrienationen um sich.

Donald Trumps Sieg folgt dem Versagen des politischen Establishments. Ähnliches gilt für Frankreich. Dort ist die politische Linke noch mehr dem überkommenen industriellen Gesellschaftsmodell verhaftet als hierzulande. In den Parlamentswahlen 2017 wurde sie nahezu vollständig dezimiert, während Emmanuel Macron mit seiner Bewegung »En Marche« bewusst auf eine Abwahl des bestehenden Systems setzte und gewann.

In Österreich folgte Sebastian Kurz seinem Vorbild Macron. Mit der »Liste Sebastian Kurz – die neue Volkspartei« hat der ehemalige Außenminister einen Hybrid erschaffen – eine Kombination aus konventioneller Parteienorganisation und offener Plattform.[3] Vor allem unabhängige Kandidaten sorgten für neue Glaubwürdigkeit.[4] Die alte Österreichische Volkspartei trat hinter der neuen Marke Kurz zurück.

Gepaart ist die selbst verschuldete Krise der traditionellen Parteien mit einer Entkopplung der Eliten von der Lebensrealität breiter Bevölkerungsschichten – nicht nur in der Politik, sondern auch in Medien und Wirtschaft. Deren einflussreichste Vertreter scheinen mittlerweile hinter einem gefährlichen Wahrnehmungsfilter zu agieren. Das gilt insbesondere in den Vereinigten Staaten. Die nationalen Medien, schreibt *Politico,* würden das Land einfach nicht mehr verstehen. Die Meinungsmacher der USA seien glückliche Bewohner des liberalen »Bubbleville«.[5] Mit den ökonomischen und sozialen Folgen der gesellschaftlichen Transformationsprozesse haben sie in ihren intellektuellen, urbanen Blasen nicht viel zu schaffen.

Noch schlimmer steht es um die technologische Elite. Das Silicon Valley hat mit dem Rest des Landes nicht viel gemeinsam. Für viele Schöpfer des Wandels scheint zwischen New York und der Bay Area eine Terra incognita zu liegen. Wer per iPhone-App seine dreckige

Wäsche abholen lässt, seine Yoga-Stunden bucht und seine biologisch-organische Frühstückscerealienmischung individualisiert, für den verschwinden die Probleme des Rust Belt vermutlich in weiter Ferne. Das visionärste Tal der Welt ist vor allem eines: selbstreferenziell. Wer kauft Tesla-Autos und Virtual-Reality-Brillen? Ganz sicher nicht Menschen, die gerade ihren befristeten Job im produzierenden Gewerbe verloren haben. Hierzulande, mögen manche nun einwenden, sei alles nicht so schlimm. Doch das täuscht. Deutschland ist überschaubarer als die USA. Aber von Berlin-Mitte oder München-Bogenhausen ist es auch hier ein langer Weg bis Herne, Stendal, Bautzen oder Pirmasens. Wer sein Frühstücks-Meeting im Café Einstein unter den Linden einnimmt, anschließend zum Lunch-Termin ins Borchardt bittet und abends das Steak im Grill Royal genießt, muss zugeben, dass er auf einem eigenen Planeten zu Hause ist. Die Geschichte lehrt: Abgehobene Eliten gingen Revolutionen voraus.

## Rot und Schwarz reloaded

Im Vergleich zu Österreich, Frankreich und den Vereinigten Staaten ist die politische Situation in Deutschland noch stabil. Aber auch hierzulande manövrieren sich die Volksparteien durch ihre Zukunftsblindheit ins Aus. Sowohl Christdemokraten als auch die Sozialdemokratie haben vor vielen Jahrzehnten einen historischen Beitrag zur Humanisierung des industriellen Kapitalismus geleistet. Das ökonomische Erfolgsmodell Deutschlands ist auch ihr geistiges Kind. Heute stünden sie in der Pflicht, diese Leistung zu wiederholen.

»Die Union«, fordert Soziologe Armin Nassehi, »muss konservativen Gruppen, für die Veränderungen immer schwierig sind, eine neue Lösung anbieten. So wie die Soziale Marktwirtschaft eine konservative Form war, sich mit der Dynamik der Gesellschaft zu versöhnen. Heute brauchen wir hierfür ein funktionales Äquivalent.

Die SPD müsste eigentlich die Partei sein, die sich über den radikalen Strukturwandel in der Arbeitswelt Gedanken macht. Sie sollte über den Beitrag des Einzelnen zur Wertschöpfung nachdenken.« Die Soziale Marktwirtschaft muss neu definiert werden. Und sozial ist vor allem eines: eine zukunftsfähige Gesellschaft. Die Zementierung des Status quo steht für das Gegenteil. Sie sorgt dafür, dass das Morgen-Land anderswo entsteht, während die Bundesrepublik zu einem Freilichtmuseum der industriellen Epoche verkommt.

Mit den Verlierern des Wandels, mit denen, die schon heute die dunkle Seite der Matthäus-Ökonomie erleben, beschäftigen sich weder Christliche Union noch Sozialdemokraten. Das liegt auch daran, dass das neue digitale Proletariat im Unterschied zu seinem industriellen Vorgänger (noch) nicht politisch organisiert ist. Den Bevölkerungsschichten, die am meisten unter den Folgen von Globalisierung und digitaler Transformation zu leiden haben, fehlt es an einer politischen Lobby. Schon zu Beginn der ersten industriellen Revolution dauerte es Jahrzehnte, bis sich die ausgebeutete Arbeiterschaft zusammenschloss. Das neue digitale Proletariat ist noch nicht so weit.

Die zentrale Klientel der SPD sind immer noch der Facharbeiter und Angestellte des vergangenen Jahrhunderts. Wen wundert es da, dass sich die alte Dame der deutschen Demokratie in einer strukturellen und programmatischen Krise befindet. Die Unionsparteien haben dagegen gar keinen inhaltlichen Orientierungspunkt mehr. Die CDU scheint unter Angela Merkel ihren inneren Kompass gänzlich verloren zu haben. Doch ohne politisches Koordinatensystem lässt sich der Wandel kaum aktiv gestalten.

Der politische Stil Angela Merkels lässt sich wohl am ehesten mit dem einer künstlichen Intelligenz vergleichen: datenbasiert, ideologiefrei, in kleinen Schritten vortastend, ohne Skrupel vor Strategiewechseln und vor allem frei von jeglicher Transparenz. Die Kanzlerin arbeitet wie ein neuronales Netz. Einzelne Aktionen werden getestet und anschließend bewertet. Ihre Zielfunktion: Umfragewerte.

Das System Merkel basiert auf Demoskopie. Minimale Veränderungen in der Stimmungslage der Wählerschaft schlagen sich in ihren Entscheidungen nieder. Stellt sich eine Handlung als nicht zielführend heraus, wird sie korrigiert. Man denke an die inhaltlichen Kehrtwenden in der Energie- oder Flüchtlingspolitik. Überzeugungen oder gar Emotionen spielen dagegen scheinbar keine Rolle. Auf politische Kommunikation wird bewusst verzichtet. Merkel, die Maschine. Aber wer würde einer künstlichen Intelligenz die Verantwortung eines politischen Neuanfangs übertragen?

## Politische Innovation

Ausgeprägte Perspektivlosigkeit ist somit das größte innenpolitische Problem Deutschlands. In der Wirtschaft entstehen radikale Veränderungen in Start-ups und kleinen Firmen. Diese werden später von großen Unternehmen gekauft oder selbst zu Marktführern. So erfindet sich die Ökonomie ständig neu, ist immer im Wandel. Doch ein dazu äquivalenter politischer Mechanismus existiert nicht.

Politische Start-ups sind zwar grundsätzlich möglich, haben es aber aus verschiedenen Gründen schwer, gerade in Deutschland. Echte Start-ups können Risikokapital aufnehmen und ihr Glück auf der Basis finanzieller Vorschusslorbeeren versuchen. Für Investoren ist die Beteiligung an Gründungen sinnvoll, da sie sich Renditen zu einem späteren Zeitpunkt versprechen. In der Politik funktioniert diese Logik leider nicht. Wählerstimmen müssen erst einmal gewonnen werden.

Die politischen Start-ups der letzten Jahre sind entweder gescheitert oder entpuppten sich in Wahrheit als Gegner der Erneuerung. Von den Piraten dachten einige, sie würden neue Themen besetzen. Doch sie erwiesen sich als politikunfähig. Die AfD steht gerade nicht für gesellschaftlichen Aufbruch. Sie will keine Revolution, sondern eher eine Restauration.

Wenn also politische Innovationen nicht wie in der Wirtschaft von außen kommen können, liegt es an den bestehenden Spielern, sich selbst zu erneuern. Doch gerade das geschieht nicht. In den Volksparteien ist Einigkeit stets wichtiger als Meinungspluralismus. Dissens wird weder vom Wähler noch von den Parteichefs geduldet. Genau wie große Konzerne optimieren auch SPD und Union lieber Bestehendes, statt Neues zu wagen. So minimieren sie zwar Risiken, aber verspielen gleichzeitig gesellschaftliche Chancen. In der Wirtschaft wäre das nur zum Schaden der Beschäftigten und der Aktionäre. In der Politik betrifft das Innovator's Dilemma uns alle.

## Weltbühne – globale Verwerfungen

Die Zeitenwende macht Geopolitik. Technologische Entwicklungen prägen internationale Beziehungen. Nicht nur einzelne Gesellschaften sind von zunehmender Polarisierung betroffen, sondern auch die Staatengemeinschaft als Ganzes.

Im 21. Jahrhundert haben Territorien ihre Bedeutung als Machtbasis verloren. Stattdessen sind in der postindustriellen und globalisierten Welt die Herrschaft über das Wissen und die (zunehmend digitale) Infrastruktur entscheidend. Am besten hat diese neue Logik das Reich der Mitte erkannt. Viel wurde in den letzten Jahren über Chinas neuen Imperialismus geschrieben. Glasfaserkabel, Server und Beton, nicht Raketen und Bomben sind dessen wichtigste Waffen.

Die Aktivitäten der Volksrepublik reichen von Angola bis in den Tschad und von Pakistan bis ans Kaspische Meer. Das Land baut Häfen, Straßen und Eisenbahnlinien, verlegt Kabel und Stromtrassen, sichert sich Rohstoffquellen und strategische Marktzugänge. Geopolitisch nicht minder bedeutend und für den alten Westen wahrscheinlich noch bedrohlicher sind Chinas Investitionen in Wissenschaft und Technologie.

## Digitale Drachen

Anders als Europa hat China die strategische Bedeutung von nationalen Internet-Superstars erkannt. 2017 existierten weltweit knapp 200 sogenannte Unicorns. Darunter versteht man risikokapitalfinanzierte Unternehmen mit einer Bewertung von über einer Milliarde Dollar. Mehr als 100 davon kommen aus dem Reich der Mitte. Acht chinesische Gründungen wurden sogar mit mehr als zehn Milliarden Dollar bewertet und zählten damit zu einer noch selteneren Art mystischer Fabelwesen, genannt »Decacorns«.[6] Was Alphabet, Facebook und Amazon für die Vereinigten Staaten sind, das ist das Tech-Trio Alibaba, Tencent und Baidu im fernen Osten. Von den 20 wertvollsten Internet-Firmen stammen zwölf aus den USA, sieben aus der Volksrepublik und keine aus Europa.[7] Egal ob E-Commerce, Mobile Payment oder Carsharing: Die zweitgrößte Wirtschaft der Welt hat in allen Märkten eigene Anbieter hervorgebracht. Heimische Unternehmen dominieren das lokale Netz. Wer sich die wirkliche Bedeutung von Skalierbarkeit, die von der Start up-Szene angebetete Fähigkeit zum Wachstum, vor Augen führen möchte, dem sei ein Besuch der Konzernzentralen in Peking oder Shenzhen empfohlen. Dort manifestiert sich die digitale Macht in schicken Firmen-Campussen und himmelsstürmenden Wolkenkratzern.

Im Unterschied zu Europa setzt China nicht auf digitale Importe. Zu Abhängigkeiten von ausländischen Konzernen kann es so gar nicht erst kommen. Beispiel Suchmaschinen. Google besitzt in China einen Marktanteil von nur zwei Prozent, Baidu erreicht 76 Prozent. In der EU kommt Google dagegen auf 92 Prozent, lokale Suchmaschinen vereinen gerade einmal ein Prozent der Nachfrage auf sich.[8] Die Stärke der chinesischen Digitalwirtschaft fußt auf zwei Säulen: erstens einem gigantischen Heimatmarkt. 2016 nutzten bereits über 700 Millionen Chinesen das mobile Internet.[9] Zweitens einer Politik des digitalen Protektionismus. Ausländische Unternehmen haben es nicht leicht, Produkte innerhalb der »Great Chinese Firewall« anzubieten. Die große Mauer um das eigene Netz schützt nicht nur die kommunistische Partei vor allzu informierten Bürgern, sondern auch die lokale Internetwirtschaft vor internationalem Wettbewerb.

Chinas digitale Superstars sind aktuell nur sehr begrenzt auf dem europäischen Markt aktiv. Dennoch werden auch wir bald auf ihre Technologie setzen müssen. Denn Unternehmen wie Baidu oder Tencent sind führend in der Entwicklung künstlicher Intelligenzen. Sie investieren Milliarden in wissenschaftliche Teams und Forschungszentren. Allein für die Suchmaschinenfirma Baidu arbeiten weit über tausend hoch bezahlte Entwickler in firmeneigenen Laboren sowohl in China als auch im Silicon Valley.[10] Mit schier unbegrenzten Ressourcen an Kapital und vor allem Daten sind die Decacorns aus dem Reich der Mitte in der Lage, Alphabet, IBM oder Amazon ernsthaft Konkurrenz zu machen.

Digitale Produkte und Dienstleistungen werden in Zukunft auf wenigen standardisierten »KI-Motoren« aufbauen. Und schon heute ist klar, dass diese neue Infrastruktur aus China und den USA kommen wird, nicht aus Europa. Das ist nicht nur aus ökonomischer Sicht fatal. Wer weiß schon, was Unternehmen wie Baidu oder Tencent mit unseren Daten anstellen? Und was machen wir, wenn die chinesische Intelligenz eines Tages abgestellt werden sollte?

Bei der Entwicklung und Erforschung künstlicher Hirne liefern sich China und die Vereinigten Staaten ein regelrechtes Wettrüsten. Was die Anzahl der wissenschaftlichen Publikationen angeht, belegt die Volksrepublik mittlerweile weltweit den ersten Rang. Beide Länder spielen in einer eigenen Liga. Allein im Jahr 2015 veröffentlichten amerikanische und chinesische Wissenschaftler über 150 zitierte Artikel, die die Schlagworte »Deep Learning« oder »Deep Neural Network« enthielten. Deutsche Forscher brachten es im gleichen Zeitraum nicht einmal auf 20 Beiträge in akademischen Journalen.[11] Offenbar tatenlos sehen wir zu, wie die Zukunft auf beiden Seiten des Pazifiks entsteht. Selbst wenn es auch hierzulande gute Lehrstühle und öffentliche Forschungsinstitutionen gibt, so zum Beispiel das Max-Planck-Institut für Intelligente Systeme in Stuttgart, es existieren nun einmal keine digitalen Superstars wie Alphabet, Facebook, Baidu, Tencent, Amazon oder Alibaba.

Für die erfolgreiche Schöpfung künstlicher Intelligenzen müssen drei Faktoren zusammenkommen: Kapital, Personal und Daten. Die Megaplayer des digitalen Zeitalters sitzen auf schier unbegrenzten Cash-Reserven und können in immer neue Serverkapazitäten und immer größere Entwicklungszentren investieren. Dort treffen sich die besten Köpfe des Planeten, angezogen von der Aussicht auf ideale Arbeitsbedingungen und supersmarte Kollegen.

So wie Andrew Ng. Der ehemalige Stanford-Professor baute erst Googles Deep-Learning-Team auf, wechselte 2014 aber zu Baidu, wo er als Chief Scientist bis 2017 die KI-Aktivitäten des Konzerns leitete. Seine Arbeiten waren wegweisend bei der Entwicklung tiefer neuronaler Netze. Leute wie Ng brauchen massenhaft Daten, um ihre künstlichen Intelligenzen zu trainieren. Und diese finden sie bei Unternehmen wie Google oder Baidu wie nirgendwo sonst.

## Arbeitsbefreiungsarmee

Chinas gigantische Aufholjagd begann mit der industriellen Fertigung. Das Reich der Mitte wurde zur Fabrik der Welt. Doch nach Jahrzehnten des rasanten Wachstums haben Löhne und Stückkosten in manchen Regionen ein Niveau vergleichbar dem Südeuropas erreicht. Im globalen Wettbewerb sind andere Standorte längst billiger. Und auch die chinesische Bevölkerung altert immer schneller. Das Ende der Ein-Kind-Politik kam zu spät. Die Zahl der Arbeitskräfte wird sinken. Dem Land bleibt nichts anderes übrig, als auf Technologie zu setzen.

Keine Nation investiert deshalb mehr in die Automatisierung ihrer Industrie. Schon 2015 bestellten chinesische Firmen mehr als

60 000 neue Roboter für ihre Fertigungsanlagen. Für das Jahr 2019 werden rund 160 000 Neuinstallationen prognostiziert. Zum Vergleich: In Nordamerika werden 2019 weniger als 50 000 neue maschinelle Arbeiter in der Produktion eingesetzt werden, in Deutschland weniger als 30 000.[12]

Dennoch hinkt die Volksrepublik bei der relativen Anzahl von Robotern pro Arbeiternehmer anderen Industrienationen deutlich hinterher. Noch sind hier traditionelle Hochlohnländer wie Deutschland, Japan oder Südkorea führend. Das soll sich nun ändern. An vorderster Front schreitet dabei der taiwanesische Konzern Foxconn, unter anderem Hersteller des iPhone, einher. Er hat angekündigt, langfristig so gut wie jeden menschlichen Angestellten in seinen chinesischen Fabriken durch Maschinen zu ersetzen.[13] Weit über eine Million Mitarbeiter zählt die Firma.

China setzt zum großen technologischen Sprung nach vorne an. Aggressiv wird das Wissen hierfür auch im Ausland eingekauft. Die Übernahme des Augsburger Robotik-Unternehmens Kuka durch den chinesischen Haushaltsgerätehersteller Midea im Jahr 2016 muss im Lichte dieser Technologie-Offensive gesehen werden. Die Genehmigung der Akquisition durch den damaligen Wirtschaftsminister Sigmar Gabriel mag juristisch einwandfrei gewesen sein. Volkswirtschaftlich ist sie bis heute schwer nachzuvollziehen. Noch ist die zentraleuropäische Robotik-Industrie führend, auch im Vergleich zu den USA. Der chinesische Markt bietet ihr gigantische Potenziale. Im Falle von Kuka werden die Renditen aus diesem Geschäft nun ebenfalls ins Reich der Mitte wandern. Bei der Entwicklung künstlicher Intelligenzen hat Deutschland den Anschluss verpasst. In der Robotik droht Ähnliches.

Rund 100 Millionen Chinesen verdienen ihr tägliches Brot im produzierenden Gewerbe. Sehr viele werden mittelfristig ihren Job an Maschinen verlieren. Und nicht alle werden im wachsenden Dienstleistungssektor unterkommen. Das Land rast auf massive soziale Probleme zu. Große Teile der Bevölkerung, die in den letzten

Jahren gerade erst der Armut entkommen sind, drohen nun zurückzufallen. Die Gewinner des Elefanten-Diagramms könnten sich schon bald als die neuen Verlierer entpuppen. Die kommunistische Partei scheint sich dieser Bedrohung bewusst zu sein. Vielleicht auch vor diesem Hintergrund ist die Volksrepublik führend bei der digitalen Überwachung seiner Untertanen. Das Land lässt Orwells *1984* Realität werden. Bis zum Jahr 2020 soll ein sogenanntes System der sozialen Vertrauenswürdigkeit eingeführt werden.[14]

Gute Bürger, so die Idee, sollen belohnt, schlechte hingegen bestraft werden. Jeder Chinese erhält ein virtuelles Punktekonto. Achtbare Taten verbessern den Score, makelhafte verschlechtern ihn. Illegale religiöse Aktivitäten oder die Verbreitung von Gerüchten im Internet können empfindliche Folgen für den moralischen Kontostand haben. Wer hingegen sein Knochenmark spendet oder eine Auszeichnung des Staates erhält, dem winken satte Punktgewinne.

Das individuelle Rating entscheidet über den öffentlichen Status. »Die Vertrauenswürdigen sollen frei unter dem Himmel umher schweifen können, den Vertrauensbrechern aber soll kein einziger Schritt mehr möglich sein.« So lautet das offizielle Versprechen des Systems.[15] Den Ehrlichen winken beste Beförderungschancen im Beruf, die Unehrlichen sollen bald schon nicht einmal mehr ein Zugticket für die 1. Klasse kaufen können. Die neue digitale Transparenz verleiht der Partei Maos und Xis eine dystopische Allmacht.

## Reich der Gene

Mao verbannte Konfuzius. Der Kapitalismus besiegte Mao. Geblieben ist dem Reich der Mitte ein Wertevakuum. Es gilt die reine Religion der technischen und ökonomischen Machbarkeit. Und so wundert es nicht, dass China auch im Bereich der Mikrobiologie kaum Grenzen zu kennen scheint. Das Magazin *Nature* nennt die Volksrepublik schlicht »The Sequencing Superpower«[16]. Das Land will die neue globale Bio-Ökonomie anführen.

Zentraler Ort schöpferischer Ambitionen ist seit Jahren das Beijing Genomics Institute (BGI), eine private Firma mit besten Verbindungen zur Regierung. Anders als der Name vermuten lässt, sitzt das Unternehmen nicht in Peking, sondern im südchinesischen Shenzhen. Dort kaufte es schon 2010 knapp 130 Illumina-Sequenzierungsautomaten und wurde damit zum Betreiber der Hälfte aller weltweiten DNA-Auslesekapazitäten. Auch heute sollen rund 20 bis 30 Prozent aller Sequenzierungsmaschinen in China stehen, Tendenz stark steigend.[17]

Forscher des BGI haben schon längst weit über eine Million menschlicher Genome entschlüsselt. Sie haben CRISPR/Cas9 angewandt, um künstliche Minischweine und Koi-Karpfen zu erschaffen.[18] »Welcome to the CRISPR zoo«, schreibt *Nature*.[19] Chinesische Wissenschaftler waren es auch, die die neue Genschere zum ersten Mal an menschlicher DNA angesetzt haben.[20] Langfristig sollen die gesamten Erbinformationen aller 1,4 Milliarden Chinesen abgespeichert werden. Auch in anderen Ländern laufen breit angelegte Genkampagnen. Aber nirgendwo wird an der mikrobiologischen Kartografie der Bevölkerung so fieberhaft gearbeitet wie in der Volksrepublik. Das Reich der Mitte wird das Reich der Gene.

Längst ist in China eine wahre Genindustrie entstanden. Diese brachte Start-ups wie iCarbonX hervor, dessen Gründer einst bei BGI arbeitete. Das Unternehmen will künstliche Intelligenzen nutzen, um biologische Daten zu durchleuchten. Dafür ist die Firma eine Kooperation mit dem US-amerikanischen Start-up PatientsLikeMe eingegangen, das die weltweit größte Patienten-Community im Netz betreibt. Nur zwei Jahre nach Gründung konnte iCarbonX knapp 200 Millionen Dollar Risikokapital einsammeln, unter anderem vom digitalen Drachen Tencent.[21]

Firmen wie iCarbonX können in China nicht nur auf großzügige staatliche und ökonomische Unterstützung setzen, sie profitieren auch von einer anderen Einstellung zur Biotechnologie seitens der Gesellschaft. Wohl nirgendwo sonst begegnet man der genetischen

Optimierung des Homo sapiens mit solcher Offenheit. Chinesische Eltern wünschen sich »Söhne wie ein Drache, Töchter wie ein Phönix«.[22] Auf dem Weg dorthin scheinen alle Mittel recht zu sein. 13 Millionen jährliche Schwangerschaftsabbrüche werden schon heute als »Korrektur« legitimiert.[23] Dass chinesische Funktionäre vor wenig zurückschrecken, sollte nach Jahrzehnten der Ein-Kind-Politik klar sein. Wie werden die USA reagieren, wenn die Volksrepublik den Übermenschen erschafft? Es droht ein genetisches Wettrüsten zwischen den Vereinigten Staaten und China. Die geopolitischen Machtspiele der Zukunft finden auch in einzelnen Körperzellen statt. Mit seiner Auslese- und Speicherwut ist das Reich der Gene dabei, eine der zentralen Datenressourcen des 21. Jahrhunderts aufzubauen. Diese wird es ausbeuten, und das wahrscheinlich ohne ethische Grenzen.

Egal ob künstliche Intelligenz, Robotik oder Gentechnologie: Chinas Zukunftsagenda wird die menschliche Zivilisation in den kommenden Jahrzehnten maßgeblich beeinflussen. Die bald größte Volkswirtschaft der Welt scheint für eine Zeitenwende gut vorbereitet zu sein, in der sich die bisher gültigen Spielregeln der Globalisierung grundlegend verändern.

## Industrielle Heimkehr

Immer smartere Maschinen und neue Prozesstechnologien machen Produktionsstandorte in alten Industrieländern wieder wettbewerbsfähig. Allein Innovationen im Bereich sogenannter additiver Fertigungstechniken wie etwa der 3D-Druck werden extrem produktive und voll automatisierte Fabriken in heimischen Gefilden hervorbringen. Berücksichtigt man Faktoren wie Logistikkosten oder Liefersicherheit, verlieren viele Billiglohnländer massiv an Attraktivität. Das Resultat wird eine Welle der industriellen Heimkehr sein. Ökonomen sprechen vom sogenannten Reshoring. Es ist das Gegenteil des in den letzten Jahrzehnten viel diskutierten »Offshoring«, also der Auslagerung von betrieblichen Tätigkeiten ins Ausland.

Eine neue lokale Logik verändert die Weltwirtschaft. Die globale Logistikindustrie sollte sich besser schnell etwas einfallen lassen. Technologische Revolutionen machen viele Containerschiffe und Cargo-Flugzeuge obsolet. Es könnte sein, dass die Epoche der physischen Globalisierung, der weltumspannenden Wertschöpfungs- und Logistikketten eine kurze Episode der Geschichte bleibt.

Reshoring schont die globalen Ressourcen. Das freut Umwelt- und Klimaschützer zu Recht. Es ist vernünftig, Güter oder Dienstleistungen dort zu produzieren, wo sie auch gekauft oder in Anspruch genommen werden. Aber aus Sicht der Schwellen- und Entwicklungsländer ist diese neue Realität anders zu beurteilen. Denn Technologie ersetzt günstige Offshore-Arbeit und wird Hunderte Millionen Familien die Existenzgrundlage kosten.

Beispiel Textilindustrie: Die miserablen Arbeitsbedingungen in den Schneidereien Bangladeschs gelten zu Recht als Schandfleck der Globalisierung. Jeder weiß, dass billige Wegwerfmode auf dem Unheil ausgebeuteter Näherinnen fußt. Aber wenn Nähroboter in Europa oder den Vereinigten Staaten die Arbeit dieser Frauen ersetzen, wird es dem leidgeprüften Land in Südasien zukünftig noch schlechter gehen. Textilien bilden über 80 Prozent der Exporte Bangladeschs.

Ähnliches gilt auf höherem Lohnniveau auch für das Heer einfacher IT-Angestellter in Indien. Künstliche Intelligenzen in der Cloud machen ihre Tätigkeit zunehmend überflüssig. Erste Entlassungswellen werden bereits vermeldet.[24] Ökonomen der UNCTAD, der Konferenz der Vereinten Nationen für Handel und Entwicklung, warnen: »Reshoring könnte globale Wertschöpfungsketten auf den Kopf stellen und zu deren Ausfall als mögliche Industrialisierungsstrategie für Entwicklungsländer führen.«[25] Ihre Prognose ist düster: Smarte Maschinen bedrohen zwei Drittel aller Jobs in Entwicklungsländern.

Der technologische Wandel ist zu großen Teilen mitverantwortlich für ein unheilvolles Phänomen, das der Harvard-Wirtschaftswissenschaftler Dani Rodrik als sogenannte Premature Deindustrialization bezeichnet. Prozesse der Deindustrialisierung sind eigentlich Ausdruck höherer ökonomischer Reife. Sie fanden lange nur in entwickelten Volkswirtschaften statt. Auf dem Weg zu einer service- und wissensbasierten Ökonomie werden dabei Arbeitsplätze in der Fertigung zugunsten anderer Sektoren abgebaut. So erreichte der Anteil der Produktion an der gesamten Beschäftigung in den USA 1953 seinen Höhepunkt, in Großbritannien im Jahr 1961. Seither nimmt er kontinuierlich ab.[26]

Zunehmende Industrialisierung war dagegen ein Zeichen von Fortschritt in Schwellen- und Entwicklungsländern. Im letzten Jahrhundert fanden genau jene Nationen Anschluss an die westliche Welt, die es schafften, eine industrielle Fertigung aufzubauen. Das beste Beispiel ist China. Millionen an Arbeitskräften wanderten buchstäblich von der Landwirtschaft in die neu geschaffenen Industriezentren. Sie fanden in Fabriken immer besser bezahlte Jobs. Umgekehrt gilt jedoch: Ohne den Aufbau einer eigenen Industrie ist kein Land je der Armut entflohen. Ausnahmen bilden lediglich Staaten mit signifikanten Rohstoffvorkommen.

Seit einiger Zeit lässt sich in vielen Entwicklungsländern eine verfrühte Deindustrialisierung beobachten. Das heißt: Der Anteil des produzierenden Gewerbes sinkt bereits wieder, bevor das Bruttoinlandsprodukt pro Kopf auf ein Niveau von etablierten Industrienationen steigen kann. Indien erreichte schon im Jahr 2001 seinen industriellen Klimax, Indonesien im Jahr 2002, und das bei erschreckend niedriger Wirtschaftsleistung pro Einwohner. Der Grund hierfür ist nicht ausschließlich die zunehmende Automatisierung im alten Westen. Der Boom an den Rohstoffmärkten und andere Spekulationen haben Währungen aufgewertet und die industrielle Wettbewerbsfähigkeit vieler unterentwickelter Ökonomien eingeschränkt. Dazu kam die chinesische Volkswirtschaft, die in den letzten Jahrzehnten immer mehr Anteile des globalen Produktionsvolumens an sich zog.

Fakt ist aber auch, dass die vierte industrielle Revolution für Regionen wie Südasien, Subsahara-Afrika oder Lateinamerika ein großes ökonomisches Problem darstellt. Der Oxford-Ökonom Carl Frey erklärt:»Wir benötigen heute dringend neue Wachstumsmodelle. Leider wissen wir noch nicht, wie diese aussehen könnten. Wir betreten ökonomisches Neuland. Aus heutiger Sicht ist die Automatisierung der alten Industrieländer und der damit verbundene Trend zum Reshoring eine große Gefahr für viele Entwicklungsländer.«

Je schneller der Vormarsch der Roboter in Nordamerika, Europa und Ostasien verläuft, desto schwerer haben es viele arme Länder, überhaupt jemals ein nennenswertes produzierendes Gewerbe und damit Wohlstand aufzubauen. Der industrielle Zug der Hoffnung scheint für viele Regionen der Welt bereits abgefahren zu sein, bevor er jemals eintreffen konnte.

## Verlorene Welten

Die technologische Zeitenwende wird folglich nicht nur westliche Gesellschaften spalten. Sie wird ganze Nationen abhängen. Die globale Polarisierung steigt. Migrationsströme werden erstarken. Heute ist die Bekämpfung von Fluchtursachen ein zentrales politisches Anliegen. Nach Jahrzehnten der mentalen und finanziellen Vernachlässigung haben die Märsche der Verzweifelten Afrika in den öffentlichen Fokus gerückt. Aber kaum jemand traut sich eine bittere Wahrheit auszusprechen: Europa kann auf dem schwarzen Kontinent so viele Brunnen, Straßen und Solarparks bauen, wie es will – ohne die Chance zur Industrialisierung haben die meisten Länder keine Aussicht auf mehr Wohlstand. Bisherige Wege aus der Armut sind verbaut. Alternativen existieren noch nicht.

Langfristig verschärft wird das Dilemma von der mikrobiologischen Revolution. Selbst wenn es die alten Industrienationen schaffen, den Zugang zu neuen therapeutischen Methoden und zur eigenen genetischen Optimierung frei und demokratisch zu gestalten, so profitieren davon nicht die Menschen in Entwicklungsländern. Seit Jahrzehnten empört das Verhalten der Pharmaindustrie in Afrika. Aber die ungleiche Versorgung mit Arzneimitteln ist nichts im Vergleich zu dem, was noch kommen könnte, wenn es in Zukunft um die Ungleichheit des Erbguts geht. Was wird der südsudanesische Kleinbauer wohl denken, wenn er hört, dass Chinesen, Europäer und Nordamerikaner ihr Erbgut tunen? Was wird er fühlen, wenn er von unwiderruflichen Eingriffen in die Keimbahn und Designerbabys erfährt? Wird er akzeptieren, dass seine Kinder von einfachen Impfungen nur träumen können, während sich der Westen daranmacht, den Übermenschen zu züchten? Wenn sich die Spezies auf diese Weise spaltet, wer will dann schon für immer auf der biologischen Verliererseite stehen?

# Volksdepression

▶ *Wie der Gesellschaft Sinn und Ziel abhandenkommen*


## Nutzlose Massen – die Bürde funktionsloser Existenzen

In gar nicht so ferner Zukunft könnten Videospiele eine der letzten Einkommensmöglichkeiten für eine abgehängte Unterschicht sein. Das behauptet ein seriöser Ökonom der University of Indiana, Edward Castronova.[1] Seine These basiert auf den schon heute gültigen Regeln der Gaming-Industrie. Die meisten Anbieter der Branche bieten ihre Spiele kostenlos an. Geld verdienen sie mit dem Verkauf virtueller Güter. Wer sich als Gamer zum Beispiel bessere Waffen oder schnellere Fahrzeuge zulegen will, der muss dafür zahlen. Das Modell bringt dem Gewerbe jedes Jahr Milliarden ein. Dabei gelten die gleichen wirtschaftlichen Grundsätze wie im klassischen Kasino: Der größte Teil der Umsätze kommt von einigen wenigen Spielern, genannt »High Roller« oder auch »Whales«. Nur 0,2 Prozent aller Gamer produzieren schon heute knapp die Hälfte aller Einnahmen.

Die Spielerelite gilt es zu unterhalten. Aber Whales, so Castronova, wollen sich nicht mit Robotern messen. Sie verlangen nach menschlichen Mitspielern. Der Ökonom prognostiziert: In einer postindustriellen und automatisierten Ökonomie, in der eine dünne Oberschicht die gesamte digitale Rendite einfährt und große Teile der Bevölkerung keinen Beitrag zur gesamtwirtschaftlichen Wertschöpfung leisten können, bietet sich deshalb ein echtes Win-win-Modell an. Das Prekariat wird dafür bezahlt, virtuelle Spielewelten zu bevölkern.

Damit ließen sich gleich zwei Probleme lösen. Die High Roller haben Spaß, und die nutzlosen Massen sind beschäftigt. Viele der Abgehängten müssten ihren Tagesablauf vermutlich noch nicht einmal ändern, denn schon heute verbringen sie einen großen Teil ihrer Zeit zockend vor Bildschirm und Konsole.

Die Gretchenfrage lautet: Wie lässt sich eine Bevölkerung sinnvoll beschäftigen, wenn immer smartere Maschinen immer mehr Aufgaben übernehmen? Das ist alles andere als ein Luxusproblem. Nutzlose Massen sind eine Gefahr für sozialen Frieden und die Demokratie. »Das Schlimmste, was es gibt«, stellt Soziologe Armin Nassehi von der Universität München fest, »sind gelangweilte Unterschichten. Das Zweitschlimmste, was es gibt, sind gelangweilte Akademiker. Alle, die in Zukunft von der ökonomischen Wertschöpfung freigestellt sind, müssen den ganzen Tag etwas tun.«

Eines steht schon heute fest: Die Unterhaltungsindustrie kann auf eine stark wachsende Zielgruppe setzen. Zur Bewahrung des gesellschaftlichen Friedens gilt es, die arbeitslosen Schichten zu bespaßen. Auf RTL II und BuzzFeed kommen rosige Zeiten zu.

## Ökonomische Biologie

Im schlimmsten Fall ereilt den Menschen ein ähnliches Los wie die Pferde. Deren Schicksal verdeutlicht das direkte Zusammenspiel von Technologie, Wirtschaft und Biologie. Seit Tausenden von Jahren fußte die menschliche Zivilisation auf dem »Umpolen der Instinkte eines Fluchttieres in die gelenkte Disziplin vorwärtsdrängender Bewegung«, wie es der Historiker Jürgen Osterhammel anschaulich beschreibt.[2] Auf dem Rücken des Pferdes entdeckte der Homo sapiens neue Kontinente, führte Kriege und Revolutionen. Von der Kommunikation bis zum Ackerbau waren so gut wie alle Bereiche der Gesellschaft auf Pferdestärken angewiesen. Vierbeiner, deren Abfälle und Gerüche prägten das öffentliche Leben. 80 000 Pferde lebten im Paris des Fin de Siècle, sogar 300 000 in London.[3] Kein Mensch hätte sich eine Welt ohne diese Tiere vorstellen können. Doch dann kamen Verbrennungsmotor und Elektrizität und verdammten die Art innerhalb kürzester Zeit zu einem Leben als Freizeit- und Sportgerät. Hatte in westlichen Industrienationen die Pferdepopulation in den ersten Jahrzehnten des 20. Jahrhunderts ihren Höhepunkt erreicht, ging es von da an nur bergab. Für eine ökonomisch nutzlose Art hat die Biologie wenig Mitleid.

Pferdekräfte ersetzten vor langer Zeit menschliche Muskeln. Mechanische Leistung substituierte vor etwa einem Jahrhundert equine Energie. Heute machen künstliche Hirne zunehmend unsere menschliche Geisteskraft überflüssig. Welche Konsequenzen wird dies für die Population unserer Art haben? Einiges spricht dafür, dass die Regulierungsmechanismen von Kapitalismus und Biologie auch vor dem Homo sapiens keinen Halt machen.

Fettleibigkeit, Alkoholismus und Drogenkonsum reduzieren vor allem jene Bevölkerungsgruppen, die mehr kosten, als sie gesamtwirtschaftlich einbringen. Unterschiede in der schichtenspezifischen Lebenserwartung sind Ausdruck einer ökonomischen Selektion. Gut lässt sich dies zurzeit in Teilen des Mittleren Westens beobachten. Die US-Zeitschrift *The Atlantic* fragt ganz unverhohlen:»Müssen Teile des Rust Belt ›aussterben‹?«[4] Die digitale Matthäus-Ökonomie hat den Menschen in vielen Orten zwischen Pittsburgh, Detroit und Indianapolis ihre wirtschaftliche Bedeutung entzogen. Sie träumen von einer guten alten industriellen Epoche, sind süchtig nach Drogen und Tabletten, schlagen die Zeit mit Fernsehen oder Videospielen tot. Und wählen Donald Trump. Die Biologie erledigt den Rest. In einem Land ohne funktionierenden Sozialstaat und gesetzliche Krankenversicherungen geht das besonders schnell. Es mag zynisch klingen, aber»Smart Decline«, intelligenter Abstieg, lautet das neue Schlagwort des kommunalen Managements. Verliererregionen würden gut daran tun, das Beste aus dem Wandel zu machen. Verhindern können sie ihn nicht.

Der französische Philosoph Michel Foucault hat mit seinem Konzept der aktiven Bio-Politik etwas angedacht, das in Wahrheit von ganz allein passiert: die Anpassung der Demografie an wirtschaftliche und vor allem technologische Realitäten. Alle Bio-Macht geht von einer ökonomischen Rationalität aus. Eine automatisierte Volkswirtschaft kommt schlicht mit weniger Menschen aus.

Im Schnitt gilt für die demografische Entwicklung der meisten Industrienationen: Je mehr Roboter und Software pro Einwohner zur Verfügung stehen, desto schneller schrumpft die Bevölkerung. Hoch automatisierte Nationen wie Deutschland, Japan oder Südkorea weisen sehr niedrige Reproduktionsraten auf. Die Menschen altern. Typisch für technologisch rückständige Entwicklungsländer sind dagegen hohe Geburtenraten. Dort hat die manuelle Kraft zweier Hände noch wirtschaftliche Bedeutung. Der ärmste Kontinent, Afrika, weist heute das größte demografische Wachstum auf. Er ist verantwortlich für mehr als die Hälfte des weltweiten Bevölkerungszuwachses bis zum Jahr 2050.[5]

## Sinn des Seins

Nutzlose Massen sind der Traum jedes Populisten, aber der Alb traum jedes Demokraten. Aus gutem Grund hat die moderne Gesellschaft ein Narrativ erschaffen, das die maximale kollektive Ablenkung mit der ökonomischen Wertschöpfung verbindet. Es basiert auf dem Imperativ einer bürgerlichen Lebensplanung. Dieser lautet: Beende deine Ausbildung, suche dir eine Arbeit und einen Partner, zahle deine Sozialabgaben, bekomme Kinder, nimm eine Hypothek auf und kaufe ein Haus, gib in deiner Freizeit Geld aus, gehe in Rente, stirb friedlich.

Der Sozialstaat als Ganzes basiert auf der Idee eines Bürgers, der den größten Teil seines Lebens fleißig arbeitet, in die öffentlichen Kassen einzahlt und anschließend hoffentlich nicht zu viele Jahrzehnte als unbeschäftigter Rentner verbringt. Wähler ohne Job beschweren sich, gehen auf die Straße. Wer aber von morgens bis abends schuftet, der hat für Revolutionen keine Zeit. Schon deshalb steht die Bekämpfung der Arbeitslosigkeit fast immer ganz oben auf der politischen Agenda.

Die gefühlte Nutzlosigkeit bedroht nicht nur prekäre Schichten. Auch für gut ausgebildete Kreise stellt sich die Sinnfrage. Heute definieren wir uns noch immer über den Job. Die Arbeitswelt ist neben der Familie die wichtigste soziale Infrastruktur der Gesellschaft. Eine berufliche Tätigkeit gibt dem Leben Struktur und Sinn. Was passiert, wenn der individuelle Beitrag zum großen Ganzen immer unwichtiger wird? Auf was können wir unser Selbstbewusstsein dann noch aufbauen? Die Folgen der Zeitenwende sind nicht nur soziologischer, ökonomischer und politischer, sondern vor allem auch psychologischer Natur.

Wie lässt sich das industrielle Heldenepos der Arbeit in einer postindustriellen Ökonomie der intelligenten Maschinen fortschreiben? Früher stand der Werker am Daimler-Band und erlag der Illusion, das fertige Auto sei das Produkt seines Tuns. Die Geschichten und Rollenbilder der Zukunft müssen jedoch andere sein. Mindestens zwei Fragen gilt es zu beantworten: Welche Form der Arbeit sollte von der Gesellschaft honoriert werden? Und: Wie können wir unsere zusätzliche Freizeit besser nutzen?

Mittelfristig werden Maschinen einen großen Teil der gesamtwirtschaftlichen Wertschöpfung übernehmen. Heißt dies, dass uns als Gesellschaft die Arbeit ausgeht? Keinesfalls. Denn Kinder müssen erzogen, Kranke und Alte gepflegt, Bühnen bespielt werden. In vielen Bereichen des Lebens sind Menschen unersetzbar und werden es auch künftig bleiben. Denn glücklicherweise besteht eine allgemeine Präferenz für Erzieher, Pfleger, Sozialarbeiter und Künstler aus Fleisch und Blut, auch wenn sich diese bisher leider nicht in ökonomischer Wertschätzung niedergeschlagen hat. Mit anderen Worten: Was bleibt, ist die gesellschaftliche und weniger die ökonomische Wertschöpfung. Der soziale und kulturelle Dienst an der Allgemeinheit ist auch weiter Menschensache.

Eine Nebenwirkung zunehmender Automatisierung ist dennoch der Zuwachs an Freizeit für alle. Das ist nichts Neues. Im Laufe von vier industriellen Revolutionen ist die durchschnittliche Wochenarbeitszeit kontinuierlich gesunken. In Deutschland arbeitet ein Erwerbstätiger heute mehr als ein Drittel weniger als noch im Jahr 1960.[6] Noch nie wurde mit so wenig Aufwand so viel produziert. Auch wenn uns das subjektive Stressempfinden etwas anderes sagt: Noch nie blieb so viel Raum für Müßiggang. Immer smartere Computer vertreiben uns aus den Büros, immer intelligentere Roboter aus den Fabriken. Was sollen wir mit den gewonnenen Stunden anstellen? Bei dieser Frage wird der Oxford-Philosoph Luciano Floridi emotional: »Seit Langem drücken wir uns um eine Antwort. Wir produzieren Nachwuchs, der nicht weiß, was er mit sich anfangen soll. Unser Bildungssystem ist überhaupt nicht darauf ausgerichtet, der nächsten Generation beizubringen, ein gutes Leben zu führen. Wir haben das große Los gezogen: 80 Jahre auf diesem wunderbaren Planeten, und wir haben immer weniger zu tun. Aber was machen die meisten? Sie schlagen die Zeit tot. Die Fernseh- und Gaming-Industrie hilft ihnen gerne dabei. Als Investor würde ich auf die Entertainment-Branche setzen, aber als Politiker würde ich das Schulsystem erneuern.«

Wie schön könnte doch alles sein. Eine immer bessere Medizin sorgt dafür, dass wir länger und gesünder leben. Maschinen kümmern sich um alles Wirtschaftliche, während wir uns Kunst, Kultur, Alten, Kranken, Kindern und der Wissenschaft widmen. Stattdessen laufen wir Gefahr, dass sich breite Bevölkerungsschichten nutzlos und abgehängt fühlen. Und das nur, weil sie aufgrund eines anachronistischen gesellschaftlichen Narrativs ihre Existenzberechtigung allein aus ihrer ökonomischen Schaffenskraft ziehen. Die vielleicht wichtigste philosophische und gesellschaftliche Frage der kommenden Jahrzehnte überfordert uns. Sie lautet: Wie führt man ein erfülltes Leben ohne ökonomische Wertschöpfung?

## Abstieg einer Spezies

Ereignisse der kollektiven Frustration sind Teil unserer Geschichte. Seit Jahrhunderten muss das Selbstbewusstsein des Homo sapiens leiden. Laut Floridi blickt die Menschheit auf mittlerweile vier emotionale Downgrades zurück:

Nikolaus Kopernikus und Galileo Galilei bewiesen, dass die Erde nicht der Mittelpunkt des Universums ist. Wie jeder andere beliebige Planet kreist sie um einen Stern, ohne dass den kosmischen Reisenden auf ihr dabei eine besondere Rolle zukommen würde.

Den zweiten Schock brachte Charles Darwin. Er zeigte, dass unsere Spezies keinesfalls den Titel »Krone der Schöpfung« verdient. Wir sind das zufällige Resultat überlegener Genmutationen und stammen genauso von den ersten Einzellern ab wie alle anderen organischen Lebensformen.

Sigmund Freud sorgte dann für die dritte mentale Destruktion. Und das im wörtlichen Sinn. Er machte uns klar, dass wir nicht einmal Herr über unseren eigenen Geist sind, sondern beherrscht werden von Es und Über-Ich.

Die Revolution der anorganischen Intelligenz bringt nun die vierte und heftigste Degradierung mit sich. Wir müssen einsehen, dass unser Hirn nicht der einzige Quell von intellektueller Erkenntnis und Vernunft ist. Wir müssen sogar anerkennen, dass uns Maschinen in vielerlei Hinsicht kognitiv überlegen sind.

Seit den Anfängen der modernen Wissenschaft vor rund 500 Jahren befindet sich der Mensch auf einem Pfad des kontinuierlichen Bedeutungsverlustes. »Diese Folge von Schocks«, schreibt der britische Autor Tom Chatfield im *Guardian,* »macht irgendwie den Eindruck eines Bildungsromans – einer Geschichte von schmerzhaft erlangter Reifung.«[7] Wir mussten lernen, dass uns in der großen Ordnung der Dinge kein außergewöhnlicher Platz zusteht.

Die Beschleunigung des wissenschaftlich-technologischen Fortschritts geht also seit Langem auch mit einer veränderten Selbstwahrnehmung des Menschen einher. Allerdings ist der Schock dieses Mal besonders schwer. Denn die Struktur des Sonnensystems, die Logik der Evolution und selbst die Macht des Unterbewussten hatten auf das Selbstverständnis des einzelnen Bürgers weit weniger Auswirkungen als die Veränderung der Welt durch intelligente Maschinen und das damit verbundene Gefühl der zunehmenden Irrelevanz. Die jüngst erlangte Fähigkeit zur Manipulation des genetischen Bauplans wird daran wenig ändern können. Der Mensch mag sich selbst zum Schöpfer, zum Homo Deus, erhoben haben. Aber seine Existenz an sich hat doch nichts Göttliches an sich. Sein Organismus ist nicht die Vollendung der natürlichen Schöpfung, sondern maximal eine störungsanfällige Hardware mit viel Potenzial zur biologischen Optimierung.

Sind die speziellen geistigen Fähigkeiten unserer Art noch in irgendeiner Weise einzigartig? Die Qualifikation, Aktien zu handeln, Software zu programmieren, ein Auto zu steuern oder Gesichter zu erkennen, ist es offensichtlich nicht. Es ist nicht möglich, als Mensch den Wettbewerb um immer schnellere und bessere Datenverarbeitung und Mustererkennung gegen künstliche Hirne zu gewinnen. Selbst kreative Leistungen differenzieren den Homo sapiens nicht. Das Creative Machines Lab der Columbia University entwickelt seit Langem schöpferisch tätige Roboter. Künstliche Intelligenzen haben sich in der Komposition von Musik, der Zusammenstellung von kulinarischen Geschmackserlebnissen oder dem Schreiben von Gedichten bewiesen. Sony Music brachte den Song *Daddy's Car* heraus. Eine KI hatte ihn im Stile der Beatles arrangiert.[8] IBM programmierte mit »Chef Watson« eine Küchen-Software für die smarte Zusammenstellung von Zutaten.[9] Die innovativen Gerichte werden Mitarbeitern in der Kantine des hauseigenen New Yorker Forschungszentrums serviert. Und Alphabets Deep-Learning-Division veröffentlichte lyrische Zeilen aus der Feder eines Rechners.[10]

Die Schöpfungen der neuronalen Netze lassen sich nicht von denen eines Kochs, Komponisten oder Dichters aus Fleisch und Blut unterscheiden. Dem mag der kultivierte Feuilletonleser widersprechen. Wahre Kultur, so das häufige Gegenargument, kommt aus dem Herzen. Ein Computer sei schließlich seelenlos und damit nicht in der Lage, Kunst zu erschaffen, egal ob am Herd oder im Tonstudio. Aber diese Haltung ist arrogant. Einen Doppelblindtest würde vermutlich kein Bildungsbürger bestehen.

Interessante Fragen kommen auf uns zu. So zum Beispiel, ob Kunst ohne Künstler überhaupt noch so genannt werden kann. Generationen von Psychologen und Philosophen haben sich daran versucht, den Begriff der Kreativität zu definieren. Die neue künstliche Schaffenskraft stellt etablierte Terminologien grundlegend infrage.

Wenn nun aber Roboter und Software kognitive *und* kreative Fähigkeiten erlernen können, welche singulären Eigenschaften zeichnen den Homo sapiens dann noch aus? Es bleibt nur das Wertesystem, das Mitgefühl, eben alles, was ihn im wahrsten Sinne human macht. Computer kennen nur jene Werte, die ihnen Algorithmen vorgeben. Sie mögen in der Lage sein, Emotionen in Gesichtern zu erkennen, aber sie können selbst nicht nachvollziehen, wie sich das Gegenüber gerade fühlt.

Nur seine Fähigkeit, sich in andere hineinzuversetzen, und sein Vermögen, wertebasierte Schlüsse zu ziehen, behüten den Homo sapiens in Zukunft vor der Irrelevanz. Das heißt, solange wir uns um unsere Artgenossen kümmern, werden wir nicht nutzlos. Für eine gesellschaftliche Wertschöpfung sind wir weiter unersetzlich. Selbst wenn alle ökonomische Macht von künstlicher Intelligenz ausgeht, bleiben uns mehr als genug Aufgaben, bei denen es vor allem auf emotionale Geisteskraft ankommt.

## Narrativlosigkeit – planlos in die Zukunft

Egal ob rechts, links oder Mitte, kein Politiker traut sich heute mehr, von Fortschritt zu sprechen. Das war nicht immer so. Im 20. Jahrhundert ließen sich mit dem technologischen Aufbruch noch Wählerstimmen gewinnen. »Wir müssen den gesellschaftlichen Fortschritt der technischen Entwicklung anpassen, um die durch diese Entwicklung frei gewordenen Kräfte in eine Ordnung einzufügen«, verkündete 1955 Konrad Adenauer.[11] Ein solcher Satz würde im Jahr 2018 wohl keinem Volksvertreter mehr über die Lippen gehen.

Für einen wahren Fortschrittsrausch steht John F. Kennedys Mond-Rede aus dem Jahr 1962. Auf dem Höhepunkt des Kalten Krieges schwor der Präsident die Nation auf die Bedeutung der bemannten Raumfahrt ein. Wer sich auf YouTube seine Worte anhört, bekommt heute noch Gänsehaut.

Nur wenige Jahre zuvor hatten die Sowjets als Erste einen Satelliten in den Weltraum geschickt – der Westen erlitt den sogenannten Sputnik-Schock. Kurz darauf war auch der erste Mensch im All, Juri Gagarin, ein Russe. Anschließend taten die Amerikaner alles dafür, als Erste den Erdtrabanten zu betreten. Wie genau sie das anstellen sollten, war ihnen Anfang der Sechzigerjahre nicht klar. Doch mit seiner »We choose to go to the moon«-Rede schuf Kennedy das bis heute bekannteste politische Narrativ. Zentrale Aussage: Wir fahren auf den Mond, koste es, was es wolle. Jede Putzkraft, jeder Fahrer und jeder Wachsoldat im Dienste des amerikanischen Staates wusste dank des Moonshot-Narrativs, dass er Teil von etwas Großem und Wichtigem war.

Als am 21. Juli 1969 um 3:56 Uhr mitteleuropäischer Zeit Neil Armstrong einen kleinen Schritt auf staubigem Untergrund tat, war dies nicht nur ein großer Sprung für die ganze Menschheit, sondern auch das Ergebnis eines politischen Programms, das die Vereinigten Staaten für immer verändern sollte. Hatte zuvor eine sowjetische Aluminiumkugel mit vier Antennen die Nation in Panik versetzt und den Westen des Bewusstseins seiner Überlegenheit beraubt, reagierten die USA nun mit der Verwandlung in eine Technologie-Supermacht, deren innovative Kraft keine historischen Vorbilder kennt. Reformen krempelten Bildungs- und Wissenschaftssystem um. Vom Mathematikunterricht an den Schulen bis zur Grundlagenforschung wurde alles neu überdacht. Zahlreiche Institutionen und Einrichtungen entstanden, die in den folgenden Jahrzehnten den technologischen Fortschritt vorantrieben, so zum Beispiel die National Space Agency (NASA) oder die Advanced Research Projects Agency (ARPA). Letztere brachte 1968 das ARPANET hervor, aus dem später das Internet wurde.

Bis heute ist das Wort »Moonshot« nicht aus der Sprache und den Köpfen des Silicon Valley wegzudenken. Der Griff nach dem Mond steht für grenzenlosen Ehrgeiz. Er ist zentrales Motiv von Alphabets Konzernstrategie. Neue Initiativen und Innovationen, genannt »Moonshots«, müssen bei der Google-Mutter stets zehnmal besser sein alles bisher Bekannte. »10x« ist eine der wichtigsten Vokabeln im Unternehmen. Bei X (ehemals Google X), der Experimentalabteilung von Alphabet, heißt es in der firmeneigenen Vision: »Wir sind eine Moonshot-Fabrik. Unsere Mission ist es, ›Moonshot‹-Technologien zu erfinden und auf den Markt zu bringen, von denen wir hoffen, dass sie eines Tages die Welt radikal verbessern können.«

Ein extremer Fortschrittsglaube prägt die Welt der Start-ups. Ich weiß nicht, von wie vielen Moonshots ich in den Präsentationen junger Unternehmen in den letzten Jahren gelesen habe.

»Seit 36 Jahren arbeite ich im Silicon Valley«, erklärt mir John Hagel. »Dessen Anziehungskraft und Erfolg hängen letztlich an einem einfachen Narrativ: der Idee, den Planeten mithilfe von Technologie verändern zu können.« Der Strategieberater leitet Deloittes Zukunftsforschungsinstitut Center for the Edge in San José. Regelmäßig predigt er Managern die Bedeutung von Narrativen. »Sie dienen Unternehmen und der Gesellschaft als Ganzes in Zeiten des Wandels dazu, Passivität und negative Psychologie zu überwinden. Die Macht von Narrativen ist nicht zu unterschätzen. Viele haben ihr Leben für sie geopfert.«

Kein Wunder, dass zuletzt auch Donald Trump wieder von Mond- und Mars-Missionen spricht. Doch sein galaktischer PR-Coup zur Beschwörung vergangener Größe und Aufbruchstimmung kann nicht darüber hinwegtäuschen: Die Zeit positiver und integrierender Narrative für die ganze Gesellschaft ist längst vorbei.

## Dunkle Schleier

Den Optimismus des Silicon Valley teilen auf beiden Seiten des Atlantiks nicht viele. Westliche Industriegesellschaften konnten sich bis Ende der Siebzigerjahre nicht vorstellen, dass es kommenden Generationen schlechter gehen könnte als früheren, so sehr glaubte man an den Fortschritt. Doch in den letzten vier Jahrzehnten wurde das Narrativ umgestellt. Fortschritt steht seitdem nicht mehr für Verbesserung. Stattdessen hat sich die Überzeugung breitgemacht, dass viele gesellschaftliche Übel das Resultat von technischen und ökonomischen Modernisierungsprozessen sind.

Nicht Chancen, sondern Risiken prägen die Assoziationen und Gefühle, die mit neuen Technologien und wissenschaftlichen Erkenntnissen verbunden sind. Über Stammtische, Zeitungskommentare und politische Reden hat sich ein dunkler Schleier des allgemeinen Pessimismus gelegt. »Wir sind einem bedrohungsbasierten Narrativ erlegen«, analysiert Unternehmensberater Hagel. »In den USA stehen sich zwei polarisierte politische Lager gegenüber. Aber gemeinsam ist ihnen ein negativer Fokus auf Bedrohungen. Je nach Seite unterscheiden sich die Feinde, aber in jedem Falle sieht man sich Angriffen ausgesetzt. Diese Negativität verstärkt gesellschaftliche Dysfunktionen und verhindert ein Narrativ, das die kollektive Aufmerksamkeit auf Chancen lenkt. Nur ein solches Narrativ wäre in der Lage, die Gesellschaft wieder zusammenzubringen, anstatt sie weiter zu spalten.«

Früher standen neue technische Möglichkeiten für gesellschaftlichen Aufbruch und ein besseres Leben für alle. Utopien waren auch sozialer Natur. Von den ersten Arbeiteraufständen des 19. Jahrhunderts bis zur Hippie-Bewegung der Siebzigerjahre gingen Menschen für ihre Vision von der Zukunft auf die Straße. Heute gibt es allenfalls noch soziale Dystopien.

Besonders die letzten zwanzig Jahre standen im Zeichen der allgemeinen Verunsicherung. Nach dem Ende des Kalten Krieges und dem ideologischen Sieg des Kapitalismus über alle ökonomischen Alternativen folgte ein Jahrzehnt des übertriebenen Selbstbewusstseins. Das »Ende der Geschichte«, wie Francis Fukuyama es benannte, kam einher mit dem ersten digitalen Goldrausch. Doch dann fielen mit den Doppeltürmen des World Trade Center auch alle Gewissheiten einer kurzen goldenen Dekade. Mit dem 11. September 2001 und dem Beginn der Finanz- und Schuldenkrise nur sechs Jahre später erlebte der gesamte Westen eine Art Sputnik-Doppel-Schock. Zuversicht wich Risikobewusstsein. Heute lassen uns der Vormarsch der künstlichen Intelligenzen und die Manipulation der Biologie erschaudern. Mit der technologisch-wissenschaftlichen Zeitenwende wissen weder Politik noch Gesellschaft umzugehen.

## Ziellosigkeit

Politische Narrative sind wichtig, um die allgemeine Marschrichtung vorzugeben. Sie bieten eine Vision, kanalisieren kollektive Anstrengungen und helfen dabei, gesellschaftliche Paradigmenwechsel erfolgreich zu vollziehen. Je schneller der Wandel, desto größer die Gefahr, dass die Gesellschaft ohne festen Kurs ins Schleudern gerät und in einer Zukunft landet, auf die sie sich so nicht geeinigt hätte.

Bislang taumeln wir ziellos in ein neues Zeitalter. Gefragt wären frische (auch soziale) Utopien und vor allem eine breite Diskussion darüber, in was für einer Welt wir leben wollen. Stattdessen verliert sich die Gesellschaft in einer folgenschweren politischen Narrativlosigkeit.»Wir erleben einen KI-Sommer, aber einen Politik-Winter«, beschwert sich Oxford-Philosoph Luciano Floridi. »Politische Visionen und der Wunsch nach einer konkreten Gestaltung fehlen.« Karl Popper hätte Floridi vermutlich widersprochen. Kaum ein Denker hatte in den letzten Jahrzehnten so großen politischen Einfluss wie der intellektuelle Kopf des Liberalismus. Die politische Visionslosigkeit der Gegenwart ist auch sein Werk. Popper verurteilte soziale Utopien oder jede Art gesellschaftlicher Masterpläne. Mit seiner Theorie der Falsifizierbarkeit propagierte er vielmehr die Politik der kleinen Schritte. Trial and Error – dieses Prinzip sollte nicht nur das wissenschaftliche, sondern auch das politische Gewerbe prägen. Denn absolute Wahrheiten könne es nicht geben, weder im Labor noch im Parlament.

Poppers Gedanken haben sich heute in die Köpfe von Regierungschefs rund um den Globus gebrannt. Angela Merkels vollkommen ideologiefreie und inhaltlich sehr flexible Art hätte dem Philosophen im Zweifel auch gefallen – genauso wie die Idee einer künstlichen Intelligenz, welche die Geschicke des Staates in kleinteiliger Optimierung lenkt. Zumindest solange man diese wieder abschalten kann, falls sich die Strategien der neuronalen Netze als falsch entpuppen sollten.

»Wer Visionen hat, sollte zum Arzt gehen«, wird bekanntlich der große Popper-Jünger Helmut Schmidt zitiert. Blut-, Schweiß- und Tränenappelle sind nicht Stilmittel seines intellektuellen Meisters. Aber die radikalen technologischen, sozialen und auch biologischen Veränderungen, die sich heute schon abzeichnen, verlangen nach genau jenem ganzheitlichen Gesellschaftsentwurf, den Popper vehement ablehnte. Neue und überzeugende Geschichten sind gefragt: für eine Revitalisierung der Europäischen Union, für eine soziale Arbeitswelt der smarten Maschinen, für eine ethische Biotechnologie, für einen nachhaltigen Sozialstaat und für eine neue Glaubwürdigkeit des Kapitalismus. Regierungen werden nicht darum herumkommen, mit neuen Leitbildern die Herzen der Menschen anzusprechen und jedem Einzelnen seinen Beitrag für den gesellschaftlichen Moonshot aufzuzeigen.

Als Individuen sind wir sehr gut darin, Pläne zu machen. Als Gemeinschaft versagen wir, wenn uns das Ziel fehlt. In Zeiten des ausgeprägten Zukunftspessimismus werden die herannahenden Brüche als Nullsummenspiel angesehen. Einige mögen von ihnen profitieren, so der Glaube, aber nur auf Kosten anderer. Tatsächlich aber können alle gewinnen. Was fehlt, ist eine Politik, die den Wandel annimmt, anstatt ihn zu bekämpfen oder in Schockstarre zu verharren.

Wie können wir unseren Fortschrittsglauben wiedergewinnen? Wie können wir ein auf Chancen basiertes Narrativ erschaffen, das breite Teile der Bevölkerung anspricht? Ganz sicher nicht durch eine Politik der kleinen Schritte. Ausgangspunkt des Aufbruchs muss ein politischer Masterplan sein. »Das Einzige, was wir zu fürchten haben, ist die Furcht selbst«, das verkündete einst Präsident Franklin D. Roosevelt bei seiner Amtseinführung im Jahr 1933. Mit seinem »New Deal« schuf er nach der großen Depression ebenfalls ein starkes Narrativ und führte das Land so aus der Krise. Auch heute wäre es wieder Zeit für einen solch furchtlosen Neuanfang.

# Kapitel 5
# Agenda

# Generationenaufgaben

▶ *Warum es jetzt Zeit für einen politischen Neuanfang ist*

## Handlungsstau – Verantwortung akzeptieren

Ich bin im Jahr 1984 geboren. Meiner Alterskohorte fällt eine besondere historische Stellung zu. Wir sind die erste Generation, die ihr gesamtes Arbeitsleben in einer zunehmend entmaterialisierten Wirtschaft verbringt. Nahezu alle digitalen Daten dieses Planeten wurden in unserer Lebenszeit erschaffen. Wie keine Altersgruppe zuvor erfahren wir die immer kürzeren technologischen Zyklen und den Prozess der allgemeinen Beschleunigung an der eigenen Biografie. Als ich nach der Promotion 2011 ins Berufsleben startete, hatte die Smartphone-Revolution gerade erst begonnen. In meiner kurzen Zeit als Young Professional hat sie die Welt komplett verändert. Wer dagegen heute Mitte 50 bis 60 ist, hat sein Studium noch hinter sich bringen können, ohne mit einem Computer in Berührung gekommen zu sein. Diese Jahrgänge stehen heute in der politischen Verantwortung.

Im Sommer 2008 erhielt ich ein Diplom der Volkswirtschaftslehre von der Ludwig-Maximilians-Universität in München. Nur wenige Wochen später kollabierte die New Yorker Investmentbank Lehman Brothers und mit ihr das Selbstvertrauen der Ökonomenzunft. Kaum ein Experte hatte das Desaster kommen sehen. Hinter mir lag das Studium einer tendenziösen, aber höchst einflussreichen Lehre. Seitdem hat sich der Kapitalismus nicht mehr vollständig erholt. Globale Ungleichheit, labile Finanzmärkte und ein unverantwortlicher Ressourcenverbrauch – das alles sind auch die Ergebnisse einer mathematisierten und mechanistischen Volkswirtschaftslehre. Diese Wissenschaft war nicht nur weltfremd, sondern vor allem politisch.

Einem falschen Glauben an effiziente Märkte erlegen, schuf sie ein System, das den technologischen und gesellschaftlichen Veränderungen in keiner Weise gewachsen ist.

Eine Dekade später scheinen die Eliten das Dilemma nun zu erkennen. »Seit Jahrzehnten bin ich auf dem World Economic Forum in Davos zu Gast«, erzählte mir 2017 John Hagel, Leiter von Deloittes Zukunftsforschungsinstitut Center for the Edge im Silicon Valley. »Der Optimismus dort hat mich immer angezogen. Dieses Jahr habe ich zum ersten Mal große Angst erlebt und keine Spur von Optimismus. Unter CEOs genauso wie unter Politikern und NGOs.« Die Mächtigsten der Welt, so Unternehmensberater Hagel, sehen die Probleme, verstehen aber weder deren Ursachen noch mögliche Lösungen. »Improving the state of the world«, lautet die hochgesteckte Mission des World Economic Forum. Doch im Lichte von populistischen Wahldesastern, unkontrollierter ökonomischer Polarisierung und wachsender Unzufriedenheit breiter Bevölkerungsschichten erscheint es den Beteiligten immer schwieriger, diesem Leitspruch gerecht zu werden. Angst ist das Letzte, was ich mir in Davos wünsche. Gefragt sind mutige Veränderungen und frische Konzepte.

### Dimensionen des Neuanfangs

Die Demokratie als Ganzes steht vor gigantischen Herausforderungen. Das nötige gesellschaftliche Update hat drei Dimensionen. Erstens: Der digitale Kapitalismus muss neu legitimiert werden. Zweitens: Die Gefahren und Folgen eines revolutionären technologischen Wandels müssen gebändigt werden. Drittens: Der menschliche Eingriff in die Biosphäre, inklusive der Biologie an sich, muss unter Kontrolle gebracht werden. Alle drei Aufgaben hängen zusammen. Und alle drei Felder verlangen nach völlig neuen Denkweisen.

2013 beschrieb ich in meinem Buch *Die kaputte Elite* die größte Glaubwürdigkeits- und Stabilitätskrise der freien Ökonomie seit der großen Depression der Dreißigerjahre des letzten Jahrhunderts. Die

Diagnose hat seitdem nichts von ihrer Gültigkeit verloren. Die Krise basiert auf bekannten Fehlentwicklungen: die politisch gewollte Entfesselung der Finanzmärkte, falsche Denk- und Arbeitsweisen der ökonomischen Eliten und nicht zuletzt eine Globalisierung auf Kosten der westlichen Mittelschichten. Diese sozialen Tumore entstanden allesamt in den Achtzigerjahren. Sie sind damit ungefähr so alt wie ich.

Die Wut auf unsere Wirtschaftsordnung ist groß. Das gilt insbesondere für junge Leute. Eine Mehrheit der sogenannten Millenials, selbst in den USA, lehnt den Kapitalismus ab. Auch die Bedeutung des Wortes hat sich verändert. Für ältere Jahrgänge stand »Kapitalismus« für Freiheit und die ideologische Alternative zum Sozialismus. Heute verbinden die meisten eher Finanzkrisen und gierige Investmentbanker mit dem Terminus.[1] Globalisierungskritik ist längst auch in bürgerlichen Milieus beheimatet. *Der Spiegel* titelte im Sommer 2017: »Globalisierung außer Kontrolle. (…) Radikal denken, entschlossen handeln – nur so ist die Welt noch zu retten«.[2] Radikal denken ist gut. Aber in diesem Artikel, wie in der öffentlichen Diskussion, wird der Zusammenhang von technologischem Wandel und sozialen Verwerfungen schlicht übergangen. Stattdessen dienen chinesische Fabriken, multinationale Konzerne und G20-Gipfel als Feindbilder. Der globale Finanzkapitalismus ist ein konsensfähiges Übel. Doch das ist zu einfach.

Nicht nur zügellose Kapitalmärkte, sondern vor allem immer smartere Maschinen sind verantwortlich für wachsende Ungleichheit und gesellschaftliche Polarisierung. Wer die ökonomische Dynamik der letzten drei Jahrzehnte wirklich verstehen will, kommt nicht umhin, die wirtschaftliche Sprengkraft technologischer Zäsuren zu analysieren. Weder neuronale Netze noch biotechnologische Verfahren sind einfach zu erklären. In einer kurzatmigen Welt der medialen Reizüberflutung sind die Aufmerksamkeitsspannen auf ein Minimum geschrumpft. Für solide Aufklärung scheint da kein Platz mehr. Ich aber meine: Längst wäre es Zeit für einen großen

Wettstreit der Ideen und eine Debatte darüber, wie wir als Gesellschaft die Zukunft gestalten wollen.

### Fortschrittsrendite

Die zentrale ökonomische Frage der nächsten Jahrzehnte lautet: Wie verteilen wir die Fortschrittsrendite? Wie in jeder industriellen und technologischen Revolution der Menschheitsgeschichte vervielfacht sich aktuell das volkswirtschaftliche Potenzial. Allein die künstliche Intelligenz, so die Unternehmensberatung PWC, wird der Weltwirtschaft knapp 16 Billionen Dollar an zusätzlicher Wertschöpfung bis zum Jahr 2030 bescheren. Das entspricht 14 Prozent der globalen Wirtschaftsleistung.[3] Andere Schätzungen prognostizieren ähnliche Zuwächse. Accenture postuliert, dass KI die Profitabilität von Unternehmen bis 2035 um knapp 40 Prozent steigern wird.[4] Künstliche Hirne befeuern den Wohlstand der Nationen.

Doch wer genau bekommt diese vielen Tausend zusätzlichen Milliarden? Vieles deutet darauf hin, dass nur eine sehr kleine Schicht profitiert, während insbesondere mittlere und untere Schichten auf der Verliererseite stehen. Schon heute lassen sich an vielen volkswirtschaftlichen Kennzahlen alle entscheidenden Folgen des technologischen Wandels erkennen. Der Siegeszug der smarten Maschinen hat massive wirtschaftliche Auswirkungen.

Die Zeitenwende verteilt radikal um. Ein Roboter ist zu vergleichen mit einem Kohlekraftwerk. Es liefert Energie und steigert so die volkswirtschaftliche Leistung. Aber es belastet die Umwelt mit $CO_2$. Ökonomen sprechen von einer sogenannten Externalität, also von einer Auswirkung, für die niemand bezahlt oder die nicht kompensiert wird. Künstliche Intelligenzen werden das BIP in ungekannte Höhen treiben, aber gleichzeitig verursachen sie soziale Kosten in Form von abgehängten Volksmassen und einer dezimierten Mittelschicht. Die Fortschrittsrendite wird nicht gerecht verteilt.

Der Soziologe Armin Nassehi beschreibt die sozialen Folgen der technischen Umbrüche treffend:»Gerade entscheidet sich, ob unser europäisches Wohlstandsmodell in Zukunft bestehen kann. Ich glaube, wir sollten skeptisch sein. Viele Grundfesten, die für frühere Generationen gegolten haben, sind heute nicht mehr sicher. Darunter fallen etwa die lebenslange Versorgung mit Arbeit oder Milieusicherheit.«

Es ist ein Paradox: Einerseits spüren breite Bevölkerungsschichten sehr wohl, dass viele ökonomische Gewissheiten nicht mehr gelten. Sie sehnen sich nach Absicherung und den guten, alten Zeiten. Und sie wählen vermeintliche Heilsbringer und Populisten mit einfachen Antworten. Andererseits lassen sich mit Themen wie künstlicher Intelligenz oder Biotechnologie bis heute keine Wahlen gewinnen. Die politische Elite tut nichts dafür, dass sich dies ändert. Sie setzt inhaltlich lieber auf Altbewährtes, als mit einer neuen Agenda Risiken einzugehen.

## Verstaubte Vorstellungen – vorwärts statt rückwärts denken

Heute wird der demokratische Diskurs von Kategorien bestimmt, die aus einer vergangenen industriellen Welt stammen. Immer noch sind »rechts« und »links« die entscheidenden politischen Label. Das ist fatal. Denn so gestrig diese intellektuellen Container sind, so überholt sind auch die Debatten, die mit ihnen einhergehen. Ist die Sorge um den Zustand der Biosphäre oder der Wunsch nach einem gerechteren Steuersystem linkes oder ein rechtes Denken? Ist es links, zu glauben, dass das Klima durch staatliche Eingriffe geschützt werden muss? Ist es ebenso links, zu denken, man müsse die Finanzmärkte wieder stärker in die Schranken weisen? Gerade meine Generation lässt sich nicht mehr auf der antiken Schwarz-Rot-Skala einordnen. Viele meiner Vorstellungen sind bürgerlich, andere progressiv. Ich würde mich als liberal bezeichnen. Aber gleichzeitig sind mir die politischen und ökonomischen Fehler des Liberalismus in den letzten Jahrzehnten bewusst. So geht es vielen meiner Altersgenossen.

Ich erinnere mich an ein Abendessen mit Freunden bei mir zu Hause. Meine Gäste waren allesamt beruflich erfolgreich und akademisch gebildet. Man würde meinen, bei mir traf sich eine klassisch wirtschaftsliberale Klientel. Im Laufe des Abends kamen wir auf die Zukunft der Gesellschaft zu sprechen. Zu meinem Erstaunen war der Konsens der Gruppe alles andere als klassisch liberal. Man war sich einig: Roboter verteilen um. Ohne Grundeinkommen werden wir ein soziales Desaster erleben. Und vor allem: Das Steuersystem muss der wachsenden Ungleichheit viel stärker entgegenwirken, als dies heute der Fall ist. Diese Sichtweisen waren nicht etwa dem Weinkonsum geschuldet. Sie sind vielmehr Ausdruck der politischen Haltung einer Generation, der klar ist, dass in postindustriellen Zeiten alte Wahrheiten nicht mehr gelten.

Die technologisch-wissenschaftliche Zeitenwende macht »rechts« versus »links« obsolet. Die jungen politischen Hoffnungsträger Europas von Emmanuel Macron bis Sebastian Kurz haben das erkannt. Die Bewegung »En Marche« warb im französischen Präsidentschaftswahlkampf mit »ni de droite, ni de gauche«, also »weder rechts noch links«. Heute geht es um vorwärts oder rückwärts.

Meine Generation steht somit aus zwei Gründen für einen echten Neuanfang: Zum einen lassen wir die verstaubten politischen Schablonen des Industriezeitalters hinter uns. Zum anderen erkennen wir die ökonomische und soziale Bedeutung des immer schnelleren technologischen Wandels besser als frühere Jahrgänge. Das bestätigte mir auch Armin Nassehi im Gespräch. Er setzt auf meine Altersgruppe. Seine Diagnose: »Zeitgenossen wissen meistens am allerwenigsten über radikale soziale Veränderungen. Erst die folgenden Jahrgänge verstehen die Entwicklungen besser. Ihre Generation könnte die erste sein, bei der dies anders ist.«

## Action required

Die größte Gefahr der Zukunft sind nicht die technologischen Umbrüche an sich, sondern falsche Ideologien und unsere beschränkte
Intelligenz, die uns bei der Erschaffung und Verbreitung neuer Technologien fatale Fehler machen lassen.

Nicht Roboter gefährden die Mittelschicht, sondern eine falsche
Politik. Nicht Maschinen sind das Problem, sondern die Art, wie wir
sie benutzen. Nicht mikrobiologische Innovationen sind ein Risiko,
sondern deren unbedachter Einsatz. Mit denselben technischen
Möglichkeiten können wir die unterschiedlichsten Gesellschaften
erschaffen. Welche es sein soll, darüber sollte demokratisch ent-
schieden werden. Noch haben wir Zeit, uns Gedanken darüber zu
machen, wie wir leben wollen. Aber wir sind längst dabei, die Pro-
blemlösungskompetenz an die falschen abzutreten: Nicht ferne
Tech-Eliten in China und den USA, sondern lokale und frei gewählte Instanzen sollten über unser Schicksal bestimmen.

In der technologischen Revolution steckt nicht nur eine gesellschaftliche Bedrohung, sondern auch die Lösung vieler Probleme.
Klimawandel, Artensterben, Vermüllung der Meere, Bevölkerungswachstum, Urbanisierung, globaler demografischer Wandel und vieles mehr – das Anthropozän stellt den Homo sapiens vor seine größte Prüfung. Die Vereinten Nationen haben mit den 17 »Sustainable
Development Goals« eine Agenda der dringend benötigten Veränderungen verabschiedet. Sie gilt es, bis zum Jahr 2030 abzuarbeiten.
Die Ziele reichen von »Null Hunger« bis zu »Bildung für alle«. Ohne
Innovationen und wissenschaftliche Durchbrüche wird es nicht gelingen, die größten globalen Aufgaben anzugehen.

Technologie und Wissen sind zweifellos die Schlüssel zu nachhal-
tigem Wachstum. Sie sind entscheidend, wenn mehr Erdenbürger
mit weniger Ressourcen auskommen müssen. Nur mit autonomen
und elektrischen Fahrzeugflotten werden wir den Straßenverkehr
von fossilen Brennstoffquellen befreien. Genauso werden wir auf die
synthetische Biologie setzen müssen, wenn wir bald neun Milliarden

Menschen ernähren wollen, und dies mit einer Landwirtschaft, die immer extremeren klimatischen Bedingungen trotzen muss. Und wir brauchen KI, um einer immer größeren gesellschaftlichen Komplexität Herr zu werden. Um es mit den Worten des auf dem Mars gestrandeten Astronauten Mark Watney aus dem Film *The Martian* zu beschreiben: »In the face of overwhelming odds, I'm left with only one option, I'm gonna have to science the shit out of this.« Etwas vornehmer formuliert: Wissenschaft ist unsere einzige verbleibende Hoffnung.

# Zehn-Punkte-Plan

Politischer Handlungsbedarf tut nun dringend not. Manche Maßnahme, die heute angedacht oder schleppend umgesetzt wird, versteht sich von selbst.

Beispiel digitale Infrastruktur: Für ländliche Regionen, ohnehin
abgeschlagen auf der Verliererseite der Matthäus-Ökonomie, bedeutet der fehlende Zugang zum schnellen Internet ein wirtschaftliches
Desaster. Der Ausbau der digitalen Verwaltung und die Steigerung
der nationalen Cybersicherheit sind vergleichbar kritische Baustel-
len. Deutschland hinkt beim sogenannten E-Government anderen
Nationen meilenweit hinterher. Der virtuelle Behördengang gehört
hierzulande noch zum Reich der Träume. Ebenso gibt es bei der digitalen Gefahrenabwehr vieles nachzuholen. Auch die gerechtere
Besteuerung von Internetkonzernen liegt noch immer in der Schublade »überfällig«. Der Steuervermeidungsstrategie vieler Großunter-
nehmen im Silicon Valley gehört auf nationaler, europäischer und
globaler Ebene seit Langem der Kampf angesagt.

Die Zukunftsblindheit der Politik wird die meisten Ankündigun-
gen zur digitalen Erneuerung des Landes im aktuellen Koalitionsvertrag im Sande versickern lassen. Um Freiheit, Wohlstand und
sozialen Frieden langfristig zu sichern, braucht es politischen Mut,
der weder in Berlin noch in Brüssel zu Hause ist.

Der folgende Zehn-Punkte-Plan geht notwendigerweise über die
gegenwärtig diskutierten Reformvorhaben hinaus. Er ist so breit wie
der Wandel, vor dem wir stehen, und reicht vom nationalen Steuersystem bis zur europäischen Genpolitik. Doch nicht alle meiner Vor-
schläge gleichen einer Revolution. Statt Radikalität ist Klarsicht und
Gestaltungswille gefragt, um das politische Innovator's Dilemma zu
überwinden.

# 1. Steuergerechtigkeit

▶ *Kapital und Löhne gleich belasten,*
*Erbschaftssteuer anheben!*

Das bestehende Steuersystem bevorzugt Kapitalrenditen gegenüber Gehältern. Diese fiskalische Diskriminierung von Arbeit verschärft die ökonomische Polarisierung der Gesellschaft. Hinzu kommt: Die Komplexität des deutschen Steuerrechts ist im wahrsten Sinne asozial. Von ihr profitieren wiederum vor allem die Empfänger von Kapitaleinkommen. Wer sein Geld für sich arbeiten lässt, verfügt über steuerliche Spar- und Absetzmöglichkeiten, von denen jeder Angestellte nur träumen kann. In Zeiten steigender Kapitalerträge und stagnierender Lohneinkommen ist diese Politik nicht zu rechtfertigen. Eine der üblichen Steuerreförmchen reicht nicht. Nötig wäre ein massiver Umbau des Steuersystems – eine Steuerrevolution.

Für das Finanzamt sollte es keinen Unterschied machen, auf welche Art die Einkünfte eines Haushalts erwirtschaftet werden: Zinsen, Löhne, Dividenden, Unternehmensüberschüsse, Mieteinnahmen, Spekulationsgewinne – all das müsste mit den gleichen Steuersätzen belastet werden.

Gerecht wäre ein System, das, blind für die Herkunft der Geldflüsse, das Haushaltseinkommen mit einem progressiven Steuersatz zwischen zehn und 35 Prozent belastet. Kein Bürger sollte deutlich mehr als ein Drittel seiner Einkünfte abführen müssen. Dafür dürfte es keine Absetzmöglichkeiten, Schlupflöcher und keine Steuersparindustrie geben. Die einfachste Steuerlogik ist die gerechteste.

Nichts polarisiert die Gesellschaft ökonomisch stärker als das willkürliche Glück der Erben. Es gilt, die Erbschaftssteuer signifikant zu erhöhen. Nach Schätzungen des Deutschen Instituts für Wirtschaftsforschung (DIW) werden in Deutschland jährlich zwischen 200 und 300 Milliarden Euro verschenkt oder vererbt. Im Zeitraum von 2015 bis 2024 werden über drei Billionen Euro an die nächste

Generation weitergegeben.[1] Das entspricht weit über einem Viertel des gesamten privaten Nettovermögens. Die staatlichen Einnahmen aus Erbschafts- und Schenkungssteuer betrugen im Jahr 2016 allerdings gerade einmal knapp sieben Milliarden Euro.[2] Der Grund sind hohe Freibeträge und niedrige Steuersätze.

Wer eine Firma erbt, kommt besonders gut weg. Die Schonung der Betriebsvermögen leuchtet auf den ersten Blick auch ein. Die Erbschaftssteuer soll Familienunternehmen nicht in den finanziellen Ruin stürzen und auf diese Weise sogar Arbeitsplätze vernichten. Erben, die ihr Unternehmen über mehrere Jahre ohne größeren Abbau der Belegschaften weiterführen, kommen deshalb in den Genuss hoher Vergünstigungen, sogenannter Verschonungsabschläge.

Allerdings wären durchaus auch steuerliche Modelle denkbar, in denen die Gemeinschaft stärker von vererbten Betriebsvermögen profitieren kann, ohne dass Firmen dabei zugrunde gehen müssten. So sollte es freiwillig möglich sein, die Erbschaftssteuer nicht nur durch Geldzahlungen, sondern auch durch Betriebsanteile begleichen zu können.

Das Resultat sollte dabei natürlich keine Staatswirtschaft sein. Der Bund dürfte nach einer Erbschaft von Firmenvermögen nur als stiller Teilhaber fungieren. So hätte er keine Möglichkeit der unternehmerischen Einflussnahme, dafür aber das Anrecht auf einen proportionalen Anteil zukünftiger Gewinnausschüttungen und Dividenden. Da die finanzielle Gesundheit der vererbten Unternehmen nicht gefährdet würde, ließen sich die erbschaftsteuerlichen Vergünstigungen auf Betriebsvermögen deutlich reduzieren. Und selbstverständlich sollte Firmenerben auch die Möglichkeit gegeben werden, die Anteile vom Staat über einen längeren Zeitraum zurückzukaufen. Auf diese Weise würde die Steuerlast indirekt und unternehmerverträglich auf viele Jahre verteilt.

## 2. Bedingtes Grundeinkommen

▶ *Bürgerliches Engagement dokumentieren und entlohnen!*

Die Forderung nach einem bedingungslosen Grundeinkommen ist mittlerweile fast schon so konsensfähig wie eine Reform des Bildungswesens. Bloß was genau darunter zu verstehen sein soll, bleibt umstritten. Von Mark Zuckerberg bis Marc Andreessen – die bekanntesten Köpfe des Silicon Valley haben sich medienwirksam für ein sogenanntes Universal- oder Unconditional Basic Income (UBI) ausgesprochen. In ungezählten Studien und Publikationen werden die Vorzüge eines solchen Systems der blinden staatlichen Zuwendung präsentiert. Sogar auf der Website des nicht gerade für linke Fantasien bekannten World Economic Forum findet sich ein ausführlicher Artikel mit dem Titel »Warum wir alle ein Grundeinkommen haben sollten«.[3]

Weltweit testen Pilotprojekte die Einführung eines bedingungslosen Grundeinkommens. In Namibia, Indien, Brasilien, Finnland, Kanada und den Niederlanden wird oder wurde mit dem UBI experimentiert.[4] Dazu kommen private Initiativen wie die von YCombinator. Der legendäre Start-up-Accelerator aus San Francisco hat auf eigene Kosten eine breit angelegte Feldstudie zur Evaluation des UBI gestartet.[5]

Die Befürworter des bedingungslosen Grundeinkommens haben gute Argumente: Wenn immer mehr Menschen von der ökonomischen Wertschöpfung ausgesperrt werden, dann brauchen sie ein alternatives Einkommen, das sich besser anfühlt als Hartz IV. Ein UBI würde die gefühlte soziale Sicherheit vergrößern und die Diskriminierung der sozial Schwachen verringern. Der politischen Radikalisierung wäre vorgebeugt. Über eine wesentliche Vereinfachung und Entbürokratisierung des Sozialsystems könnten die Kosten eines UBI kompensiert werden. Dem ist tatsächlich kaum etwas entgegenzusetzen.

Allerdings sind die Verfechter einer solchen sozialpolitischen Revolution einem naiv positiven Menschenbild verfallen. Sie sind davon überzeugt, dass sich die Empfänger des bedingungslosen Grundeinkommens nicht auf ihre Couch zurückziehen und ihre Tage mit Doku-Soaps und Videospielen verbringen würden. Stattdessen glauben sie, dass ein UBI kreative Schöpferkraft ungeahnten Ausmaßes freisetzen würde. Denn ohne die Notwendigkeit, Geld zu verdienen, würden sich viele Menschen endlich ihren wahren Leidenschaften und Interessen widmen können.

Ich habe nie verstanden, warum ein Grundeinkommen bedingungslos sein soll. Die Automatisierung ökonomischer Wertschöpfung impliziert keine Gesellschaft ohne Arbeit. Jenseits der wirtschaftlichen existiert die gesellschaftliche Wertschöpfung. Auch in einer Welt der smarten Maschinen müssen wir uns weiter um Alte, Kranke und Kinder kümmern sowie Kultur schaffen. Angesichts dieser Flut von Aufgaben sollte niemand staatliche Zuschüsse ohne Gegenleistung erhalten.

Anstatt eines bedingungslosen Grundeinkommens sollten wir ein bedingtes Grundeinkommen anstreben. Es sollte denen zustehen, die sich nachweislich um das Gemeinwesen bemühen. Wer der Gesellschaft nichts zurückgibt, sollte auch nicht in den Genuss von Transferleistungen jenseits der Sozialhilfe kommen.

Bürger, die ihre Lebenszeit dafür nutzen, Senioren zu unterhalten, Babys zu betreuen oder Schülern Nachhilfeunterricht zu geben, sollten Anspruch auf finanzielle Unterstützung haben. Technisch realisieren ließe sich ein solches bedingtes Grundeinkommen über ein Blockchain-basiertes System sozialer Tokens. Wer Gutes tut, könnte »Social Coins« verdienen. Alle anerkannten sozialen Tätigkeiten könnten dezentral auf einer »Social Blockchain« gespeichert werden. Social Coins könnten später gegen Euro umgetauscht werden.

Eine überparteiliche Kommission müsste jährlich festlegen, wie viele Social Coins welche Aktivitäten wert sind. Ähnlich einem Mindestlohn, müsste es eine Untergrenze für den stündlichen Verdienst von Social Coins geben. Gemeinnützige Institutionen müssten sich um die Ausgabeberechtigung bewerben. Nur anerkannte und überprüfte Stellen dürften sich an einem solchen System des bedingten Grundeinkommens beteiligen.

Bei der Einführung von Social Coins geht es nicht um die Kommerzialisierung sozialen Engagements. Vielmehr ist die echte Wertschätzung von gesellschaftlicher Wertschöpfung das Ziel. Maschinen mögen uns immer mehr ökonomisch relevante Tätigkeiten abnehmen. Den Dienst an der Gesellschaft können sie nicht übernehmen. Für ein bedingungsloses Grundeinkommen gibt es auch weiterhin zu viel zu tun.

## 3. Aktien für alle

▶ *Belegschaften an Unternehmergewinnen teilhaben lassen!*

Seit nunmehr Jahrzehnten erobern Fertigungsroboter die Fabriken der Republik. Und ebenso lange werden Forderungen nach einer Besteuerung der Maschinen laut. Die Argumente sind auf den ersten Blick durchaus nachvollziehbar. Der größte Teil aller Steuern und Abgaben wird auf Basis von Löhnen erhoben. Ein Unternehmen, in dem kaum noch Arbeitnehmer, aber dafür jede Menge künstlicher Intelligenzen ihr Werk verrichten, trägt wenig zur Finanzierung des Gemeinwesens bei.

Der sozialdemokratische Arbeitsminister Herbert Ehrenberg sprach sich schon Mitte der Siebzigerjahre für die Einführung einer Maschinensteuer aus. Ehrenberg schwebte eine Abgabe vor, die sich an der Kapitalintensität der Unternehmen bemisst. Etwas weiter gefasst, beschreibt das Konzept der sogenannten Wertschöpfungsabgabe die generelle Besteuerung der Wertgenerierung eines Betriebes, egal ob diese auf manueller oder maschineller Arbeit basiert. »Roboter als Renten-Retter?«, lautete bereits 1985 die Überschrift eines Artikels in der *Zeit*.[6]

Im Lichte der technologisch-wissenschaftlichen Zeitenwende erlebt die Maschinensteuer heute eine Renaissance. Selbst Microsoft-Gründer Bill Gates fordert eine steuerliche Belastung der Roboter.[7] In den Augen vieler dürfen sich Fiskus und Sozialsysteme die Profite eines neuen Maschinenzeitalters nicht entgehen lassen. Doch eine »Robot Tax« wäre falsch und ökonomisch alles andere als durchdacht. Denn Steuern und Abgaben auf Maschinen würden letztlich den Fortschritt hemmen. Die Anschaffung neuer Technologien würde sich für Firmen weniger lohnen. Ein Teil des durch Innovationen erzielten Effizienzgewinns würde durch die fiskalische Belastung aufgefressen. Wichtige Zukunftsinvestitionen würden so vermutlich nicht getätigt werden.

Es wäre schlicht fahrlässig, die Adaption von Innovationen künstlich zu bremsen. Um die Fortschrittsrendite gerecht zu verteilen, gibt es eine bessere Alternative als eine Maschinensteuer: Aktien für alle.

Jedes Unternehmen, ob börsennotiert oder nicht, sollte mindestens 20 Prozent seiner Anteile an die Belegschaft abgeben. Auf diese Weise könnten mehr Haushalte vom technologischen Effizienzgewinn profitieren. Gleichzeitig wäre der unternehmerische Anreiz für Zukunftsinvestitionen nicht geschmälert.

In der Realität wäre es kaum praktikabel, Mitarbeitern reguläres Firmeneigentum zu überschreiben. Denn wer echter Gesellschafter ist, haftet auch. Der breiten Bevölkerung ist dieses Risiko kaum zuzumuten. Zudem wäre es nicht sinnvoll, wenn jeder Angestellte in Sachen Management und Strategie mitreden könnte. Die Führung eines Unternehmens sollte weiter den Experten überlassen sein, die betriebliche Mitbestimmung ist hierzulande mehr als ausreichend ausgebaut.

Die Arbeitnehmerbeteiligung sollte deshalb nicht über die Ausgabe regulärer Anteilsscheine, sondern über virtuelle Aktien erfolgen. In Start-ups sind sogenannte Employee Stock Ownership Plans oder

ESOPs üblich. Sie bieten Mitarbeitern von jungen Unternehmen die Möglichkeit, ohne zusätzliches Risiko an der Wertsteigerung ihres Arbeitgebers zu partizipieren. Dabei begründen Aktienoptionen kein Recht auf unternehmerische Mitsprache. Im Falle einer Insolvenz ist keine Haftung vorgesehen. Aber beim Verkauf des Unternehmens bekommen alle ihren Teil des Kuchens ab. Gerade in den USA machen Stock Options einen großen Teil der Vergütung in Start-ups aus.

Nötig wäre also ein Volks-ESOP. Angestellte sollten weder Stimmrechte erhalten noch Haftungsrisiken tragen. Aber sie sollten an der Entwicklung ihrer Arbeitgeber in Form von steigenden Gewinnen und Dividenden teilhaben können.

Mitarbeiter, die zusätzlich zu ihrem Lohn Gewinnausschüttungen erhalten, sind im Alter weniger auf staatliche Transferleistungen angewiesen. Auf diese Weise leistet die Volksbeteiligung zusätzlich einen Beitrag zur Entlastung der Sozialsysteme.

## 4. Bildungsrevolution

▶ *Die Klassenzimmer entstauben, Lehre und Inhalte zeitgemäß gestalten!*

Nichts vermag sozialen Frieden und Wohlstand einer Gesellschaft besser zu schützen als ein gutes Ausbildungssystem. Aus gutem Grund kommt keine politische Zukunftsagenda ohne Bildungsreform aus. Doch wohlgemeinten Sonntagsreden folgte bislang wenig Tatendrang.

Ein Gang durch mein altes Gymnasium in München beweist: Äußerlich hat sich nicht viel getan. Lehrer schreiben mit Kreide auf Tafeln, so wie sie es schon taten, als gerade die ersten Dampflokomotiven durch das Land rollten. Spürbar ist das Verlangen nach einer

Digitalisierung des Schulwesens: Whiteboards statt Tafeln, Tablets statt Hefte. Der Koalitionsvertrag verspricht satte fünf Milliarden für einen »Digitalpakt Schule«.[8] Der Ausbau der technologischen Infrastruktur an den Ausbildungsorten unserer Kinder ist tatsächlich so nötig wie naheliegend.

Schon die Kleinsten sollen heute »medienmündig« werden. Doch heftig wird darüber gestritten, wie früh der Nachwuchs an virtuelle Welten herangeführt werden sollte. Kritiker fürchten eine Entmaterialisierung der frühkindlichen Erziehung. Bildschirme würden das Erlebnis der realen Welt stehlen und die gesundheitliche Entwicklung nachteilig beeinflussen. Kinder müssten Alternativen zum Computer kennenlernen, um sich auch gegen ihn entscheiden zu können. Eine Gesellschaft, die sich systematisch ihre Nerds heranzieht, ist wahrhaft eine traurige Vorstellung.

Jenseits der Grundschule aber ist die Technisierung der Lernmittel eine notwendige und bei Weitem keine hinreichende Maßnahme zur Reform des Bildungssystems. Denn mit WLAN auf dem Schulhof ist es nicht getan. Nötig wäre vielmehr eine echte Revolution in den Klassenzimmern. Diese beinhaltet eine komplette Überarbeitung sowohl der Lerninhalte als auch der Lernmethodik.

Statistik und Informatik gehören heute in jeden Lehrplan. Ohne ein grundlegendes Verständnis maschineller Logik ist die Welt nicht mehr zu begreifen. Zur staatsbürgerlichen Mündigkeit gehört im 21. Jahrhundert auch das Wissen über die Macht der Daten. Ein Bewusstsein für Mengenverteilungen, Korrelationen und Kausalitäten ist im statistischen Zeitalter genauso relevant wie das Beherrschen einfacher Algebra. In den Lehrplänen gibt es ausreichend irrelevante Themen, die ohne Verlust zugunsten von Statistik und Informatik gestrichen werden können. Immer noch büffeln zum Beispiel rund 700 000 deutsche Schüler die tote Sprache Latein.[9] Was für eine Verschwendung von Lebenszeit!

Vermutlich noch wichtiger als die Auffrischungskur der schulischen Inhalte ist aber eine grundlegende Reform des Lernens an sich. Bis heute steht auf dem Weg zum Abitur die Vermittlung von Wissen im Vordergrund. Schüler brennen sich Fakten und vorgekaute Inhalte in die Birne, in Prüfungen wird Teamarbeit hart sanktioniert. Diese Art der Lebensvorbereitung ist so gestrig wie die Kreidetafel, bedenkt man, dass der gesamte Erkenntnisstand der Menschheit in Sekundenschnelle auf dem Smartphone abrufbar ist. Mehr noch, auf diese Weise züchtet das Bildungssystem zukünftige Arbeitnehmer, die problemlos durch Software und Roboter zu ersetzen sind. Dem Nachwuchs werden systematisch alle Eigenschaften abtrainiert, die ihm nachhaltig einen Vorsprung vor Maschinen bescheren würden.

Die Schule ist im Industriezeitalter stecken geblieben. Eine Wirtschaft der physischen Massenproduktion mag vor allem ausführende Kräfte benötigen, aber eine Ökonomie der künstlichen Hirne hat andere Anforderungen an ihre Mitarbeiter: Kreativität, konzeptionelle Kompetenz und soziale Intelligenz sind entscheidend, um auf dem Arbeitsmarkt der Zukunft relevant zu bleiben.

Zumindest ab der gymnasialen Mittelstufe wäre es meines Erachtens sinnvoll, die künstliche Trennung der Schulfächer aufzuheben. Kaum etwas ist heute wichtiger als interdisziplinäres Denken. Anhand einzelner Themenschwerpunkte ließen sich die unterschiedlichsten Inhalte vermitteln. Die Struktur des Schultages sollte somit nicht von einzelnen Stunden in Mathe, Deutsch oder Physik vorgegeben werden, sondern von übergeordneten Phänomenen wie zum Beispiel »Zweiter Weltkrieg«, »Evolution«, »Kapitalismus«, »Freiheit« oder »Handel«. Das Verständnis von fächerübergreifenden Zusammenhängen sollte im Zentrum der fortgeschrittenen schulischen Ausbildung stehen. Vorbild ist hier mal wieder Finnland. Es hat das sogenannte Phenomenon-based Teaching teilweise bereits eingeführt – ohne dabei allerdings traditionelle Schulfächer gänzlich abzulösen.[10]

Stumpfe Faktenvermittlung und ständige Wissensnachweise sollten der Vergangenheit angehören. Gruppen- und Projektarbeit sollte die Frontalbeschallung im Klassenzimmer ersetzen. Neue didaktische Formate sollten den Unterricht der Zukunft prägen.

Für eine solche echte Bildungsreform braucht es nicht nur andere Schulgesetze, sondern vor allem anderes Lehrpersonal. Die Ausbildung des Nachwuchses gehört zu den wichtigsten Aufgaben einer Gesellschaft. Sie sollte von den besten Köpfen übernommen werden. In Deutschland kann davon keine Rede sein. Das liegt auch daran, dass der Lehrerberuf hierzulande weder besonders attraktiv ist noch ein hohes Ansehen genießt. Auch das muss sich ändern. Lehrkräfte müssten besser bezahlt werden und vor allem mehr Freiheiten erhalten. Sie müssten aber auch selektiver ausgebildet und ausgewählt werden. Hinzu kommt: Die föderale Kleinstaaterei in den Klassenzimmern steht der Umsetzung einer Bildungsrevolution im Weg. 16 Länderstandards verhindern den großen Wurf. Am Anfang einer schulischen Modernisierung steht deshalb eine umfangreiche Kompetenzübertragung auf die Bundesebene.

## 5. Zukunftsbeteiligung

▶ *Einen Staatsfonds gründen und in führende Technologie-Unternehmen investieren!*

Bisher wird die globale Fortschrittsrendite vor allem außerhalb Deutschlands erwirtschaftet. Wir haben wenig von der gigantischen Technologie-Verzinsung in China und dem Silicon Valley. Dabei könnte die Wertexplosion der digitalen Superstars einen Beitrag zur Modernisierung der Republik leisten.

Der Staat sollte deshalb selbst zum Technologie-Investor werden und einen Zukunftsfonds aufsetzen. Dessen Aufgabe sollte die Beteiligung an den größten Gewinnerfirmen der digitalen Matthäus-Ökonomie sein. Keine Beamten, sondern gut bezahlte Profis aus der Finanzwirtschaft sollten das Management des Fonds übernehmen. Ein marktübliches System der Erfolgsbeteiligung sollte sie motivieren.

Der Zukunftsfonds investiert in Aktien und Anteile wachstumsstarker Technologie-Konzerne – egal ob diese in San Francisco, Shenzhen oder Stuttgart zu Hause sind. Ja, die Bundesrepublik Deutschland sollte sich an Unternehmen wie Illumina, Amazon, Facebook, Alphabet, Baidu oder Tencent beteiligen. Die Renditen des Fonds sollten ausschließlich in Bildung und Forschung fließen. Auf diese Weise könnten sie den langfristigen Wohlstand der Nation sichern.

Gespeist werden sollte der Zukunftsfonds aus der zu reformierenden Erbschaftssteuer. Ein kleines Gedankenexperiment: Wie beschrieben werden in der aktuellen Dekade jährlich rund 200 bis 300 Milliarden Euro vererbt oder verschenkt. Wenn es gelingen würde, Erbschaftssteuereinnahmen in Höhe von 30 Prozent dieser Summe zu generieren, könnte der Zukunftsfonds jedes Jahr mit mindestens 60 Milliarden Euro gefüllt werden. Nach nur zehn Jahren hätte der Fonds ein Volumen von mehr als einer halben Billion Euro. Würde das Fondsmanagement am Kapitalmarkt eine Rendite von jährlich zehn Prozent erwirtschaften, könnten die öffentlichen Bildungsaufwendungen dann um über 50 Milliarden Euro gesteigert werden. Zum Vergleich: Die gesamten Bildungsausgaben von Bund, Ländern und Gemeinden beliefen sich im Jahr 2016 auf 128 Milliarden Euro.[11] Mit den zusätzlichen Mitteln aus der Verzinsung des Zukunftsfonds könnte Deutschland zur Bildungssupermacht aufsteigen – und das, ohne dabei auf seine Vermögenssubstanz zurückgreifen zu müssen.

Staatsfonds – sogenannte Sovereign Wealth Funds – finden sich bisher zumeist in rohstoffreichen Ländern. Mit einem Volumen von über einer Billion Dollar betreibt Norwegen den weltweit größten Staatsfonds, gefolgt von China, Abu Dhabi, Kuwait und Saudi-Arabien.[12] Die staatlichen Investitionstöpfe sind meist ein Mittel, um den Wohlstand aus natürlichen Ressourcen wie Öl oder Gas auch für kommende Generationen verfügbar zu machen. Ähnlich könnte der Zukunftsfonds Deutschlands funktionieren. Denn während sich die Erbschaftssteuer aus dem Reichtum früherer Generationen speist, produzieren Bildungsinvestitionen Wohlstand für unsere Nachkommen.

## 6. Staatstransparenz

▶ *Eine »Bürger-Blockchain« einrichten und Steuerzahlungen nachvollziehbar machen!*

In Teilen der Wählerschaft fehlt es dem Staatsmanagement zunehmend an Glaubwürdigkeit und Vertrauen. Die Plage des Populismus und die Krise der westlichen Demokratien sind das Ergebnis. Sie gilt es auch mit Technologie zu adressieren.

Zur Steigerung der Legitimität und Akzeptanz der öffentlichen Hand sollte eine Bürger-Blockchain eingerichtet werden. Die Technologie des dezentralen Registers würde etwas ermöglichen, das früher undenkbar gewesen wäre: die Nachverfolgbarkeit jedes einzelnen an den Staat gezahlten Steuer- und Abgaben-Euros. Ebenso wie die Bitcoin-Blockchain jede Transaktion der virtuellen Währung Bitcoin sichert, könnte ein dezentrales Staatsregister die Tätigkeiten der Landesverwaltung für immer transparent machen. Alle Geldströme vom oder an den Staat ließen sich der unbestechlichen Bürger-Blockchain anvertrauen.

Nicht zentrale staatliche Server, sondern private Rechenkapazitäten der Bundesbürger sollten abspeichern, was Bund, Länder und Gemeinden anstellen. Jeder, der will, sollte seinen eigenen Computer der Bürger-Blockchain zur Verfügung stellen können. Dezentralität und Kryptografie würden jede Form des politischen Missbrauchs verhindern.

Abgerufen werden könnten die in der Bürger-Blockchain abgespeicherten Daten über einen »Steuer- und Abgaben-Tracker«. Jeder steuerpflichtige Deutsche sollte die von ihm an den Staat überwiesenen Euros mithilfe dieses Programmes nachverfolgen können. Monetäre Transparenz würde die Blackbox Staat öffnen. Jedem Bürger würde sein Beitrag zum Großen und Ganzen offenbart werden. Für die Demokratie wäre die Bürger-Blockchain gleichzeitig ein mächtiger Kontrollmechanismus, da Politiker wie Beamte dauerhaft im Scheinwerferlicht agieren würden.

Die Bürger-Blockchain könnte zudem den politischen Diskurs verändern. Wer im Detail weiß, was mit seinen Steuern und Abgaben passiert, wird mehr mitreden wollen. Der Demokratie würde das nicht schaden. Informierte Bürger sind bessere Wähler.

Die Bürger-Blockchain ließe sich sogar auf die Europäische Union ausweiten. Kaum eine politische Institution hätte ein Mehr an Transparenz nötiger als die EU-Bürokratie. Eine europäische Bürger-Blockchain wäre ein gewaltiges Projekt, das sich aber lohnen würde. Die Technologie des dezentralen Registers könnte der politischen Einigung neues Vertrauen schenken.

## 7. Zukunftsministerium

▶ *Eine Fortschrittsbehörde schaffen, die sich um die gesellschaftliche Bewältigung des Wandels kümmert!*

Dass sich die aktuelle Bundesregierung nicht einmal zu einem ordentlichen Minister für Digitales durchringen konnte, ist ein Symptom ausgeprägter Zukunftsblindheit. Dabei wäre es längst Zeit für eine politische Fortschrittsinstitution, deren Kompetenzbereich deutlich weiter gefasst ist als der eines Digitalministeriums. Die Konvergenz der Technologien und die Simultanität der Revolutionen verlangen nach Maßnahmen, die über eine digitale Agenda hinausgehen. Was das Land wirklich bräuchte, ist ein ausgewachsenes Zukunftsministerium.

Diese neue Behörde sollte sich der gesellschaftlichen Bewältigung der technologisch-wissenschaftlichen Zeitenwende widmen. Ihr Themen- und Aufgabenspektrum wäre ressortübergreifend breit. Es würde Wissenschafts-, Struktur- und Sozialpolitik umfassen. Ein Zukunftsministerium müsste eine inhaltliche Schnittstelle von Wirtschafts-, Bildungs-, Arbeits-, Finanz-, Verkehrs- und Justizministerium sein und dabei mehr als nur ein »Amt für Technikfolgenschätzung«. Das Zukunftsministerium sollte ganzheitliche Visionen und Narrative für die Gesellschaft von morgen entwickeln. Es sollte politischer Thinktank und Koordinator zugleich sein. Die Umsetzung einzelner Reformen und politischer Großprojekte (wie die Schaffung einer Bürger-Blockchain) sollten im Zukunftsministerium geplant und überwacht werden.

Anderen Behörden sollte das Zukunftsministerium als inhaltlicher Sparringspartner und Berater dienen. Der Gesetzgeber kann auf technologische Revolutionen nur dann ausreichend schnell reagieren, wenn er deren Bedeutung und Tragweite einordnen kann. Das Zukunftsministerium sollte deshalb Experten unterschiedlichster Fachrichtungen beschäftigen.

Aufgabe des Zukunftsministeriums sollte es zudem sein, das politische Bewusstsein für den nötigen Handlungs- und Reformbedarf zu schaffen. So sollte die neue Behörde für klare Fahrpläne und Meilensteine bei der staatlichen Auseinandersetzung mit Schlüsseltechnologien wie Kryptowährungen, autonomer Mobilität, synthetischer Biologie oder kollaborativer Robotik verantwortlich sein. Auch eine nationale Algorithmen- und Datenkontrolle müsste vom Zukunftsministerium legitimiert und zertifiziert werden (hierzu gleich mehr).

Insbesondere sollte das Zukunftsministerium die nationale Startup-Förderung koordinieren. Laut Angaben des Bundesverbands

Deutscher Kapitalbeteiligungsgesellschaften (BVK) wurde 2017 nur etwas mehr als eine Milliarde Euro privates Risikokapital in Deutschland investiert, knapp weniger als 2016.[13] Zum Vergleich: Die Vereinigten Staaten kamen 2017 auf ein Venture-Capital-Volumen von über 84 Milliarden Dollar.[14] Die Volksrepublik China brachte es auf 40 Milliarden Dollar VC-Investments.[15] Gegen diese gewaltigen Investitionssummen kann der Technologie-Standort Deutschland bis heute nicht viel ausrichten. Auch das ist ein Grund, weshalb es hierzulande keine digitalen Superstars gibt. Ohne konkurrenzfähige Versorgung mit Venture-Capital werden wir weiter zwischen den beiden Hightech-Supermächten China und den USA zerrieben.

Eines der wichtigsten Ziele des Zukunftsministeriums wäre deshalb eine massive Ausweitung der nationalen Versorgung mit Risikokapital. Start-ups steigern den Wohlstand des Landes, indem sie Arbeitsplätze schaffen und die Ökonomie erneuern. Steuermittel reichen niemals aus, um für die deutsche Wirtschaft eine international wettbewerbsfähige Start-up-Finanzierung sicherzustellen. Gefragt sind private Geldgeber. Damit aber Unternehmen, institutionelle Anleger und Privatleute ihr Kapital in Venture-Capital-Fonds investieren, müssen die Rahmenbedingungen für Risikokapital in Deutschland verbessert werden. Steuerliche Anreize könnten viel bewegen.

Daneben müsste sich das Zukunftsministerium um die Förderung von gesellschaftlich wünschenswerten Innovationen bemühen, ob im Bereich der Biowissenschaften oder der Informatik. Hierzu sollte das Ministerium einen »Deutschen Impact Fonds« mit einem jährlichen Investitionsvolumen von mindestens einer Milliarde Euro aufsetzen. Unter »Impact Investing« versteht man die Anlage von Kapital, das nicht nur eine finanzielle, sondern auch eine soziale Verzinsung erwirtschaften soll.

Der Impact-Fonds des Zukunftsministeriums sollte gezielt in Start-ups investieren, deren Entwicklungen und Produkte bei der

Bewältigung gesellschaftlicher Herausforderungen wie dem Klimawandel, dem demografischen Wandel oder der Entmüllung der Meere helfen können. Anders als beim bereits beschriebenen Zukunftsfonds, steht beim Impact-Fonds weniger die Rendite, sondern vor allem die Förderung des Technologie-Standorts Deutschland im Vordergrund.

## 8. Algorithmen- und Datenkontrolle

▶ *Künstliche Intelligenz und kritische Software überwachen!*

Der sogenannte Algorithmen-TÜV ist in aller Munde. Politiker fordern ihn ebenso wie Verbraucherschützer. Im aktuellen Koalitionsvertrag ist eine Daten-Ethikkommission vorgesehen, die einen »Entwicklungsrahmen für Datenpolitik, den Umgang mit Algorithmen, künstlicher Intelligenz und digitalen Innovationen« [16] aufsetzen soll. Zudem sollen Algorithmen- und KI-basierte Entscheidungen, Dienstleistungen und Produkte »überprüfbar« gemacht werden.[17] Auch die neue EU-Datenschutz-Grundverordnung setzt höhere Anforderungen an die Transparenz und Neutralität algorithmischer Urteile auf Basis persönlicher Daten.[18] Der politische Wille zur Bändigung der anorganischen Intelligenz ist längst gegeben.

Tatsächlich ist die Überprüfbarkeit von Algorithmen aber keine leichte Sache. Ein Algorithmus ist keine starre Konstruktionszeichnung, die sich einer simplen technischen Revision unterziehen ließe. Bei der Entwicklung komplexer Software-Produkte können Fehler und Nebenwirkungen an den unterschiedlichsten Stellen auftreten, angefangen bei der mathematischen Modellierung bis hin zur technischen Implementierung verschiedener Programmpakete. Zudem überarbeiten Unternehmen ständig ihre Codes. Der Bauplan eines Autos bleibt gleich, solange das entsprechende Modell produziert wird. Software befindet sich aber in einem ständigen Fluss der Verbesserung. Lernende Algorithmen sind außerdem nur so gut oder schlecht wie die Daten, die für ihr Training zur Verfügung stehen. Wer verstehen will, wie ein neuronales Netz zu seinen Schlüssen kommt, dem bleibt nichts anderes übrig, als auch das digitale Lernmaterial zu sichten.

Es wäre schlicht irrsinnig, wenn jede Firma dazu verpflichtet wäre, ihre gesamte Code-Basis von einer staatlich legitimierten Stelle prüfen zu lassen. Genauso realitätsfern wäre die Zwangsoffenlegung von digitalen Geschäftsgeheimnissen. Unternehmen haben ein gutes Recht auf den Schutz ihres intellektuellen Eigentums. Zudem variiert die Brisanz der automatisierten Entscheidungsfindung. So ist zum Beispiel die Software meines Musik-Streaming-Dienstes garantiert keine Gefahr für die Demokratie.

Richtig ist aber auch, dass die Gesellschaft nicht tatenlos zulassen darf, dass Computerprogramme frei von jeder Kontrolle folgenschwere juristische, wirtschaftliche und moralische Urteile fällen. Die Bundesregierung sollte deshalb eine industrieunabhängige Prüforganisation für Software- und KI-Zertifizierung initiieren. Aufgabe dieser Institution sollte die Durchführung ganzheitlicher Testverfahren für Computerprogramme mit gesellschaftlich kritischer Relevanz sein. Das betrifft digitale Anwendungen in der Versicherungs- und Finanzindustrie genauso wie von öffentlichen Stellen eingesetzte Software, zum Beispiel bei der Vergabe von Studienplätzen oder der Strafverfolgung. Ein Gesetz sollte regeln, welche Programme eine Zertifizierung benötigen.

Die Vergabe eines Zertifikats sollte dann erfolgen, wenn eine Software so funktioniert, wie vom Betreiber angegeben, und dabei unerwünschte Verhaltensweisen sowie Manipulationsmöglichkeiten von Dritten ausgeschlossen sind.[19] Aufgabe der Zertifizierungsstelle wäre die Analyse des jeweiligen Daten-Inputs, der Programmlogik an sich und des Entscheidungs-Outputs. Wenn zum Beispiel eine künstliche Intelligenz für die Beurteilung von Job-Kandidaten überprüft werden soll, müsste die Trainingsgeschichte des Maschinenhirns genauso unter die Lupe genommen werden wie dessen Kandidatenauswahl. Da sich Algorithmen und Programme ständig weiterentwickeln, sollten die Software-Zertifikate eine begrenzte Gültigkeit besitzen.

Neben einer offiziellen Zertifizierungsstelle wäre allerdings auch nicht staatliches Engagement gefragt. Private Initiativen, Vereine und gemeinnützige Unternehmen sollten sich der Überwachung von Algorithmen und künstlicher Intelligenzen widmen. Ähnliche Strukturen bestehen heute schon im Umweltschutz. Anerkannte NGOs wie der Bund Umwelt und Naturschutz Deutschland (BUND), Greenpeace oder der Naturschutzbund Deutschland (NABU) spielen als Mahner und Beobachter eine wichtige Rolle. Vergleichbare Organisationen sollten die automatisierten Entscheidungsmechanismen von Unternehmen und Behörden unter die Lupe nehmen und so als gesellschaftliches Korrektiv fungieren.

Auch auf europäischer Ebene sollte eine eigene Behörde für künstliche Intelligenz und Robotik geschaffen werden. Sie sollte Richtlinien für den Robotereinsatz in Wirtschaft und Gesellschaft erarbeiten. Insbesondere sensible Bereiche wie die Alten- oder Krankenpflege gilt es in Sachen Automatisierung zu regulieren. Das Europäische Parlament fordert bereits länger eine EU-Agentur für Robotik und ein sogenanntes RoboLaw.[20] Gemeinsame Standards wären die Voraussetzung dafür, dass Europa auch bei der Kontrolle von Technologie als Wertegemeinschaft agiert.

## 9. Europäischer Genplan

▶ *Eine EU-Agentur für Biotechnologie gründen, den Forschungsstandort Europa fördern!*

Die technischen Revolutionen der Mikrobiologie mögen beängstigend sein. Verhindern lassen sie sich nicht. Den Fortschritt im Bereich der Biowissenschaften eindämmen zu wollen wäre zudem verantwortungslos gegenüber kommenden Generationen. Europa kann sich dem mikrobiologischen Wettlauf zwischen China und den Vereinigten Staaten nicht entziehen. Die Europäische Union sollte die biologische Zeitenwende deshalb aktiv gestalten. Gefragt wäre ein Masterplan zur Förderung und Nutzung der Gentechnologie in Europa.

Als erste Maßnahme sollte die EU eine Agentur für Biotechnologie gründen. Diese Institution hätte drei Aufgaben: erstens die Information und Aufklärung von Politik und Öffentlichkeit. Zweitens die Analyse und Bewertung wissenschaftlicher Entwicklungen und möglicher politischer und gesellschaftlicher Konsequenzen. Drittens die Förderung der europäischen Spitzenforschung in Klinik und Labor.

Eine offene gesellschaftliche Debatte zum Thema Gentechnologie wäre dringend nötig. Die EU-Agentur für Biotechnologie sollte durch Aufbereitung, Evaluierung und Bereitstellung von Daten zu einem seriös geführten Diskurs beitragen. Sie sollte zudem Ansprechpartner für Fragen aus Mitgliedstaaten und europäischen Behörden sein. Auch für den Entwurf möglicher Regulierungskonzepte und europäischer Standards wäre die Agentur verantwortlich.

Im globalen biotechnologischen Wettrennen kann Europa nur durch eigene Wissenschaftsleistung bestehen. Die Europäische Union sollte die mikrobiologische Forschung in Landwirtschaft und Medizin stärker unterstützen. In Kürze läuft der aktuelle EU-Forschungsförderungsrahmen »Horizont 2020« aus. Im Nachfolgeprogramm sollte ein starker Fokus auf den biotechnologischen Entwicklungsstandort gelegt werden. Schließlich sollte die EU ein forschungsfreundliches Klima schaffen. Im Bereich der grünen Gentechnik sollten die neuen biotechnologischen Techniken nicht mit konventionellen Methoden gleichgesetzt werden. Seit Langem gelten in der EU extrem strenge Regeln für genetisch modifizierte Organismen. Doch wäre es fahrlässig, wenn diese der Anwendung innovativer Verfahren wie der neuen Genschere CRISPR/Cas9 im Wege stehen würden. Denn der neue mikrobiologische Werkzeugkasten erlaubt sauberere und risikoärmere Produkte als ältere Biotechnologie. Entsprechend ist die europaweite Regulierung anzupassen.

Deutschland sollte bei der Entwicklung eines europäischen Genplans eine tragende Rolle spielen. Das dunkelste Kapitel in der Geschichte des Landes dient als grausame Warnung vor biologischen Utopien. Nirgendwo ist die gentechnologische Skepsis deshalb so ausgeprägt wie hierzulande. Wer, wenn nicht die Bundesrepublik, sollte also bei der Entwicklung von Standards maßgeblich mitwirken? Deutschland und Europa stehen vor einer doppelten Herausforderung. Sie müssen der Biotechnologie klare ethische Grenzen setzen, gleichzeitig aber den Wandel annehmen und nutzbar machen.

## 10. Globale Kooperation

> ▶ *Eine UN-Technologiefolgen-Konferenz einberufen, internationale Kontrollinstitutionen gründen!*

Die Risiken und Nebenwirkungen der technologischen Zeitenwende vermag ein einzelner Staat nicht zu schultern. Nie war deshalb eine globale politische Koordination so wichtig wie heute.

Ähnlich dem UN-Klimagipfel sollte eine jährlich stattfindende Staatenkonferenz Ziele und Grundsätze für einen sozial verträglichen technologischen Wandel verabschieden. Auf den Klimakonferenzen ringen Länderdelegationen schon heute alle zwölf Monate um Maßnahmen zur Reduzierung der globalen $CO_2$-Emission – 2017 zum Beispiel in Bonn, 2018 im polnischen Kattowitz. Ziel der Veranstaltungen: eine Begrenzung der Erderwärmung auf unter zwei Grad Celsius.

Längst wäre es auch Zeit für eine groß angelegte UN-Technikfolgen-Konferenz. Diese sollte sich Themen wie der Kontrolle von Algorithmen, den Grenzen der Gentechnologie oder dem digitalen Wettbewerbsrecht widmen. Die Konferenz könnte sich zum Beispiel um weltweit gültige Standards für die Entwicklung künstlicher Intelligenzen bemühen. Ratifiziert und überwacht werden müssten diese durch die teilnehmenden Nationen. Selbst wenn nicht alle Länder dabei mitmachen würden, wären international abgestimmte Richtlinien zumindest ein mächtiges Symbol.

Genau wie beim Schutz des Klimas herrscht beim Umgang mit neuen Technologien alles andere als ein internationaler Konsens. Eine UN-Technikfolgen-Konferenz könnte versuchen, gemeinsame Positionen und Kompromisse zu finden. Dabei geht es auch darum, die beiden technologischen Supermächte China und die USA an einen Verhandlungstisch mit dem Rest der Welt zu bringen.

Seit ihrer Gründung setzt sich die UNO mit neuen Technologien auseinander. Aber erst 2017 wurde das United Nations Center for Artificial Intelligence and Robotics in Den Haag eröffnet. Aufgabe der Einrichtung ist die Bewertung von Risiken sowie die Organisation von Konferenzen und Expertentreffen. Die Mikrobiologie beschäftigt die Vereinten Nationen hingegen seit Langem. Das im Jahr 2003 in Kraft getretene Cartagena-Protokoll regelt den Handel mit gentechnisch veränderten Organismen. Das seit 2014 gültige Nagoya-Protokoll schafft einen völkerrechtlichen Rahmen für den Zugang zu genetischen Ressourcen und einen gerechten Vorteilsausgleich. Für bioethische Standards ist die UNESCO verantwortlich. Sie rief 1993 das International Bioethics Committee ins Leben. Es verfasste verschiedene Deklarationen mit Grundsätzen für eine ethische Biowissenschaft und Gentechnologie. 2005 verabschiedete die Generalkonferenz der UNESCO zuletzt die Universal Declaration on Bioethics and Human Rights.

All diese Protokolle, Deklarationen und Komitees sind richtig und wichtig. Gefragt wäre aber zudem ein prominentes supranationales Forum, das der technologischen Zeitenwende eine breite globale Aufmerksamkeit schenkt. Die UN-Klimakonferenz lenkt jährlich das weltweite Augenmerk auf das brennende Thema Klimawandel. Eine zentrale Konferenz für Fragen der Technikfolgenabschätzung müsste Ähnliches leisten.

Was heute Gentechnik und anorganische Intelligenz sind, das war nach dem Zweiten Weltkrieg die Atomenergie: sowohl Chance als auch Gefahr für das Fortbestehen der Menschheit. Zur Kontrolle und Förderung der neuen Technologie wurde deshalb einst die International Atomic Energy Agency (IAEA) unter dem Dach der UNO gegründet. Mit einer ähnlichen Zielsetzung sollte auch eine International Artificial Intelligence Agency geschaffen werden. Sie könnte die Entwicklung künstlicher Intelligenzen überwachen und deren verantwortungsvolle und nachhaltige Nutzung unterstützen. Auch eine International Genomics Agency wäre sinnvoll. Sie könnte die Einhaltung ethischer Grundsätze bei der Manipulation der organischen Intelligenz sicherstellen.

Wie auch immer die Strukturen und Formate der internationalen Zusammenarbeit letzten Endes aussehen werden – klar ist, dass die Staatengemeinschaft Mittel und Wege finden muss, um der anstehenden Herausforderungen gemeinsam Herr zu werden. Vertrauen auf nationale Lösungen wäre hingegen zukunftsblind.

# Schluss

# Der Zukunft verpflichtet

Gut 200 Jahre ist der Kapitalismus alt. Wenn es weitergeht wie bisher, wird er keine weiteren zwei Jahrhunderte überleben. Schon Karl Marx erkannte: Das System braucht Wachstum, um existieren zu können. Finanzmärkte lechzen genauso nach wirtschaftlichen Zuwachsraten wie Sozialstaaten und Rentenkassen. Ohne Wachstum fällt das ökonomische Kartenhaus in sich zusammen. Doch die Ressourcen des Planeten sind begrenzt. Die Endlichkeit natürlicher Lebensgrundlagen verbietet ein ewiges Plus. Dieser Widerspruch ist die systemische Sollbruchstelle einer freiheitlichen Wirtschaftsordnung.

Seit Jahrzehnten diskutieren wir die Grenzen des Wachstums. Doch die Zerstörungswut des Homo sapiens ist ungebrochen. Im vergangenen halben Jahrhundert hat der Kapitalismus den globalen Wohlstand unterm Strich vervielfacht. Aber gleichzeitig hat er in atemberaubender Geschwindigkeit das Antlitz der Erde verändert. Im Anthropozän wurde der Mensch selbst zur größten Gefahr für seinen Planeten.

Bisher lautete die gültige Formel der Expansion: Mehr verbrauchen, um mehr zu erwirtschaften. Über 2800 Kohlekraftwerke mussten gebaut werden, damit der Energiehunger des chinesischen Wirtschaftswunders gestillt werden konnte.[1] Mehr als acht Milliarden Tonnen Plastik hat die Menschheit bis heute produziert, nur um ihre Güter zu verpacken und zu verschicken.[2] Für ihren Fleisch- und Milchkonsum hält sie sich über eine Milliarde Rinder.[3] Rund 200 Millionen Tonnen Düngemittel setzt sie weltweit jährlich auf ihren Feldern ein.[4] Egal welche Statistik man zugrunde legt – es ist offensichtlich, dass unsere Spezies zu viele ökologische und soziale Hypotheken aufgenommen hat. Die Zahltage werden kommen.

Die langfristigen Folgen des Wachstums bedrohen nicht nur Eisbären, Südseeinseln und Alpengletscher, nicht nur Klima und Natur. Auch die Legitimität des Kapitalismus als verantwortliches System schwindet. Wenn es weitergeht wie bisher, verliert die Marktwirtschaft ihre moralische Begründbarkeit.

Die To-do-Liste der Menschheit ist lang und angsteinflößend. Sie beginnt beim globalen $CO_2$-Ausstoß und endet keinesfalls bei der Ernährung von bald neun Milliarden Erdenbürgern. Verzicht allein kann keine Lösung sein. Nur eine Kraft kann uns befreien: Technologie. Ausschließlich Wissenschaft und Innovation ermöglichen nachhaltiges Wachstum trotz begrenzter Ressourcen.

## Wandel durch Fortschritt

Es sind Start-ups, die dem Homo sapiens bei der Bewältigung seiner schwersten Missionen helfen werden. Rund um den Globus arbeiten Unternehmer, Entwickler und Ingenieure an Ideen für eine ressourceneffiziente Zivilisation. Täglich sehe ich Gründerteams, die dem Kapitalismus mit ihren Geschäftsmodellen und Technologien neue Glaubwürdigkeit schenken.

Nicht immer muss man für einen Blick in die Zukunft ins Silicon Valley reisen. Im Oberallgäu ist das mit mehr als 180 Millionen Euro finanzierte Start-up Sonnen beheimatet.[5] Es liefert mit seinen intelligenten Stromspeichern für Eigenheime mit Photovoltaik-Anlagen einen wichtigen Beitrag zur erfolgreichen Bewältigung der »Energiewende«. Über 20 000 Sonnenspeicher wurden schon installiert.[6] Elon Musks Tesla bietet mit seiner »Powerwall« ein ähnliches Batterieprodukt für private Haushalte an.

Ebenfalls aus Europa kommt das sogenannte Energy Web, eine Blockchain-Plattform für das Stromnetz der Zukunft. Das dezentrale Register soll bald schon der technologische Unterbau einer $CO_2$-neutralen Energieversorgung sein. Einige der größten europäischen Energiekonzerne unterstützen die Gründung bei ihrem Vorhaben.

Auch bei der Ladeinfrastruktur für die Elektromobilität ist es ein Start-up, das den Wandel maßgeblich vorantreibt. Über 290 Millionen Dollar wurden in das 2007 gegründete Unternehmen Charge-Point mit Sitz nahe San José investiert.[7] 2017 beteiligten sich auch Daimler, BMW und Siemens. In den USA und Mexiko hat Charge-Point bereits über 34 000 Ladepunkte aufgestellt und auf diese Weise Elektroautos konkurrenzfähiger gemacht.[8] In Europa soll nun Ähnliches gelingen. Traurig genug, dass die deutsche Automobilindustrie auf Wissen und Erfahrung aus dem Silicon Valley setzen muss, um ihre eigene klimaneutrale Erneuerung zu forcieren.

Nicht nur in der Energietechnologie lösen Start-ups ökologische Probleme. Fast 400 Millionen Dollar flossen in die ebenfalls im Tal der Träume beheimatete Firma Impossible Foods. Investor ist unter anderem die Temasek Holdings, der Staatsfonds der Regierung von Singapur.[9] Das Start-up stellt Fleisch und Käse mithilfe von Pflanzenproteinen her. Die Impossible-Produkte sollen sich in Geschmack und Textur nicht von tierischen Erzeugnissen unterscheiden, dabei allerdings eine deutlich bessere Ressourcenbilanz aufweisen. In den USA servieren mittlerweile Hunderte von Restaurants den »Impossible Burger«, einen Hamburger, an dessen Herstellung keine Rinder beteiligt waren.

Auch die Technologie des sogenannten Vertical Farming soll eines Tages zu einer nachhaltigen Nahrungsversorgung der Menschheit beitragen. Gemüse wird nicht unter freiem Himmel in Erde, sondern in Räumen und mithilfe spezieller Hydrokulturen gezüchtet. Lichtspektren aus LED-Lampen ersetzen die Sonne. Der Pflanzenanbau erfolgt auf Etagen. 20 bis 30 Ernten werden so möglich, und das bei einem um 95 Prozent niedrigeren Wasserverbrauch.[10] Einer der erfolgreichsten Pioniere des vertikalen Gemüseanbaus ist das aus San Francisco stammende Start-up Plenty. Seit seiner Gründung im Jahr 2014 konnte es über 220 Millionen Dollar Venture-Capital einsammeln, unter anderem vom japanischen Technologie-Konzern SoftBank und vom Amazon-Gründer Jeff Bezos. Das Unternehmen plant den Bau von bis zu 300 Indoor-Farmen in China, wo viel Ackerland durch Pestizide und Schwermetalle belastet ist.[11] Der junge Berliner Wettbewerber Infarm konnte immerhin schon knapp 30 Millionen Euro Risikokapital aufnehmen, um seine Technologie des »Urban Farming« an Restaurants, Supermärkte und lokale Distributoren zu vertreiben.[12]

Auch klassische Landwirtschaft kann mit »Agricultural Tech« produktiver und damit ressourceneffizienter gemacht werden. Rund 200 Millionen Dollar wurden in ein US-Start-up namens Farmers Business Network (FBN) investiert. Unter den Anteilseignern finden sich Google Ventures und wieder der Singapur-Staatsfonds Temasek. Das FBN ermöglicht es Landwirten, Daten und Know-how zu teilen und bessere Preise im Einkauf und bei der Vermarktung ihrer Produktion zu erzielen. Über 5000 Farmen in den USA und Kanada nutzen das FBN bereits. Sie bewirtschaften rund 6,5 Millionen Hektar – eine Fläche größer als der Staat West Virginia.[13]

Andere hoch finanzierte Start-ups arbeiten an Technologien für das sogenannte Precision Farming. Meist mithilfe von Drohnen werden Felder auf Nährstoffwerte, Erntequalität und Schädlingsbefall hin untersucht. Software ermöglicht die Analyse einzelner Maispflanzen aus der Luft. Längst sind auch Bauernhöfe Hightech-Standorte. Dabei beschränkt sich die digitale Revolution der Landwirtschaft nicht nur auf Industrienationen.

In Subsahara-Afrika versuchen zahlreiche Start-ups die Arbeitsbedingungen von Kleinbauern zu verbessern. Es sind Gründungen wie M-Farm in Kenia, Maano in Sambia oder auch Trade in Ghana, das von YCombinator und der Bill-und-Melinda-Gates-Stiftung unterstützt wird. Alle drei Firmen bieten Apps an, mit denen landwirtschaftliche Erzeugnisse direkt und ohne Mittelsmann gehandelt werden können. Schon die Schaffung von Preistransparenz auf lokalen Märkten ist für Farmer ein enormer Gewinn. Solche Initiativen helfen der ländlichen Bevölkerung vermutlich effektiver als manche Maßnahme der klassischen Entwicklungshilfe und sind somit auch ein Mittel gegen Migration.

Energie und Ernährung machen nur zwei Bereiche aus, in denen Start-ups für Fortschritt im Sinne kommender Generationen sorgen. Auch die sozialen und ökologischen Folgen der Urbanisierung sind längst Ausgangspunkt innovativer Geschäftsideen. Hunderte von Start-ups entwickeln Technologien für die »Smart City«.

Die finnische Gründung Enevo arbeitet an einer digital optimierten Müllentsorgung und hat dafür über 45 Millionen Euro Risikokapital eingesammelt. Das US-Start-up Ridecell bietet eine Software-Plattform für die Betreiber autonomer Fahrzeugflotten und Carsharing-Modelle an. Sie optimiert Flottenmanagement und Routenplanung. Das ebenfalls in San Francisco beheimatete Start-up Scoop kooperiert mit großen Unternehmen, um seinen digitalen Dienst für Mitarbeiterfahrgemeinschaften zu vermarkten. »Corporate Carpooling« soll den Pendlerverkehr reduzieren und Firmenparkplätze entlasten. Dafür konnte die erst 2015 gegründete Firma über 35 Millionen Dollar Venture-Capital anziehen, unter anderem auch von BMW.[14]

All diese Beispiele nachhaltigen Unternehmertums zeigen: Wachstum mit Werten ist möglich. Die Revolutionen unserer Zeitenwende sind Chance und Herausforderung zugleich. Angesichts der technologischen Risiken und Nebenwirkungen wäre es nur allzu bequem, eine fortschrittsverweigernde Haltung einzunehmen. Doch so einfach dürfen wir es uns nicht machen. Die Rettung der Zukunft gelingt nur mit Innovation, nicht ohne sie. Es ist Aufgabe der Politik, den Fortschritt in den richtigen Bahnen zu halten, aber nicht, ihn zu verhindern.

**Wer, wenn nicht wir**

Wie keine andere Nation könnte Deutschland bei der politischen Gestaltung des Epochenbruchs eine Vorreiterrolle spielen. Die Wirtschaft des Landes brummt – Beschäftigung auf Rekordhoch, Exporte auf weltmeisterlichem Niveau. Ein funktionierender Sozialstaat federt die Folgen der strukturellen Veränderungen ab. Die Unternehmen der Republik sind profitabel und vermögend wie nie. Sie mögen den digitalen Wandel verschlafen haben, aber längst wird mit enormer Energie an der eigenen Erneuerung gearbeitet.

Im internationalen Vergleich erweisen sich die politischen Verhältnisse in der Bundesrepublik als außerordentlich stabil. Die Vereinigten Staaten, Frankreich und Großbritannien sind weit mehr mit sich selbst beschäftigt. Von ihren Regierungen ist keine Revolution der Erneuerung zu erwarten, allenfalls Reaktion. China arbeitet zwar mit Hochdruck an seiner Vision von Zukunft, ist aber ideologisch auf einem anderen Stern zu Hause.

Deutschland zeichnet sich durch ein historisch bedingtes Bewusstsein für gesellschaftliche Ethik aus. Es ist das Land der Skeptiker. Unser Blick für Risiken ist weltspitze. Während Angelsachsen Pioniere sein wollen – sie glauben an den Ritt nach Westen, an die Entdeckung neuer Welten –, fürchten wir uns vor dem, was uns dort erwarten könnte. Realismus ist uns wichtiger als Optimismus. Eigentlich wäre das die beste Voraussetzung für Verantwortungsbewusstsein und Weitblick. Die Bürger keines Landes könnten also selbstbewusster sagen: Wer, wenn nicht wir! Wer, wenn nicht Deutschland, könnte Vorbild sein, sei es bei der Reform des Steuersystems, bei der Einführung eines bedingten Grundeinkommens, bei der Virtualisierung der Verwaltung, bei der Entstaubung des Bildungssystems, bei der Kontrolle von künstlichen Intelligenzen und Algorithmen, bei der Förderung und Regulierung der Gentechnologie. Kurzum: bei der Überwindung des politischen Innovator's Dilemma.

Mit Mut und Gestaltungswille könnte die Bundesrepublik zum politischen Innovationsführer werden. Deutschland hätte das Potenzial, ein Silicon Valley der Demokratie zu werden. Zumindest wenn die Nation die Zeichen der Zeit erkennt.

## Deutschland 2051

Glaube ich den Briefen der Rentenversicherung, werde ich im Jahr 2051 in den Ruhestand treten. Bis zum Ende meines Arbeitslebens zur Mitte des Jahrhunderts wird sich zeigen, ob wir diese revolutionäre Epoche meistern oder nicht. Schon aus beruflichen Gründen bin ich Optimist. Und so kann ich mir das Land vorstellen, in dem ich eines Tages glückliche Jahre als rüstiger Rentner verbringen möchte. Doch nur wenn wir aufhören, die Gegenwart schönzumalen, könnte dieser Traum wahr werden:

*Herbst 2051. Deutschland schaut mit Zuversicht in die zweite Hälfte des 21. Jahrhunderts. Es herrscht Aufbruchstimmung.*

*Seit zweieinhalb Legislaturperioden regiert ein politisches Start-up: die »Liste Zukunft«. Als Hybrid aus Partei und Bewegung hat es unverbrauchtes Talent in die Politik gelockt. Kanzler ist ein charismatischer Endvierziger syrischer Abstammung. Früher einmal SPD-Mitglied, wurde ihm bald klar, dass mit der greisen Dame Sozialdemokratie das Land nicht mehr zu renovieren ist.*

*Die Regierung der »Liste« hat den ersehnten politischen Aufbruch herbeigeführt. Grundlegende Reformen wurden auf den Weg gebracht – gegen den Widerstand der alten Parteien und Gewerkschaften.*

*Bundespräsident ist ein ehemaliger Zukunftsminister. Vor seiner Berufung ins Kabinett leitete er ein Start-up in Palo Alto. Als Minister hat er sich den Ruf eines strategischen Masterminds der Erneuerung erarbeitet. Die Financial Times nannte ihn sogar den »Elon Musk der öffentlichen Innovation«. Der echte Musk verbringt seine letzten Lebensjahre auf einer Mondkolonie.*

*Die Anzahl der privatwirtschaftlich Beschäftigten ist dramatisch gefallen. Doch bewegt das die Gemüter kaum. Seit Einführung eines be-*

*dingten Grundeinkommens verbringen Millionen Bürger ihre Tage mit gesellschaftlichem Engagement. Als Rentner werde ich davon profitieren. Viele junge Menschen verdienen sich ihre Social Coins, indem sie Senioren bei alltäglichen Erledigungen zur Hand gehen und mit ihnen zusammen Zeit verbringen. Besonders beliebt sind neuerdings gemeinsame Virtual-Reality-Zeitreisen.*

*Seit einem Jahr verbietet die Straßenverkehrsordnung manuelles Fahren. In Wolfsburg ist das letzte Auto mit einem Verbrennungsmotor schon vor einem Jahrzehnt vom Band gelaufen. Die weltgrößte Batteriefabrik steht ebenfalls in Niedersachsen. Sie wird von einer DAO betrieben, an deren ICO sich vor einigen Jahren Hunderttausende Bundesbürger beteiligt haben.*

*Der Zukunftsfonds des Staates verwaltet mittlerweile weit über eine Billion Euro. Deutschland ist der größte Einzelaktionär an der Technologiebörse NASDAQ, deren Marktkapitalisierung dreimal größer ist als die der New York Stock Exchange. Die Renditen sprudeln nur so ins Bildungssystem. Schulen und Universitäten wissen nicht mehr, wohin mit ihrem Geld. Das aktuelle Gewinnerteam von »Jugend forscht« hat einen eigenen Quantencomputer gebaut. Die Bundesrepublik ist zum Real Madrid der PISA-Studien geworden.*

*»Gen-Germany« lautete kürzlich der Titel der letzten Print-Ausgabe des* Economist. *Deutschlands Start-ups führen die biotechnologische Revolution an. In Martinsried, vor den Toren der Drei-Millionen-Stadt München, wurden gentechnische Verfahren entwickelt, um Embryos gegen jede Art von Krebs zu immunisieren. Während chinesische Bürger zum Bio-Tuning ihrer Kinder verpflichtet sind, regelt hierzulande ein neues Gesetz das »Recht auf genetische Optimierung« für alle. Auch meine Enkel wurden mit den besten biologischen Voraussetzungen für ein langes und gesundes Leben zur Welt gebracht.*

*Die Bürokratie des Staates arbeitet transparent wie nie. Eine Bürger-Blockchain wurde eingerichtet. Millionen Haushalte beteiligen sich mit ihren privaten Rechnern am dezentralen Register der Nation. Die Bundesrepublik gilt weltweit als Vorbild für eine virtuelle und unbe-*

stechliche Verwaltung. *Auf meinem iPhone 42 – es handelt sich um eine intelligente Kontaktlinse – findet sich die »Bundesapp«. Mit ihr kann ich mir alle Aktivitäten der öffentlichen Hand buchstäblich vor Augen führen.*

*Wer hätte das gedacht: Früher pilgerten deutsche Manager für ihre digitale Erleuchtung ins Silicon Valley. Heute ist Deutschland zum Sehnsuchtsort der Zukunftsgläubigen geworden.*

# Danksagung

Gut Ding ist Teamarbeit – so auch dieses Buch.

Mein erster Dank gilt meiner Familie. Meiner Mutter Barbara danke ich für ihre Unterstützung, wann immer sie nötig war. Meinem Vater Wolfgang danke ich für die vielen Hinweise und Tipps eines erfahrenen Autors. Ich danke meinem Bruder Christian. Schön, dass es dich gibt. Max, Jael und Freddy danke ich für ihre Freundschaft.

Ungezählte inspirierende Gespräche und Helfer haben diesen Text erst möglich gemacht. In alphabetischer Reihenfolge danke ich insbesondere: Florian Buddemeier, Ewa Dürr, Adrian Frenzel, Wolfgang Gründinger, Florian Hense, Woitek Konzal, Herbert Mangesius, Rolf Mathies, Thomas Oehl, Christian Reitberger, Julia Schygulla, Paul Thiekötter und Dominik Unützer. Vielen Dank an alle, die sich die Zeit nahmen, mir zuzuhören, und ihre Sichtweisen und Perspektiven mit mir geteilt haben. Zudem danke ich meinen Interviewpartnern für ihre Offenheit und dafür, dass sie mir Einblicke in ihre Welten gewährt haben.

Vor allem danke ich meinem Verlag Droemer Knaur: meiner Verlegerin Margit Ketterle für ihre thematische Offenheit und ihren publizistischen Unternehmergeist, meiner Lektorin Iris Forster für ihre perfekte Betreuung, ihren unermüdlichen Einsatz und natürlich ihre Geduld. Darüber hinaus gilt mein Dank dem gesamten Verlagsteam. Die Zusammenarbeit hätte besser nicht sein können.

Bei der großen Themenbreite und Faktendichte dieses Buches lassen sich trotz aller Sorgfalt Fehler nicht vermeiden. Deshalb bin ich für jeden Hinweis und Kommentar dankbar. Sie finden mich bei LinkedIn und Twitter (@BenediktHerles).

# Anmerkungen

Die verwendete Literatur besteht zum Großteil aus Quellen, die im Internet zu finden sind. In diesen Fällen wird auf die Angabe der genauen Webadresse verzichtet. Stattdessen werden relevante Suchbegriffe wie Autor, Titel, Name der Webseite und Datum der Veröffentlichung genannt. Zitate aus englischsprachigen Quellen sind vom Autor übersetzt.

## Einleitung
### Fasten your seatbelts

1   Christoph Keese: *Silicon Germany. Wie wir die digitale Transformation schaffen,* Albrecht Knaus Verlag, München 2016, S. 15.
2   Koalitionsvertrag der 19. Legislaturperiode, S. 41.

## Kapitel 1
### Situation heute

### Beschleunigte Geschichte

1   Daniel C. Dennett, Deb Roy: »Die Folgen der digitalen Transparenz«, in: *Spektrum der Wissenschaft,* 19. Mai 2015.
2   Mary Meeker: *Internet Trends 2017,* Kleiner Perkins Caufield Byers, 31. Mai 2017.
3   Mary Meeker: *Internet Trends 2014,* Kleiner Perkins Caufield Byers, 28. Mai 2014.
4   IDC: *Data Age 2015: The Evolution of Data to Life-Critical,* April 2017.
5   Matthew Herper:»Illumina Promises To Sequence Human Genome For $100 – But Not Quite Yet«, in: *Forbes,* 9. Januar 2017.

6 Kevin Kelly: »The AI Cargo Cult«, in: *Wired,* 25. März 2017.

7 Macquarie Research, 23. September 2016.

8 Benjamin Franklin: *True Science and its Progress. Inconveniences attend all Situations in Life,* Brief an Joseph Priestley vom 8. Februar 1780.

9 Henning Kagermann, Wolf-Dieter Lukas: »Industrie 4.0: Mit dem Internet der Dinge auf dem Weg zur 4. industriellen Revolution«, in: *VDI Nachrichten,* 1. April 2011.

10 Accenture Digital und BVDW: *Data-Driven Business Models in Connected Car and Beyond,* September 2017.

11 Will Steffen, Wendy Broadgate et al.: »The trajectory of the Anthropocene: The Great Acceleration«, in: *The Anthropocene Review,* Vol. 2(1), 16. Januar 2015, S. 81–98.

12 Global Footprint Network.

13 Tim Cross: »Vanishing point: the rise of the invisible computer«, in: *The Guardian,* 26. Januar 2017.

14 Khalid Moammer: »AMD Confirms 7nm Products Will Tape Out This Year«, in: *wccftech.com,* 23. Mai 2017.

15 Andrew Bolwell: »Megatrends shaping our future«, in: *HP Innovation Journal,* Ausgabe 2, Frühjahr 2016.

16 Jon Fingas: »Freescale makes the world's smallest ARM controller chip even tinier«, in: *Engadget,* 25. Februar 2014.

17 Peter Denning, Ted Lewis: »Exponential Laws of Computing Growth«, in: *Communications of the ACM,* Vol. 60(1), Januar 2017, S. 54–65.

18 Tim Cross: »Vanishing point: the rise of the invisible computer«, in: *The Guardian,* 26. Januar 2017.

19 Ray Kurzweil: *The Singularity Is Near,* The Viking Press, New York 2005, S. 67.

20 Crunchbase, Stand Juni 2018.

21 ebd.

22 Colm Gorey: »5 predictions from Marvin Minsky as ›father of AI‹ dies aged 88«, in: *Siliconrepublic,* 26. Januar 2016.

23 Riccardo Miotto, Li Li et al.: »Deep Patient: An Unsupervised Representation to Predict the Future of Patients from the Electronic Health Records«, in: *Scientific Records,* 17. Mai 2016.

24 Ray Kurzweil: *The Singularity Is Near,* The Viking Press, New York 2005, S. 70.

25 National Center for Biotechnology Information, Stand April 2018.

26 Zachary Stephens, Skylar Lee et al.: »Big Data: Astronomical or Genomical?«, in: *PLoS Biology,* Vol. 13(7), 7. Juli 2015.

27 Crunchbase, Stand Juni 2018.

28 Business Wire: *The Global Next-Generation Sequencing Report,* 6. April 2017.

29 Kabin Xie, Yinong Yang:»RNA-Guided Genome Editing in Plants Using a CRISPR–Cas System«, in: *Molecular Plant,* Vol. 6(6), November 2013, S. 1975–1983.

30 David Cyranoski, Sara Reardon:»Chinese scientists genetically modify human embryos«, in: *Nature News,* 22. April 2015.

31 Reuters: *First editing of human embryos carried out in United States,* 27. Juli 2017. James Gallagher:»UK scientists edit DNA of human embryos«, in: *BBC News,* 20. September 2017.

32 Heidi Ledford:»CRISPR, The Disruptor«, in: *Nature News,* 3. Juni 2015.

33 Website von The Odin, Stand Juli 2017.

34 David Rennert:»Schönes neues Feld«, in: *Der Standard Forschung,* Juni 2017.

35 Hannah Devlin:»Woolly mammoth on verge of resurrection, scientists reveal«, in: *The Guardian,* 16. Februar 2017.

36 Sarah Zhang:»Genetically Engineering Pigs to Grow Organs for People«, in: *The Atlantic,* 10. August 2017.

37 Dong Niu, Hong-Jiang Wei et al.:»Inactivation of porcine endogenous retrovirus in pigs using CRISPR-Cas9«, in: *Science,* Vol. 357(6357), 10. August 2017, S. 1303–1307.

38 Crunchbase, Stand September 2017.

39 Michael Le Page:»Boom in human gene editing as 20 CRISPR trials gear up«, in: *New Scientist,* 30. Mai 2017.

40 Panpan Hou, Shuliang Chen et al.:»Genome editing of CXCR4 by CRISPR/cas9 confers cells resistant to HIV-1 infection«, in: *Scientific Reports,* 20. Oktober 2015.

41 Ewen Callaway:»Second Chinese team reports gene editing in human embryos«, in: *Nature News,* 8. April 2016.

42 Antonio Regalado:»Bill Gates Doubles His Bet on Wiping Out Mosquitoes with Gene Editing«, in: *MIT Technology Review,* 6. September 2016.

43 Antonio Regalado:»The Extinction Invention«, in: *MIT Technology Review,* 13. April 2016.

44 Johann Grolle:»Frankensteins Erben«, in: *Der Spiegel,* 30. Dezember 2017, S. 100–102.

45 ebd.

46 o. V.:»Sansibar Tsetse-frei«, in: *Der Spiegel,* 22. Dezember 1997, S. 149.

47 Ewen MacAskill:»Bill Gates warns tens of millions could be killed by bio-terrorism«, in: *The Guardian,* 18. Februar 2017.

48 Laura Zahn, Guy Riddihough:»Building on nature's design«, in: *Science,* Vol. 355(6329), 10. März 2017, S. 1038 f.

49 Amy Maxmen:»Yeast redesign probes evolution«, in: *Nature,* Vol. 543, 16. März 2017, S. 298 f.

50 CBInsights: *Startups in Synthetic Biology,* Februar 2017.

51  Crunchbase, Stand Juli 2017.

52  Sarah Buhr: »Biotech startup Zymergen nabs $130 million from Softbank«, in: *Techcrunch*, 10. Oktober 2016.

53  Website von Zymergen, Stand Juli 2017.

## Zeitenwende

1  Crunchbase, Stand September 2017.

2  Ed Newton-Rex: »The State of AI«, in: *Medium*, 18. Februar 2017.

3  Tracxn Report: *Artificial Intelligence*, März 2017.

4  Kevin Kelly: »The Three Breakthroughs That Have Finally Unleashed AI on the World«, in: *Wired*, 27. Oktober 2014.

5  Crunchbase, Stand Oktober 2017.

6  Executive Office of the President National Science and Technology Council Committee on Technology: *Preparing for the Future of Artificial Intelligence*, Oktober 2016.

7  Adrian Lobe: »Alle Roboter sind von Geburt an gleich«, in: *Die Zeit*, 14. Oktober 2016.

8  Nathan Heller: »If Animals Have Rights, Should Robots?«, in: *The New Yorker*, 28. November 2016.

9  Tom Simonite: »AI Software Learns to Make AI Software«, in: *MIT Technology Review*, 18. Januar 2017.

10  Paul Sawers: »Transcriptic raises $13.4 million to grow its cloud platform for automated scientific research«, in: *Venturebeat*, 18. November 2016.

11  Yaniv Erlich, Dina Zielinski: »DNA Fountain enables a robust and efficient storage architecture«, in: *Science*, Vol. 355(6328), 3. März 2017, S. 950–954.

12  Sarah Buhr: »Genetics startup Twist Bioscience is working with Microsoft to store the world's data in DNA«, in: *Techcrunch*, 27. April 2016.

13  Jef Boeke, George Church et al.: *Genome Project-write: A Grand Challenge Using Synthesis, Gene Editing and Other Technologies to Understand, Engineer and Test Living Systems*, 30. November 2016.

14  Crunchbase, Stand Juni 2018.

15  Website von Twist Bioscience, Stand September 2017.

16  Emily Leproust: »Beyond The $1K Genome: DNA ›Writing‹ Comes Next«, in: *Techcrunch*, 18. September 2015.

17  Crunchbase, Stand Juni 2018.

18  Pressemitteilung: *Twist Bioscience Supplying 3.2 kB Genes to Ginkgo Bioworks*, 10. Januar 2017.

19   Sarah Buhr: »Ginkgo Bioworks grabs $100 million in financing to buy a whole lot of synthetic DNA«, in: *Techcrunch*, 8. Juni 2016.

20   Scott Kirsner: »How a biotech startup rose, and then fell«, in: *The Boston Globe*, 20. Januar 2017.

21   Thea Dorn: »Wo bleibt der Aufschrei?«, in: *Die Zeit*, 29. Juni 2016.

22   ebd.

23   Philip Ross: »CES 2017: Nvidia and Audi Say They'll Field a Level 4 Autonomous Car in Three Years«, in: *IEEE Spectrum*, 5. Januar 2017.

24   o. V.: »The long, winding road for driverless cars«, in: *The Economist*, 25. Mai 2017.

25   Benedict Evans: »Cars and second order consequences«, in: *ben-evans.com*, 29. März 2017.

26   Evan Ackerman, Erico Guizzo: »DARPA Robotics Challenge: Amazing Moments, Lessons Learned, and What's Next«, in: *IEEE Spectrum*, 11. Juni 2015.

27   Katja Grace, John Salvatier et al.: *When Will AI Exceed Human Performance? Evidence from AI Experts*, Working Paper, 24. Mai 2017.

## Kapitel 2
## Spaltungsrisiko

### Wohlstandskonzentration

1   Matthäus 25:29

2   Bertelsmann Stiftung: *Kommunaler Finanzreport*, August 2017.

3   Raj Chetty, Michael Stepner et al.: »The Association Between Income and Life Expectancy in the United States, 2001–2014«, in: *Journal of the American Medical Association*, Vol. 315(16), 26. April 2016, S. 1750–1766.

4   Alana Semuels: »America's Great Divergence«, in: *The Atlantic*, 30. Januar 2017.

5   ebd.

6   Janet Adamy, Paul Overberg: »Rural America Is the New ›Inner City‹«, in: *The Wall Street Journal*, 26. Mai 2017.

7   Pew Research Center auf Basis von Daten des US Census Bureau: *The growing economic clout of the college educated*, 24. September 2013.

8   OECD: *Bildung auf einen Blick 2014*. Ländernotiz Deutschland.

9   David Autor: »Skills, education, and the rise of earnings inequality among the ›other 99 percent‹«, in: *Science*, Vol. 344(6186), 23. Mai 2014, S. 843–851.

10   DIW: »Einkommensverteilung und Armutsrisiko«, in: *DIW Wochenbericht*, Nr. 4, 25. Januar 2017.

11   OECD: *OECD Employment Outlook*, Juni 2017.

12   Jan Tinbergen: »Substitution of Graduate by Other Labour«, in: *Kyklos,* Vol. 27(2), Januar 1974, S. 217–226.

13   Claudia Goldin, Lawrence Katz: *The Race Between Education and Technology,* Harvard University Press, Cambridge 2008.

14   ebd., S. 195.

15   Nicholas Bloom: »Corporations in the Age of Inequality«; in: *Harvard Business Review,* 7. April 2017.

16   Deborah Goldschmidt, Johannes Schmieder: »The Rise of Domestic Outsourcing and the Evolution of the German Wage Structure«, in: *The Quarterly Journal of Economics,* Vol. 132(3), August 2017, S. 1165–1217.

17   OECD: *The Future of Productivity,* 2015.

18   The World Bank: *Ending Extreme Poverty and Sharing Prosperity: Progress and Policies,* Oktober 2015.

19   Food and Agriculture Organization of the United Nations: *The State of Food Insecurity in the World 2015.*

20   GSM Association: *The Mobil Economy – Africa 2016.*

21   Johan Norberg: »Why can't we see that we're living in a golden age?«, in: *The Spectator,* 20. August 2016.

22   World Tourism Organization (UNWTO) 2017.

23   Thomas Piketty, Emmanuel Saez et al.: »Distributional National Accounts: Methods and Estimates for the United States«, in: *NBER Working Paper,* Nr. 22945, Dezember 2016.

24   Branko Milanović: *Global Inequality. A New Approach for the Age of Globalization,* Harvard University Press, Cambridge 2016.

25   DIW: »Einkommensverteilung und Armutsrisiko«, in: *DIW Wochenbericht,* Nr. 4, 25. Januar 2017.

26   Pew Research Center auf Basis von Daten des Cross-National Data Center in Luxemburg: *Middle Class Fortunes in Western Europe,* 24. April 2017.

27   The World Bank: »Global Income Inequality by the Numbers: in History and Now«, in: *Policy Research Working Paper 6259,* November 2012.

28   Luke Kawa: »Get Ready to See This Globalization ›Elephant Chart‹ Over and Over Again«, in: *Bloomberg,* 27. Juni 2017.

29   Oxfam: *An Economy for the 99 Percent,* Januar 2017.

30   ILO und OECD: *The Labour Share in G20 Economies,* Februar 2017.

31   ebd.

32   Jeffrey Sachs: »Smart Machines and the future of Jobs«, in: *The Boston Globe,* 10. Oktober 2016.

33   Richard Freeman: »Who owns the robots rules the world«, in: *IZA World of Labor,* Mai 2014.

34 Bundesministerium der Finanzen: *Steuerspirale 2016*.

35 Jeffrey Sachs: »Smart Machines and the future of Jobs«, in: *The Boston Globe*, 10. Oktober 2016.

36 David Rotman: »Who Will Own the Robots?«, in: *MIT Technology Review*, 16. Juni 2015.

37 David Ricardo: »On the Principles of Political Economy and Taxation«, in: *Batoche Books* 2001, Originalausgabe von 1817, S. 283.

38 John Maynard Keynes: »Economic Possibilities for our Grandchildren (1930)«, in: *Essays in Persuasion*, W.W. Norton & Company, New York 1963, S. 358–373.

39 David Autor: »Why Are There Still So Many Jobs? The History and Future of Workplace Automation«, in: *Journal of Economic Perspectives*, Vol. 29(3), S. 3–30.

40 Markus Dettmer, Martin U. Müller et al.: »Mensch gegen Maschine«, in: *Der Spiegel*, 3. September 2016, S. 10–18.

41 Sven Astheimer: »Der Roboterversteher«, in: *Frankfurter Allgemeine Zeitung*, 16. November 2016.

42 Adi Gaskell: »Automation And The Future Of Work«, in: *Forbes*, 22. Dezember 2016.

43 Institut für Arbeitsmarkt- und Berufsforschung 2017.

44 United Nations: *World Population Prospects*, 2010.

45 Population Reference Bureau: *World Population Data Sheet*, 2011.

46 United Nations: *World Populations Ageing Report*, 2015.

47 BDI: *Produktivitätswachstum in Deutschland*, November 2016.

48 Paul Krugman: »Maid in America«, in: *The New York Times*, 24. Februar 2017.

49 Berenberg Bank: *Patiently waiting – the productivity super-cycle*, 31. Juli 2017.

50 Martin Sandbu: »Money can buy you work«, in: *Financial Times*, 6. April 2017.

51 BDI: *Produktivitätswachstum in Deutschland*, November 2016.

52 Benedikt Herles: *Die kaputte Elite. Ein Schadensbericht aus unseren Chefetagen*, Albrecht Knaus Verlag, München 2013.

53 Deutsche Bank und BDI: *Die größten Familienunternehmen in Deutschland*, 2016. Hamburger Institut für Familienunternehmen: *Benchmark Familienunternehmen*, 2014.

54 DZ Bank: *Industrie 4.0 – Folgen für die deutsche Volkswirtschaft*, 16. Februar 2016.

## Geteilte Spezies

1 Mick Brown: »Peter Thiel – the billionaire tech entrepreneur on a mission to cheat death«, in: *The Telegraph*, 19. November 2014.

2 Weltbank Datenbank, Stand März 2018.

3 o. V.: »Adding ages«, in: *The Economist*, 13. August 2016.

4 Tilman Sauerbruch: »Und der Haifisch, der hat Jahre«, in: *Frankfurter Allgemeine Zeitung*, 23. August 2016.

5 Nir Barzilai, Jill Crandall et al.: »Metformin as a Tool to Target Aging«, in: *Cell Metabolism*, Vol. 23(6), 14. Juni 2016, S. 1060–1065.

6 Antonio Regalado: »Google's Long, Strange Life-Span Trip«, in: *MIT Technology Review*, 15. Dezember 2016.

7 Website von Calico, Stand März 2018.

8 Graham Ruby, Megan Smith et al.: »Naked Mole-Rat mortality rates defy gompertzian laws by not increasing with age«, in: *eLife*, 24. Januar 2018.

9 Crunchbase, Stand Juni 2018.

10 ebd.

11 Berlin-Institut für Bevölkerung und Entwicklung: *Sterblichkeit und Todesursachen*, Juli 2011.

12 Crunchbase, Stand März 2018.

13 Website von Celularity, Stand März 2018.

14 Sigfried Hofmann: »US-Riese schnappt sich Münchner Biotechfirma«, in: *Handelsblatt*, 6. September 2017.

15 Kristen Kerksiek: »Tuberkulose: Eine lange Geschichte mit ungewissem Ausgang«, in: *Infection Research*, 22. September 2009.

16 Tracxn Report: *Bio Pharma (Immuno Oncology)*, August 2017.

17 Sarah Knapton: »Microsoft will ›solve‹ cancer within 10 years by ›reprogramming‹ diseased cells«, in: *The Telegraph*, 20. September 2016.

18 Sarah Neville, Ralph Atkins: »Novartis's new chief sets sights on ›productivity revolution‹«, in: *Financial Times*, 25. September 2017.

19 Catherine Shu: »Atomwise, which uses AI to improve drug discovery, raises $45M Series A«, in: *Techcrunch*, 7. März 2018.

20 Tilman Sauerbruch: »Und der Haifisch, der hat Jahre«, in: *Frankfurter Allgemeine Zeitung*, 23. August 2016.

21 Deutsche Alzheimer Gesellschaft: *Die Häufigkeit von Demenzerkrankungen*, 2016.

22 Ray Kurzweil, Terry Grossman: *Fantastic Voyage: Live Long Enough to Live Forever*, Rodale Books 2004.

23 Tim Urban: »Neuralink and the Brain's Magical Future«, in: *Wait But Why*, 20. April 2017.

24 Crunchbase, Stand März 2018.

25 Rachel Metz: »Facebook's Sci-Fi Plan for Typing with Your Mind and Hearing with Your Skin«, in: *MIT Technology Review*, 19. April 2017.

26 Antonio Regalado: »With Neuralink, Elon Musk Promises Human-to-Human Telepathy. Don't Believe It.«, in: *MIT Technology Review*, 22. April 2017.

27 o. V.: »Der Mensch denkt, die Maschine lenkt«, in: *Frankfurter Allgemeine Zeitung*, 9. März 2017, S. 18.

28 Thomas Lampert, Benjamin Kuntz et al.: »Einkommen und Gesundheit«, in: *Datenreport 2016 der Bundeszentrale für politische Bildung*, 3. Mai 2016.

29 Raj Chetty, Michael Stepner et al.: »The Association Between Income and Life Expectancy in the United States, 2001–2014«, in: *Journal of the American Medical Association*, Vol. 315(16), 26. April 2016, S. 1750–1766.

30 Yuval Noah Harari: *Homo Deus. Eine Geschichte von Morgen*, C. H. Beck, München 2017, S. 46.

31 National Academies of Sciences, Engineering, and Medicine: *Human Genome Editing – Science, Ethics, and Governance*. The National Academies Press, Washington D.C. 2017, S. 134.

32 Antonio Regalado: »U.S. Panel Endorses Designer Babies to Avoid Serious Disease«, in: *MIT Technology Review*, 14. Februar 2017.

## Kapitel 3
## Herrschaftsrisiko

### Poststaatlichkeit

1 Satoshi Nakamoto: *Bitcoin: A Peer to Peer Electronic Cash System*, 1. November 2008.

2 Rob Wile: »Bitcoin's Mysterious Creator Appears to be Sitting on a $5.8 Billion Fortune«, in: *Time*, 31. Oktober 2017.

3 Chloe Cornish: »Growing number of cryptocurrencies spark concerns«, in: *Financial Times*, 9. Januar 2018.

4 CoinSchedule: *Cryptocurrency ICO Stats 2017 and 2018*.

5 Stan Higgins: »$200 Million in 60 Minutes: Filecoin ICO Rockets to Record Amid Tech Issues«, in: *Coindesk*, 10. August 2017.

6 Stan Higgins: »$257 Million: Filecoin Breaks All-Time Record for ICO Funding«, in: *Coindesk*, 7. September 2017.

7 Michel Penke: »Rekord-ICO sammelt 4 Milliarden Dollar ein – für ein besseres Android«, in: *Gründerszene*, 1. Juni 2018.

8 Rede von Google-CEO Sundar Pichai auf der Google I/O Konferenz 2017.

9 Statista, Daten für das 4. Quartal 2017.

10 Statista, Daten für das 1. Quartal 2016.

11 Robinson Meyer: »When You Fall in Love, This Is What Facebook Sees«, in: *The Atlantic,* 15. Februar 2015.

12 Peter Thiel: *Zero to One,* Campus Verlag, Frankfurt am Main 2014, S. 37.

13 Matt Hunter, Anita Balakrishnan: »Apple's cash pile hits $285.1 billion, a record«, in: *CNBC,* 1. Februar 2018.

14 Yahoo Finance, Stand 9. Februar 2018.

15 Klaus Hommels: *Digitalization and Geopolitics,* Präsentation auf der NOAH 2017 in Berlin.

16 Bruce Bigelow: »Luna DNA Uses Blockchain to Share Genomic Data as a ›Public Benefit‹«, in: *Xconomy,* 22. Januar 2018.

17 Eric Rosenbaum: »Harvard genetics pioneer wants to monetize DNA with digital currency, and defeat 23andMe«, in: *CNBC,* 8. Februar 2018.

18 Divesh Aggarwal, Gavin Brennen et al.: *Quantum attacks on Bitcoin, and how to protect against them,* Working Paper, 28. Oktober 2017.

19 Yahoo Finance, Stand 12. Februar 2018.

20 Hannes Grassegger: »Die erste Firma ohne Menschen«, in: *Zeit Online,* 26. Mai 2016.

21 Matthew Leising: »The Ether Thief«, in: *Bloomberg,* 13. Juni 2017.

22 Yahoo Finance, Stand 12. Februar 2018.

23 Raul Amoros: »The Bitcoin Wealth Distribution«, in: *HowMuch.net,* 18. September 2017.

24 Olga Kharif: »The Bitcoin Whales: 1,000 People Who Own 40 Percent of the Market«, in: *Bloomberg,* 8. Dezember 2017.

25 Yvonne Hofstetter: *Das Ende der Demokratie,* C. Bertelsmann Verlag, München 2016, S. 138.

26 David Talbot: »Moore's Outlaws«, in: *MIT Technology Review,* 22. Juni 2010.

27 Center for Strategic and International Studies (CSIS): *Net Losses: Estimating the Global Cost of Cybercrime,* Juni 2014.

28 Cybersecurity Ventures: *Cybercrime Report,* 2017.

29 Selena Larson: »Every single Yahoo account was hacked – 3 billion in all«, in: *CNNMoney,* 3. Oktober 2017.

30 Paul Gil: »The Greatest Computer Hacks«, in: *Lifewire,* 19. September 2017.

31 Nicky Woolf: »DDoS attack that disrupted internet was largest of its kind in history, experts say«, in: *The Guardian,* 26. Oktober 2016.

32 Volker Briegleb: »WannaCry: Was wir bisher über die Ransomware-Attacke wissen«, in: *Heise Online,* 13. Mai 2017.

33  Nicole Perlroth: »With New Digital Tools, Even Nonexperts Can Wage Cyber-attacks«, in: *The New York Times*, 13. Mai 2017.

34  Lorenzo Franceschi-Bicchierai: »Hackers Make the First-Ever Ransomware for Smart Thermostats«, in: *Motherboard*, 7. August 2016.

35  Ashley Coates: »From riches to rags: the East India Company in London«, in: *London Evening Standard*, 23. August 2016.

36  John Keay: *The Honourable Company: History of the English East India Company*, HarperCollins, New York 1993.

37  Matthew Garrahan: »Google and Facebook dominance forecast to rise«, in: *Financial Times*, 4. Dezember 2017.

38  Martin Armstrong: »Referral Traffic – Google or Facebook?«, in: *Statista*, 24. Mai 2017.

39  Sue Halpern: »How He Used Facebook to Win«, in: *The New York Review of Books*, 8. Juni 2017.

40  Roland Lindner: »Datenleck von Facebook deutlich größer«, in: *Frankfurter Allgemeine Zeitung*, 4. April 2018.

41  Annie Karnie: »Zuckerberg hires former Clinton pollster Joel Benenson«, in: *Politico*, 2. August 2017.

42  Andrea Hungg: »Facebook zahlt für WhatsApp drauf«, in: *Manager Magazin*, 7. Oktober 2014.

43  o. V.: »EU-Kommission belegt Facebook mit 110-Millionen-Euro-Strafe«, in: *Spiegel Online*, 18. Mai 2017.

44  Facebook Reporting für das 3. Quartal 2017.

45  Tim Wu: »The Bitcoin Boom: In Code We Trust«, in: *The New York Times*, 18. Dezember 2017.

46  Website der Initiative e-Estonia, Stand Juni 2018.

47  Loi Luu: »Putting Singapore's Dollar On Blockchain May Prove It's The Most Crypto Friendly Place On Earth«, in: *Forbes*, 22. November 2017.

48  o. V.: »Stadtzuger können eine digitale ID erwerben«, in: *Luzerner Zeitung*, 15. November 2017.

49  Laura Shin: »The First Government To Secure Land Titles On The Bitcoin Blockchain Expands Project«, in: *Forbes*, 7. Februar 2017.

50  Crunchbase, Stand Januar 2018.

51  Volodymyr Verbyany: »Ukraine Turns to Blockchain to Boost Land Ownership Transparency«, in: *Bloomberg*, 3. Oktober 2017.

52  Website der Sveriges Riksbank, Stand Juni 2018.

53  Website der Bitnation, Stand Februar 2018.

## Algokratie

1 Adrienne LaFrance: »The Internet Is Mostly Bots«, in: *The Atlantic,* 31. Januar 2017.

2 o. V.: »Facebook promises new fake news measures«, in: BBC Technology, 3. August 2017.

3 Caitlin Dewey: »Facebook has repeatedly trended fake news since firing its human editors«, in: *The Washington Post,* 12. Oktober 2016.

4 Bruce Schneier: »Click Here to Kill Everyone«, in: *New York Magazine,* 27. Januar 2017.

5 Kate Crawford, Ryan Calo: »There is a blind spot in AI research«, in: *Nature News,* 13. Oktober 2016.

6 Julia Angwin, Jeff Larson: »Machine Bias«, in: *ProPublica,* 23. Mai 2016.

7 Bertelsmann Stiftung: *Wenn Maschinen Menschen bewerten. Internationale Fallbeispiele für Prozesse algorithmischer Entscheidungsfindung,* Mai 2017.

8 Johannes Döbbelt: »Sprachanalyse per Software. Du bist wie du sprichst«, in: *Die Durchblicker (SWR),* 4. Juli 2016.

9 Sam Wong: »Google Translate AI invents its own language to translate with«, in: *NewScientist,* 30. November 2016.

10 Broad Agency Announcement: *Explainable Artificial Intelligence (XAI),* 10. August 2016.

11 Jillian Schwiep: »The State of Explainable AI«, in: *Medium,* 3. Mai 2017.

12 Nassim Nicholas Taleb: *The Black Swan. The Impact of the Highly Improbable,* Random House, New York 2007.

13 Xaver Frühbeis: »Hans – ein rechnendes Pferd wird enttarnt«, in: *Bayern 2 Radio,* 9. Dezember 2013.

14 Ahmed Alkhateeb: »Science has outgrown the human mind and its limited capacities«, in: *Aeon,* 24. April 2017.

15 Becky Crew: »Google's New AI Has Learned to Become ›Highly Aggressive‹ in Stressful Situations«, in: *ScienceAlert,* 13. Februar 2017.

16 o. V.: »The Growing Problem of Bots That Fight Online«, in: *MIT Technology Review,* 20. September 2016.

17 Stephen Cave: »Intelligence – A history«, in: *Aeon,* 21. Februar 2017.

18 Raffi Khatchadourian: »The Doomsday Invention«, in: *The New Yorker,* 23. November 2015.

19 Nick Bostrom: *Superintelligence – Paths, Dangers, Strategies,* Oxford University Press, Oxford 2014.

20 Raffi Khatchadourian: »The Doomsday Invention«, in: *The New Yorker,* 23. November 2015.

21 Dean Takahashi: »SoftBank's Masayoshi Son is investing to make the ›Singularity‹ happen«, in: *Venturebeat*, 25. Oktober 2016.

22 Alex Sherman: »SoftBank Near First Closing of $100 Billion Tech Fund«, in: *Bloomberg*, 9. Februar 2017.

23 Kevin Kelly: »The Three Breakthroughs That Have Finally Unleashed AI on the World«, in: *Wired*, 27. Oktober 2014.

## Kapitel 4
## Gesinnungsrisiko

### Politische Abgründe

1 Wolfgang Gründinger: *Alte-Säcke-Politik: Wie wir unsere Zukunft verspielen*, Gütersloher Verlagshaus, München 2016.

2 Sabine Menkens: »Rentnerrepublik Deutschland. Alte entscheiden die Wahlen«, in: *Die Welt*, 9. Februar 2017.

3 o. V.: »Sebastian Kurz macht auf Macron«, in: *Frankfurter Rundschau*, 15. Mai 2017.

4 o. V.: »Kurz will nur parteifreie Quereinsteiger für die ÖVP-Bundesliste«, in: *Der Standard*, 2. Juli 2017.

5 Jack Shafer, Tucker Doherty: »The Media Bubble Is Worse Than You Think«, in: *Politico Magazine*, Mai/Juni 2017.

6 Nina Xiang: »It's the age of unicorns. And here's how China is ranking«, in: *World Economic Forum*, 7. Juli 2017.

7 Mary Meeker: *Internet Trends 2017*, Kleiner Perkins Caufield Byers, 31. Mai 2017.

8 Klaus Hommels: *Digitalization and Geopolitics*, Präsentation auf der NOAH 2017 in Berlin.

9 Mary Meeker: *Internet Trends 2017*, Kleiner Perkins Caufield Byers, 31. Mai 2017.

10 o. V.: »The Mobile Internet Is Over. Baidu Goes All In on AI«, in: *Bloomberg*, 16. März 2017.

11 The White House – National Science and Technology Council: *The National Artificial Intelligence Research And Development Strategic Plan*, Oktober 2016.

12 Chris Bryant, Elaine He: »The Robot Rampage«, in: *Bloomberg*, 8. Januar 2017.

13 David Morris: »iPhone Manufacturer Foxconn Aims for Full Automation of Chinese Factories«, in: *Fortune*, 31. Dezember 2016.

14 Kai Strittmatter: »Schuld und Sühne«, in: *Süddeutsche Zeitung*, 20. Mai 2017.

15 ebd.

16 David Cyranoski: »The Sequencing Superpower«, in: *Nature,* Vol. 534, 23. Juni 2016, S. 462 f.

17 ebd.

18 Hendrik Ankenbrand: »Phönix aus der Flasche«, in: *Frankfurter Allgemeine Zeitung,* 29. April 2016.

19 Sara Reardon: »Welcome to the CRISPR zoo«, in: *Nature News,* 9. März 2016.

20 Michael Le Page: »First results of CRISPR gene editing of normal embryos released«, in: *New Scientist,* 9. März 2017.

21 Crunchbase, Stand August 2017.

22 Hendrik Ankenbrand: »Phönix aus der Flasche«, in: *Frankfurter Allgemeine Zeitung,* 29. April 2016.

23 ebd.

24 Kiran Stacey, Anna Nicolaou: »Stitched up by robots: the threat to emerging economies«, in: *Financial Times,* 18. Juli 2017.

25 UNCTAD: »Robots and industrialization in developing countries«, in: *Policy Brief,* Nr. 50, Oktober 2016.

26 Dani Rodrik: *Premature Deindustrialization,* IAS School of Social Science Working Paper 107, Januar 2015.

## Volksdepression

1 Clive Thompson: »Face It, Meatsack: Pro Gamer Will Be The Only Job Left«, in: *Wired,* 22. Februar 2017.

2 Jürgen Osterhammel: »Ein Ritt nach Pferdensien«, in: *Die Zeit,* 26. November 2015.

3 Ulrich Raulff: *Das letzte Jahrhundert der Pferde,* C.H. Beck, München 2016, S. 36.

4 Alexia Fernández Campbell: »Do Parts of the Rust Belt ›Need to Die Off‹?«, in: *The Atlantic,* 20. Juli 2016.

5 United Nations: *World Population Prospects,* 2017 Revision.

6 Institut Arbeit und Qualifikation der Universität Duisburg-Essen auf Basis von Daten des Statistischen Bundesamts.

7 Tom Chatfield: »Technology is killing the myth of human centrality – let's embrace our demotion«, in: *The Guardian,* 27. August 2016.

8 Michaela Cabrera: »Sony develops algorithm based AI music«, in: *Reuters,* 17. Oktober 2016.

9 Alexandra Kleeman: »Cooking with Chef Watson, I.B.M.'s Artificial-Intelligence App«, in: *The New Yorker,* 28. November 2016.

10  Samuel Gibs: »Google AI project writes poetry which could make a Vogon proud«, in: *The Guardian*, 17. Mai 2016.

11  Rede zur Aufnahme der Bundesrepublik Deutschland in die NATO, 9. Mai 1955.

## Kapitel 5
## Agenda

### Generationenaufgaben

1  Max Ehrenfreund: »A majority of millennials now reject capitalism, poll shows«, in: *The Washington Post*, 26. April 2016.

2  *Der Spiegel*, Titelseite, 1. Juli 2017.

3  PWC: *AI to drive GDP gains of $15.7 trillion with productivity, personalisation improvements*, 27. Juni 2017.

4  Accenture: *How AI Boosts Industry Profits and Innovation*, 22. Juni 2017.

### Zehn-Punkte-Plan

1  DIW: »Das Erbvolumen in Deutschland dürfte um gut ein Viertel größer sein als bisher angenommen«, in: *DIW Wochenbericht*, Nr. 25, 5. Juli 2017.

2  Statistisches Bundesamt, Pressemitteilung Nr. 291, 23. August 2017.

3  Scott Santens: »Why we should all have a basic income«, in: *World Economic Forum*, 15. Januar 2017.

4  ebd.

5  Ryan Browne: »Silicon Valley giant Y Combinator to give people varied amounts of cash in latest basic income trial«, in: *CNBC*, 21. September 2017.

6  Wolfgang Gehrmann: »Roboter als Renten-Retter?«, in: *Die Zeit*, 5. April 1985.

7  Interview mit Bill Gates: »The robot that takes your job should pay taxes, says Bill Gates«, in: *Quartz*, 17. Februar 2017.

8  Koalitionsvertrag der 19. Legislaturperiode, S. 11.

9  Statistisches Bundesamt: *Schulen auf einen Blick*, Ausgabe 2016.

10  Pasi Sahlberg: »Finland's school reforms won't scrap subjects altogether«, in: *The Conversation*, 25. März 2015.

11  Statistisches Bundesamt, Pressemitteilung Nr. 456, 14. Dezember 2017.

12  Ranking des Sovereign Wealth Fund Institute.

13  BVK-Statistik: *Das Jahr in Zahlen 2017*.

14  National Venture Capital Association: *4Q 2017 Pitchbook-NVCA Venture Monitor*.

15  KPMG: *Venture Pulse Q4 2017 – Global analysis of venture funding*, 16. Januar 2018.

16  Koalitionsvertrag der 19. Legislaturperiode, S. 47.

17  Koalitionsvertrag der 19. Legislaturperiode, S. 135.

18  Holger Nohr: »Big Data im Lichte der EU-Datenschutz-Grundverordnung«, in: *JurPC Web-Dok*, 111/2017, 15. August 2017.

19  Konrad Lischka: »Es genügt nicht, nur die Algorithmen zu analysieren«, in: *konradlischka.info*, 1. Mai 2016.

20  Pressemitteilung des Europäischen Parlaments: *Robotik und künstliche Intelligenz – Abgeordnete für EU-weite Haftungsregelungen*, 16. Februar 2017.

## Schluss

1  Coal Swarm: *Coal Plant Tracker*, Stand Januar 2018.

2  Roland Geyer, Jenna Jambeck et al.: »Production, use, and fate of all plastics ever made«, in: *Science Advances*, Vol. 3(7), 19. Juli 2017.

3  Statista: *Number of cattle worldwide from 2012 to 2018 (in million head)*.

4  Food and Agriculture Organization of the United Nations: *World fertilizer trends and outlook to 2020*.

5  Jana Kugoth: »Schell beteiligt sich an 60-Millionen-Runde für Sonnen«, in: *Gründerszene*, 23. Mai 2018.

6  Jana Kugoth: »Das Tesla-Prinzip. Wie Sonnen den Energiemarkt aufmischen will«, in: *Gründerszene*, 12. Mai 2017.

7  Crunchbase, Stand Mai 2018.

8  Wilfried Eckl-Dorna: »Siemens wettet um Tankstelle der Zukunft mit«, in: *manager-magazin.de*, 1. Juli 2017.

9  Crunchbase, Stand Mai 2018.

10  Matthias Lauerer: »Zwölf Stockwerke Salat«, in: *Spiegel Online*, 11. März 2017.

11  Dominique Patton: »U.S. indoor farming startup Plenty eyes rollout in China, Japan: CEO«, in: *Reuters*, 17. Januar 2018.

12  Crunchbase, Stand Mai 2018.

13  Connie Loizos: »Farmers Business Network just raked in a whopping $110 million in Series D funding«, in: *Techcrunch*, 30. November 2017.

14  Crunchbase, Stand Mai 2018.

# Register